James Patterson

Das 20. Opfer

James Patterson
mit Maxine Paetro

Das 20. Opfer

Thriller

Deutsch von Leo Strohm

blanvalet

Die Originalausgabe erschien 2020 unter dem Titel
»The 20th Victim« bei Little, Brown and Company,
Hachette Book Group, New York.

FSC
www.fsc.org
MIX
Papier | Fördert
gute Waldnutzung
FSC® C104608

Penguin Random House Verlagsgruppe FSC® N001967

1. Auflage

Redaktion: Gerhard Seidl, text in form
Umschlaggestaltung: © www.buerosued.de
Umschlagmotiv: Hayden Verry / Arcangel Images; mauritius images
(Westend61 / Tom Hoenig; Pixtal / CD231027)
SH · Herstellung: CS
Satz: Satzwerk Huber, Germering
Druck und Bindung: Nørhaven A/S, Viborg
Printed in Denmark
ISBN 978-3-7645-0889-0

www.blanvalet.de

*Gewidmet all den Polizeibeamt*innen in den Vereinigten Staaten, die sich selbst in Gefahr begeben, um die anderen zu beschützen*

1

Es war Freitagmorgen. Cindy Thomas saß in ihrem Auto und quälte sich durch den Berufsverkehr zu ihrem Arbeitsplatz in der Redaktion des *San Francisco Chronicle*. Ihr Polizeifunk-Scanner war eingeschaltet.

Während der letzten Viertelstunde hatten die Funkzentrale und die Streifenwagen nur alle möglichen Routinemeldungen abgesetzt. Aber dann kam Bewegung in die Sache.

Mit einem Mal begann ihr Scanner, ein Whistler TRX-1, wie wild zu knistern und alle möglichen, einander überlagernden Funksprüche auszuspucken. Als hätte sich eine Schleuse geöffnet. Die verschiedensten Vierhunderter-Codes überschwemmten den Funkkanal, und Cindy konnte jeden einzelnen zuordnen – 406: Beamter benötigt Notversorgung. 408: Notarztwagen erforderlich. 410: Angeforderte Verstärkung ist unterwegs.

Cindy war investigative Journalistin und eine erstklassige Polizeireporterin. Obwohl klar war, dass ihre Unterstützung dort bestimmt nicht gefragt war, machte sie sich sofort auf den Weg. Die heißesten Tipps waren immer noch die direkt aus dem Scanner.

Und ihrer hatte soeben Schüsse vor einem Taco King in der Duboce Avenue gemeldet. Cindy bog nach rechts ab in die Otis Street und nahm Kurs auf das Duboce-Dreieck unweit des Stadtzentrums von San Francisco, zwischen Mission, Castro und Lower Haight.

Vor sich hatte sie die Blinklichter der Streifenwagen und hinter sich die Sirenen des Krankenwagens, sodass sie gar keine genaue Adressangabe benötigte. Sie lenkte ihren Wagen an den Straßenrand. Kaum war der Notarztwagen an ihr vorbeigeschossen, hängte sie sich an ihn und trat das Gaspedal bis zum Anschlag durch. Geschwindigkeitsbeschränkungen? Völlig uninteressant.

Vor dem Taco King an der Kreuzung Duboce Avenue und Guerrero Street hielt der Notarztwagen an. Streifenwagen blockierten drei der vier Fahrspuren, und uniformierte Beamte hatten bereits begonnen, den Verkehr umzuleiten. Zu Tode erschreckte Menschen verließen fluchtartig und laut schreiend den Ort des Geschehens.

Cindy stellte ihren Honda am Bordstein ab und legte den restlichen halben Häuserblock zu Fuß zurück. Sie kam gerade rechtzeitig vor dem Taco King an, um zu sehen, wie zwei Sanitäter eine Trage in den Krankenwagen schoben. Als sie versuchte, einen der beiden anzusprechen, schob er sie mit dem Ellbogen beiseite.

»Weg da, Miss.«

Cindy warf einen Blick durch die geöffneten Hecktüren. Der Sanitäter riss das Hemd des Opfers auf, brüllte »Achtung!« und drückte ihm zwei flache Elektroden auf die Brust. Der Körper zuckte, dann klappten die Türen zu und der Krankenwagen jagte auf der Guerrero Street nach Süden davon, Richtung Metropolitan Hospital.

Drei der vier Fahrspuren waren jetzt abgesperrt, sodass die Schaulustigen am Betreten des Parkplatzes und des Restaurants gehindert wurden. Vor dem Absperrband stand eine uniformierte Beamtin. Das war Kay Kendall, eine Freundin von Rich Conklin, der nicht nur Inspektor bei der Mordkommission, sondern auch Cindys Lebenspartner war.

Cindy trat mit ihrem Notizbuch in der Hand auf Kendall zu, begrüßte sie und sagte: »Kay, was um alles in der Welt ist hier los?«

»Oh, hallo, Cindy. Nur noch ein bisschen Geduld, dann gibt es eine Presseerklärung.«

Cindy ließ ein leises, kehliges Knurren hören.

Kay lachte.

»Ich hab schon gehört, dass du ein richtiger Pitbull sein kannst, auch wenn du gar nicht danach aussiehst.«

Cindys blonde Locken wurden von einer mit Glaskristallen besetzten Spange gebändigt, und ihre großen blauen Augen strahlten reinste Entschlossenheit aus. So sah sie eben aus. Sie wollte niemanden manipulieren. Noch nicht.

»Kay. Hör zu. Ich will doch nur wissen, was die Leute, die im oder vor dem Taco King waren, sowieso mitbekommen haben. Das müssen an die vierzig Zeugen gewesen sein, stimmt's? Vielleicht kannst du mir das bestätigen und mir dann noch ein, zwei Details verraten, okay? Dann würde ich ›Wie die Autorin persönlich aus anonymer Quelle erfahren hat‹ oder so was in der Art schreiben.«

»Also, ich kann dir verraten, dass ein männliches Opfer Schussverletzungen erlitten hat, und zwar durch die Windschutzscheibe des SUV da vorn«, erwiderte Kendall und deutete auf einen silbernen Porsche Cayenne aus der aktuellen Baureihe.

»Seine Frau hat neben ihm gesessen. Sie soll angeblich schwanger sein. Sie wurde nicht getroffen und hat den Schützen nicht gesehen. Ohne Gewähr, Cindy. Jetzt fährt sie in dem Streifenwagen da drüben gerade vom Parkplatz. Aber dafür bist du mir was schuldig, und zwar nicht zu knapp. Gib mir eine Minute, damit ich kurz überlegen kann und meine drei Wünsche nicht sinnlos vergeude.«

Cindy ließ ihr keine Minute, sondern hakte sofort nach: »Der Name des Opfers? Hat irgendjemand gesehen, wer geschossen hat?«

»Das geht jetzt aber wirklich zu weit, Cindy.«

»Na ja, ich hab schließlich einen Ruf als Pitbull zu verteidigen.«

Kay grinste sie an. »Siehst du den SUV da drüben?«

»Ja.«

»Dann mach mal ein Foto von der Heckscheibe.«

»Alles klar, wird gemacht.«

Kendall fügte hinzu: »Und hier kommt deine Schlagzeile: Das Opfer ist eine kleine Berühmtheit. Wenn er nicht überlebt, dann wird das für ziemlichen Wirbel sorgen.«

2

Kay Kendall drohte Cindy freundschaftlich mit dem Finger.

Cindy formte mit den Lippen ein stummes »Danke«, und dann, noch bevor irgendjemand auf die Idee kommen konnte, sie zu vertreiben, duckte sie sich unter dem Absperrband hindurch, näherte sich dem SUV und drückte, rund fünfzehn Meter vom Heckfenster des Fahrzeugs entfernt, auf den Auslöser ihrer Kamera. Nachdem sie sich wieder hinter die Absperrung zurückgezogen hatte und das Foto größer zog, schälte sich Jeb McGowan aus der Menge heraus und stellte sich neben sie. Mit den zurückgegelten Haaren und der coolen Brille mit dem zweifarbigen Gestell präsentierte ihr neuer Kollege sich als junger, genialer Künstler und Angehöriger der journalistischen Elite. Zuletzt war er für die *LA Sun Times* als Polizeireporter tätig gewesen. Genau wie Cindy hatte auch er eine tägliche Kolumne gehabt. Und vor zwei Jahren, nachdem er über den Marina-Schlächter berichtet hatte, war er mehrfach von einem Kabel-Fernsehsender interviewt worden.

Damals hatte McGowan angedeutet, dass San Francisco kleinstädtisch und provinziell sei.

»Was willst du dann überhaupt hier?«, hatte sie ihn gefragt.

»Meine Freundin hat Verwandte in Frisco. Sie will sie häufiger besuchen. Was soll man machen?«

Erste Maßnahme: Sag niemals Frisco, hatte Cindy damals gedacht.

Und jetzt stand McGowan unmittelbar vor ihr.

»Cindy. Hallo.«

Das war auch so was. McGowan war aufdringlich. Okay, das hatte sie selbst auch schon zu hören bekommen. Aber aus Cindys Sicht war dieser Klugschwätzer alles andere als ein Teamplayer. Er hätte sie vermutlich liebend gern unter einen fahrenden Bus geschubst, nur um sich ihren Job zu krallen. Oder er blieb einfach immer an ihr kleben, wie Kaugummi an ihrer Schuhsohle, bis sie irgendwann zu Tode genervt war.

»Hi, Jeb.«

Sie wandte sich ab, als wolle sie nicht, dass die Morgensonne sich im Display ihres Handys spiegelte, aber er redete einfach weiter auf sie ein.

»Ich habe ein paar Worte mit einer Kundin gewechselt, bevor sie weggerannt ist. Sie hat mir ihren Namen verraten, und ein paar gute Originalzitate über das Durcheinander nach den Schüssen habe ich auch bekommen. Was meinst du? Wollen wir die Geschichte vielleicht gemeinsam schreiben?«

»Hast du den Namen des Opfers?«

»Bald.«

»Ich hab schon einen eigenen Ansatz«, erwiderte sie. »Mach's gut, Jeb.«

Cindy ließ McGowan stehen, und als sie weit genug entfernt war, vergrößerte sie das Foto von der Heckscheibe des Porsche. Da hatte jemand etwas mit dem Finger in die Staubschicht auf der Scheibe geschrieben.

Hieß das »Testlauf«?

Mit angehaltenem Atem vergrößerte sie den Schriftzug so weit, dass das Wort *Testlauf* klar und deutlich zu lesen war. Das Foto eignete sich gut als Aufmacher, und es war mal eine schöne Abwechslung, dass keiner ihrer Bekannten beim San Francisco Police Department sagte: »Das darfst du aber nicht veröffentlichen.«

Auf dem Weg zu ihrem Auto dachte sie: *Ein Testlauf wofür?* War das ein Köder? Was immer das Motiv für diese Tat gewesen sein mochte, der Täter machte damit deutlich, dass es nicht der letzte Mordanschlag bleiben würde.

Cindy rief Henry Tyler an, den Herausgeber und Chefredakteur des *Chronicle,* und sprach ihm auf Band, dass es sich bei ihrer anonymen Quelle um einen Polizeibeamten handelte und dass sie die Identität des Opfers noch nicht kannte.

Als sie wieder in ihrem Auto saß, schaltete sie in der Hoffnung, den Namen des Opfers zu erfahren, den Polizeifunk-Scanner ein. Und sie rief Rich an, um ihm zu berichten, was sie gerade gesehen hatte.

Vielleicht wusste er ja schon, auf wen da geschossen worden war.

3

Yuki Castellano schloss ihre Tasche in der Schreibtischschublade ein, verließ ihr Büro und machte sich auf den Weg zum Fahrstuhl.

Als stellvertretende Bezirksstaatsanwältin der Stadt San Francisco führte sie gerade einen Prozess gegen einen achtzehn Jahre alten Schulabbrecher, der unglücklicherweise beschlossen hatte, als Fahrer für einen nicht eindeutig identifizierten Drogendealer zu arbeiten.

Vor zwei Monaten wurden die beiden von einer Polizeistreife dabei beobachtet, wie sie in einem gestohlenen Fahrzeug eine rote Ampel überfuhren.

Die Besatzung des Streifenwagens versuchte, sie zum Anhalten zu bewegen, was jedoch zu einer wilden Verfolgungsjagd führte, die erst auf dem Highway 1 ihr Ende fand.

Dort gelang es dem Fahrer des Streifenwagens, sich vor den Flüchtigen zu setzen und ihn an der Weiterfahrt zu hindern. Bei der anschließenden Fahrzeugkontrolle durch einen der beiden Polizisten stieg der Beifahrer aus dem Fluchtauto, schoss auf den Beamten und machte sich mit einem weiteren entwendeten Fahrzeug aus dem Staub. Den jugendlichen Fahrer, Clay Warren, ließ er mitsamt einer erheblichen Menge Fentanyl im Wagen zurück.

Der angeschossene Streifenpolizist starb noch am Ort des Geschehens.

Clay Warren landete wegen mehrerer Vergehen im Untersuchungsgefängnis. Die Drogen im Wert von rund einer Million Dollar wurden beschlagnahmt. Der Partner des getöteten Polizisten identifizierte Warren und das Fahrzeug, und dann entdeckte die Kriminaltechnik Hunderte Fingerabdrücke im Wagen, manche schon älter, andere noch frisch. Allerdings ließ sich keiner davon mit einem bereits bekannten Verbrechen in Verbindung bringen.

Der Drecksack hatte Handschuhe getragen oder das Armaturenbrett nie angefasst oder es war seine allererste Straftat gewesen, sodass er noch nicht im System erfasst war.

Was Yuki stark bezweifelte.

Jedenfalls steckte anstelle des Mörders und Dealers jetzt der Fahrer des Fluchtwagens bis zum Hals in Schwierigkeiten.

Die Bezirksstaatsanwaltschaft wollte Clay Warren wegen Beihilfe zum Mord an einem Polizeibeamten und weil er in einem gestohlenen Fahrzeug Drogen befördert hatte unter Anklage stellen. Aber in erster Linie diente er als Sündenbock. Yuki hatte gehofft, dass Warren den flüchtigen Dealer verraten würde, aber bis jetzt hatte er das nicht getan, und es gab keine Anzeichen, dass er das irgendwann noch tun würde.

Sie benützte die Edelstahltür der Fahrstuhlkabine als Spiegel, trug frischen Lippenstift auf und richtete ihre Haare. Im sechsten Stock stieg sie aus und ging zu Sergeant Bubbleen Waters am Empfangstresen.

»Hallo, Bubb. Ich habe einen Termin mit dem Gefangenen Clay Warren und seinem Rechtsanwalt.«

»Sie warten schon auf dich, Yuki. Kleinen Moment.«

Sie griff nach dem Telefon auf ihrem Schreibtisch, drückte eine Taste und sagte: »Randall. Die Tür, bitte.«

Ein Wachmann tauchte auf, Stahltüren wurden klappernd geöffnet, dann rasteten hinter ihnen Schlösser ein. Der Wachmann begleitete Yuki in einen kleinen Raum mit Wänden aus Betonsteinen, einem Tisch und drei Stühlen. Zwei davon waren bereits besetzt. Clay Warren trug einen klassischen orangefarbenen Gefängnisoverall und silberne Handschellen. Sein Anwalt, Zac Jordan, hatte lange Haare und war mit einem pinkfarbenen Poloshirt, einem kakifarbenen Blazer und einer Jeans bekleidet. An seinem linken Ohrläppchen war ein goldener Stecker zu sehen.

Zac lächelte Yuki freundlich an, erhob sich und nahm zur Begrüßung ihre Hand in seine beiden.

»Schön, dich zu sehen, Yuki. Es tut mir leid, aber ich komme hier nicht so recht weiter. Vielleicht hört Clay ja auf dich.«

4

Zac Jordan war ein Strafverteidiger, der nicht auf Honorarbasis arbeitete, sondern für den Prozesshilfeverein tätig war, eine gemeinnützige Institution, die sich für die Mittel- und die Hoffnungslosen einsetzte.

Während einer kurzen Unterbrechung ihrer Tätigkeit bei der Staatsanwaltschaft hatte Yuki ebenfalls für Zac Jordan gearbeitet. Daher konnte sie voller Überzeugung sagen, dass er ein guter Mensch war und dass seine Mandanten sich glücklich schätzen konnten, ihn an ihrer Seite zu haben.

Diesem Mandanten hier drohte eine langjährige Gefängnisstrafe, weil er zur falschen Zeit im falschen Auto gesessen hatte.

Yuki setzte sich. »Wie geht es Ihnen, Clay?«

»Großartig«, erwiderte er.

Clay Warren sah jünger aus als achtzehn. Er war klein und blond und hatte eine Stupsnase, aber wenn er den Blick hob, kamen seine beiden harten grauen Augen zum Vorschein. Nachdem er Yuki kurz gemustert hatte, blickte er wieder auf seine Hände. Die Handschellen liefen durch einen Metallring in der Tischmitte. Er wirkte resigniert.

»Clay«, sagte sie. »Wir haben ja bereits darüber gesprochen. Ein Polizeibeamter ist erschossen worden, und Sie wissen, wer das getan hat. Ich bitte Sie also noch einmal, uns zu unterstützen. Nennen Sie uns den Namen des Täters. Anderenfalls kann ich Ihnen nicht helfen. Dann werden Sie wegen Beihilfe zum Mord und Besitzes von Betäubungsmitteln mit der Absicht, damit Handel zu treiben, angeklagt, und zwar nicht mehr als Jugendlicher, sondern als Erwachsener. Dann steht Ihnen eine lebenslängliche Gefängnisstrafe bevor.«

»Bloß, weil ich den Wagen gefahren habe«, erwiderte er.

»Haben Sie mich eigentlich verstanden?«, fragte Yuki nach. »Sie waren an der Ermordung eines *Polizisten* beteiligt. Aber wenn Sie uns helfen, den Schützen zu schnappen, dann kann die Bezirksstaatsanwaltschaft ein gutes Wort für Sie einlegen. Dann könnte Ihre Strafe erheblich geringer ausfallen, Clay.«

»Ich weiß überhaupt nichts. Ich bin gefahren. Dann habe ich die Sirenen gehört. Der Streifenwagen schneidet mich, sodass ich gar nicht anders kann, als ihn zu rammen, und jetzt kommen Sie mit diesem ganzen Schwachsinn. Das ist gelogen. Alles gelogen. Ich bin bloß zu schnell gefahren, sonst gar nichts.«

»Und die Drogen im Wagen? Wie sind Sie an Fentanyl im Wert von einer Million Dollar gekommen?«

Yuki wusste, dass es, was die Identität des Dealers anging, eine Vermutung gab. Der Polizist, der seinen Partner auf der Straße hatte sterben sehen, hatte sich Fotos von möglichen Verdächtigen angesehen, alles Drogendealer, die dick im Geschäft waren. Und er glaubte, bei dem Todesschützen könnte es sich um Antoine Castro gehandelt haben. Aber ganz sicher war er sich nicht.

Yuki sagte: »Warum nehmen Sie für Abschaum wie Antoine Castro so eine Schuld auf sich?«

Der Junge schüttelte nur den Kopf.

Castro stand auf der FBI-Liste der meistgesuchten Verbrecher. Yuki hätte wetten können, dass er mittlerweile das Land verlassen und eine neue Identität angenommen hatte.

Zac sagte: »Lügen wird dir nichts helfen, mein Junge. Ich kenne Frau Castellano persönlich. Ich kann die Verhandlungen führen.«

»Mein Gott«, schrie Warren. *»Lasst mich doch endlich in Ruhe!«*

Yuki konnte sich gut vorstellen, dass Castro, falls er der Killer und Dealer war, dem Jungen eine unmissverständliche Botschaft übermittelt hatte.

Wenn du singst, bist du tot.

Clay Warren würde nicht reden. Yuki erhob sich.

»Tut mir leid, Zac.«

»Du hast es versucht«, erwiderte er.

Sie ging zur Tür, und der Wachmann öffnete ihr. Sie ließ Zac Jordan mit seinem Mandanten zurück, einem verängstigten Jungen, der im Gefängnis sterben würde. Die Frage war nur, wann.

5

Am Freitagmorgen um 9.00 Uhr, vielleicht ein paar Minuten früher oder später, schlenderte Jackson Brady, Lieutenant der Mordkommission und kommissarischer Polizeichef von San Francisco, den Mittelgang des Bereitschaftraums entlang.

Die Nachtschicht stempelte gerade aus, und die eintrudelnden Mitarbeiter der Tagschicht begrüßten ihn mit »Hallo, Boss« oder »Yo, Brady«. Er nickte Chi, Lemke, Samuels und Wang zu, ohne anzuhalten.

Am vorderen Ende des Raums waren zwei Schreibtische mit der breiten Seite zusammengeschoben worden, sodass sich die beiden Benutzer gegenübersaßen. Das war Boxers und Conklins Festung. Brady hatte von Anfang an mit beiden zusammengearbeitet, nachdem er als Springer beim SFPD angefangen hatte. Mehr als einmal hatte er mit ihnen im Kugelhagel gestanden. Er konnte sich auf sie verlassen. Würde alles für sie tun.

Jetzt setzte er sich auf Boxers Stuhl und blickte Conklin über Lindsays kleine persönliche Müllkippe hinweg an. Er schob den Kopf der Schreibtischlampe zur Seite und verrückte einen Aktenstapel und einen Kaffeebecher, um Platz für seine Ellbogen zu schaffen.

Conklin hob den Kopf. »Alles okay, Lieu?«

Brady wusste, dass er beschissen aussah. Zu viele Stunden hier verbrachte. Zu viel Junkfood aß. Zu wenig Schlaf bekam. Sich achtzehn Stunden am Tag den Kopf zerbrach. Kaum Luft bekam. Er lockerte seine Krawatte. Öffnete den obersten Hemdknopf.

»Soweit ich weiß …«, sagte er dann, »… hatte Boxer gestern Nachmittag einen Arzttermin. Eine Kontrolluntersuchung. Danach ruft sie mich an und sagt: ›Alles bestens, Boss. Der Doktor sagt, ich muss mir ein bisschen Zeit für mich nehmen‹.«

»Genau das hat sie zu mir auch gesagt«, erwiderte Conklin.

Brady dachte an die Zeit zurück, als Boxer schwer krank gewesen war. Sie hatte sich zwei Monate freigenommen und war wiedergekommen. Hatte sich hervorragend gefühlt. Aber was hatte das jetzt zu bedeuten?

»Was meinst du? Ist alles in Ordnung bei ihr?«, wandte er sich an Conklin.

Der meinte: »Ihr geht's gut. Der Arzt hat bloß gesagt, sie soll sich nicht wieder so aufreiben, wie das eben ihre Art ist. Also hat sie die wilde Kleine zu ihrer Schwester gebracht und ist mit Joe ins Wochenende gefahren. Ziel unbekannt. Vielleicht hängen sie noch ein, zwei Tage dran. Weißt du, Brady, die meisten Menschen nehmen sich das Wochenende frei.«

»Tatsächlich? Die meisten, die ich kenne, nicht.«

Brady sammelte ein paar herumliegende Bleistifte und Kugelschreiber ein und stellte sie in einen Keramikbecher.

»Um dich mache ich mir viel mehr Sorgen als um Lindsay«, sagte Conklin.

»Das brauchst du mir nicht auch noch unter die Nase zu reiben.«

Seit Chief Warren Jacobi sich in den Ruhestand verabschiedet hatte, hatte Brady zwei Jobs zu bewältigen. Einerseits besetzte er Jacobis Chefsessel oben im vierten Stock, und andererseits war er nach wie vor Leiter der Mordkommission. Er kam sich vor, als würde sein Schädel in eine Autotür eingeklemmt.

Vom Bürgermeister bekam er ebenfalls Druck, weil der verlangte, dass er sich endlich für einen von beiden Jobs entschied. Ganz egal, für welchen, Hauptsache es gab eine Entscheidung.

Brady hatte mit Yuki darüber gesprochen, die ihm zurückhaltende, ehefrauliche Ratschläge gegeben hatte, nichts Forderndes, nur eine ganz normale Abwägung der Fakten, wie Juristen das eben so machen.

»Mehr Verantwortung zu übernehmen, aber dafür weniger Stunden zu arbeiten, finde ich auf jeden Fall eine Überlegung wert. Andererseits spricht vieles dafür, dass deine eigentlichen Stärken bei der Mordkommission am besten zur Geltung kommen. Außerdem gefällt dir die Arbeit dort. Aber du musst dich schnell entscheiden, sonst macht das der Bürgermeister für dich.«

Conklin sagte: »Ich kann mich mit Chi und McNeil zusammentun, bis Boxer wieder da ist.«

»Ja. Mach das.«

Brady ließ Conklin und den Bereitschaftsraum hinter sich und ging über die Feuertreppe nach oben in den vierten Stock. Als er sein Büro betrat, sagte seine Assistentin: »Lieu, ich wollte gerade los und Sie suchen. Hier, sehen Sie sich das mal an.«

Er setzte sich auf seinen Stuhl. Katie beugte sich über seine Schulter und holte den Online-*Chronicle* auf den Bildschirm. Sie las ihm die Schlagzeile vor: »Schüsse auf Roger Jennings bei Taco King.« Dann fügte sie die zentrale Botschaft des Artikels hinzu. »Er schwebt in Lebensgefahr.«

Jennings war ein professioneller Baseballspieler, ein Catcher im Herbst seiner Karriere.

Warum sollte ihn jemand umbringen wollen?

6

Sobald ich die Arztpraxis verlassen hatte, hatte ich Joe angerufen und ihm erzählt, was Doc Arpino mir geraten hatte: »Lindsay. Gönnen Sie sich ein bisschen was. Fahren Sie für ein paar Tage aufs Land. Machen Sie ein Wellness-Wochenende.«

Mein geliebter Ehemann hatte geantwortet: »Überlass das mir.«

Ich hatte Brady und Conklin eine Nachricht hinterlassen: »Bin außer Dienst.«

Jedenfalls etwas in der Art.

Jetzt waren Joe und ich unterwegs nach Norden. Unsere Handys lagen im Kofferraum. Wir schwebten über die Golden Gate Bridge, während unter uns Segelboote über die funkelnde Bucht zogen.

Joe saß am Steuer, und ich saß neben ihm und sagte: »Das ist nicht wahr.«

»Ist es wohl. Du bist zum Flughafen gekommen. Du hast gesagt: ›Ich will dich. Und ich will den Jet.‹«

Ich platzte laut heraus vor Lachen. »Du bist doch irre.«

»Kannst du dich an das Firmenflugzeug erinnern?«

»Oh ja.«

»Lauter, Liebes.«

»Oh JA!«

Wir mussten beide lachen.

Joe und ich hatten uns bei der Arbeit kennengelernt, als Doppelspitze einer gemeinsamen Sondereinheit von Polizei und Heimatschutz. Unsere Aufgabe damals war es, einem Terroristen das Handwerk zu legen, der einen tödlichen Giftanschlag auf die Teilnehmer einer G8-Konferenz in San Francisco geplant hatte. Bevor wir ihn schließlich überwältigen konnten, hatte der Dreckskerl viele Menschen umgebracht, darunter auch eine Person, die mir sehr nahestand.

Ich schob alle diese Gedanken beiseite und sagte: »Weißt du noch, wie wir den G8-Fall unterbrochen haben und zu Ermittlungen nach Portland gefahren sind?«

»Und ob«, erwiderte Joe. »Wir sitzen da in diesem Konferenzraum, zusammen mit einem Dutzend Leuten, die versuchen, im Interesse der nationalen Sicherheit einen Mord aufzuklären, und du sagst: ›Direktor Molinari, wenn Sie mich weiter so anstarren, dann kann ich nicht arbeiten.‹«

Ich lachte. »Das war doch erst hinterher. Das habe ich doch niemals laut gesagt.«

Ich war mir sicher, dass ich recht hatte, aber es stimmte auch, dass die Zusammenarbeit mit Joe, die von so viel Adrenalin und Angst und Druck begleitet worden war, eine ausgesprochen wundervolle magische Wirkung auf uns gehabt hatte. Und noch vor unserer Rückfahrt von Portland nach San Francisco hatten wir uns ineinander verliebt. Heftig.

War von da an alles perfekt gewesen?

Absolut nicht. Wir lebten auf zwei entgegengesetzten Seiten des Landes und saßen eine ganze Weile in der Fernbeziehungs-Achterbahn, bekämpften die Einsamkeit und die Sehnsucht mit einigen wenigen Tagen Abenteuer im Monat, bis Joe seinen Job aufgab und zu mir an die San Francisco Bay zog.

Ungefähr ein Jahr nach unserer Hochzeit habe ich Julie Anne Molinari zur Welt gebracht, in einer finsteren Gewitternacht und ganz allein zu Hause. In der ganzen Stadt war der Strom ausgefallen. Während ich, umringt von Feuerwehrleuten, keuchte und presste und schrie, war Joe in zehntausend Metern Höhe durch die Luft gerast, ohne etwas davon zu ahnen.

Aber als er dann endlich nach Hause gekommen war, hatte er mich und unser kleines Baby ausgiebig für alles entschädigt. Joe Molinari, Geheimdienstberater und Mr. Mom in einem.

Jetzt fragte er mich: »Wo bist du, Lindsay?«

»Ich bin hier.«

Ich beugte mich zu ihm, gab ihm einen Kuss und fuhr fort: »Ich habe gerade an früher gedacht. Und wo bist *du*, Joe?«

Er legte mir eine Hand aufs Bein.

»Ich bin hier, Blondie, und denke daran, was für eine gute Mutter du bist und wie sehr ich dich liebe.«

»Und ich liebe dich auch.«

Dieses Wochenende verbrachte Julie am Strand bei ihrer Tante Cat, ihren beiden Cousinen und Martha, der besten Hündin der Welt, während Joe und ich uns wie zwei verliebte Teenager mit Mitte vierzig fühlen durften.

Joe schaltete das Radio ein und suchte den perfekten Sender.

Wir schwebten dahin. Die Sonne schien, dazu die Segelboote auf dem Wasser, und wir sangen die Oldies aus dem Radio mit: »Free to do what I want any old time.« Die Stones passten einfach perfekt zu dem Moment.

An unserem ersten Etappenziel angekommen fühlten wir uns wie in den Flitterwochen.

7

Joe bremste und stellte den Wagen vor einem unauffällig wirkenden, zweistöckigen Gebäude aus Kieselsteinen und Holzbalken ab. Das ganze Ensemble wurde von grünen Büschen umgeben.

Ich erkannte es sofort, weil ich auf mehreren Seiten mit Sehenswürdigkeiten des Napa Valley schon Fotos davon gesehen hatte. Es war angeblich eines der besten Restaurants der Welt, und zwar seit zwanzig Jahren.

Jawohl, eines der besten in der *Welt*.

Ich rief: »The French Laundry? Im Ernst?«

Ich hatte schon gelesen, wie schwierig es war, hier einen Tisch zu bekommen. Das Lokal wurde von Feinschmeckern verehrt und besaß drei Michelin-Sterne. Zwei Monate Wartezeit für eine Mittagsreservierung waren *normal*.

»Das hast du doch niemals von einem Tag auf den anderen hingekriegt.«

»Ich habe Beziehungen«, erwiderte Joe und grinste mich augenzwinkernd an.

Wow. Bei der Arbeit standen vor allem Burger und Kaffee auf dem Speiseplan. Ob ich so ein feines Essen überhaupt angemessen würdigen konnte? Erst jetzt begriff ich, weshalb Joe mich gebeten hatte, ein Kleid anzuziehen. Und – Überraschung – ich hatte sogar auf ihn gehört. Es war blau-weiß gemustert und passte zu meinem blauen Kaschmir-Cardigan. Ich löste das Haarband um meinen dunkelblonden Pferdeschwanz, klappte die Sonnenblende herunter und unterzog mich im Spiegel einer kritischen Überprüfung.

Ich lockerte die Haare ein wenig und zwickte mich in die Wangen.

Hübsch sah ich aus.

Der Gemüsegarten des Restaurants befand sich auf der gegenüberliegenden Straßenseite und war für Besucher geöffnet – ein wunderschönes Plätzchen für einen Freitagabendspaziergang. Ich sagte zu Joe, dass ich mein Handy jetzt doch brauchte, um ein paar Fotos zu machen. Er stieg aus und klappte den Kofferraum auf.

In diesem Augenblick hielt ein Lieferwagen hinter unserem Auto an. Das Beifahrerfenster fuhr nach unten. Ich konnte den Fahrer nicht sehen, aber seine Stimme war laut und deutlich zu hören: »Joeeey.«

Joe rief zurück: »Dave, du verrückter Hund.«

Ich sah, wie er zu dem Lieferwagen ging, die Fahrertür aufmachte, sich ins Innere beugte und den Fahrer umarmte. Dann kam er wieder zu mir und sagte: »Jetzt lernst du endlich Dave kennen.«

Wenn Joe von David Channing sprach, dann immer mit sehr viel Zuneigung und Traurigkeit zugleich. Die beiden hatten sich während ihres Studiums am Fordham College in der Bronx ein Zimmer geteilt. Ich kannte ihn nur von Fotos im Footballdress. Dave war Quarterback gewesen und Joe Receiver. Er hatte mir Jubelbilder vom Team nach einem Sieg gezeigt, mit Joe und Dave mittendrin, alle beide groß gewachsen, muskelbepackt, gut aussehend und sehr jung.

Joe hatte mir erzählt, dass es am Abend eines solchen Tages, nach einem Sieg über das Team des College of the Holy Cross, einen plötzlichen Kälteeinbruch gegeben hatte. Von Westen war ein Schneesturm aufgezogen, während Dave seine Freundin Rebecca nach Hause gefahren hatte. Sie wohnte in Croton-on-Hudson, ungefähr eine Dreiviertelstunde den Taconic State Parkway hinauf, eine wunderschöne, gewundene Straße mit einem Mittelstreifen, der eigentlich eine Parklandschaft war, und etlichen fantastischen Aussichtspunkten.

Doch an jenem Nachmittag war der Schnee angetaut und hatte später auf der Straße eine dicke Eisschicht gebildet. Hinter einer Kurve, die wegen eines Felsvorsprungs nicht einzusehen war, war ein Fahrzeug ins Schleudern geraten und hatte beide Fahrspuren blockiert. Dave hatte gebremst, war in das Unfallauto geschlittert und dann von einem nachfolgenden Fahrzeug mit voller Wucht gerammt worden.

Zum Schluss hatten sich insgesamt zweiunddreißig Fahrzeuge in einer grauenhaften Massenkarambolage ineinander verkeilt. Rebecca war ums Leben gekommen, und Dave hatte so schwere Verletzungen an der Wirbelsäule erlitten, dass der junge Mann, der von mehreren NFL-Teams beobachtet worden war, seit jenem Tag von der Hüfte an abwärts gelähmt war.

Seine Eltern, Ray und Nancy Channing, hatten Dave zu sich nach Hause auf ihr kleines Weingut bei Napa geholt. Dann hatte er eine jahrelange Leidenszeit mit allerhand Rehabilitationsmaßnahmen durchgemacht. In dieser Phase hatte er sich von seinen Freunden und mehr oder weniger von der ganzen Welt abgeschottet. Inzwischen führte er die Bücher des Weinguts, leitete eine Selbsthilfegruppe für Querschnittsgelähmte und hatte den Tod seiner Mutter zu verkraften, die an Lymphdrüsenkrebs gestorben war. Mehr wusste Joe nicht.

Jetzt öffnete er mir die Tür, reichte mir eine Hand und half mir beim Aussteigen. »Ich habe lange auf diesen Augenblick gewartet, Linds. Komm mit, ich möchte dir Dave vorstellen.«

8

David Channing zeigte, was er konnte, balancierte eine Weile auf den Hinterrädern seines Rollstuhls, bevor er sich ein Stück zurückfallen ließ und Joe das Kommando gab, steil zu gehen.

Er warf einen imaginären Football und Joe fischte ihn mit übertrieben viel Tamtam aus der Luft, überquerte die unsichtbare Linie und schleuderte den Ball in der Endzone auf den Boden.

Dave lachte, als Joe ein kleines Freudentänzchen aufführte. Dann grinste er schüchtern und streckte mir zur Begrüßung die Hand entgegen. Ich machte eine Umarmung daraus.

»Es klingt zwar abgedroschen, aber es stimmt«, sagte er. »Joe hat mir so viel von dir erzählt.«

»Umgekehrt auch, Dave. Manchmal kommt er gar nicht mehr raus aus dem Schwärmen.«

Joe drückte seinem Freund die Schulter und sagte: »Wollen wir?«

Dave erwiderte: »Ich würde euch wirklich gern begleiten, aber ich bin bloß schnell gekommen, damit ich Lindsay endlich kennenlernen kann. Ich muss gleich wieder zurück.«

Joe entgegnete: »*Kommt überhaupt nicht infrage.* Wir haben uns drei Jahre lang nicht gesehen. Wir essen jetzt zusammen. Das geht auf mich.«

Dave protestierte. Es sei schließlich unser Wochenende, das Essen sei schon vorbereitet und dass er nicht das dritte Rad am Wagen sein wolle – aber gegen Joe hatte er keine Chance.

»Immer noch derselbe harte Knochen, alter Mann«, hörte ich ihn leise sagen, während Joe uns in Richtung Restaurant schob, die leuchtend blaue Tür aufhielt und ins Innere scheuchte. Der Oberkellner, der uns in Empfang nahm, nannte Dave »Davy«, und wir wurden zu einem Tisch geleitet. Nachdem wir Platz genommen hatten, sagte Dave: »Das Restaurant ist einer unserer Kunden.«

Joe meinte: »Dann dürfte klar sein, dass wir einen Channing-Cabernet nehmen.«

Das hörte sich gut an.

Claire Washburn, meine allerbeste Freundin, war letztes Jahr zu ihrem Hochzeitstag hier gewesen und hatte ihre Erfahrung in einem Satz zusammengefasst: »Ein Essen in der French Laundry wird dein Leben verändern.«

Ich hatte keine Zweifel an den Worten meiner Freundin. Ehrlich gesagt kann ich mich nicht erinnern, dass sie sich jemals geirrt hat. Aber ob eine einzige Mahlzeit wirklich mein Leben verändern konnte? Zumindest für einen Tag? Ich war mir nicht sicher. Mit seiner Lasagne hatte Joe die Messlatte jedenfalls ziemlich hoch gelegt. Sie war wahrscheinlich mein Lieblingsgericht – auf der ganzen *Welt*.

Ich blickte mich um und fühlte mich sofort wohl. Der Hauptraum mit den sandfarbenen Wänden, einem Dutzend runder Tische, der Gewölbedecke und den Wandleuchtern zwischen den Flügelfenstern strahlte behagliche Gemütlichkeit aus.

Als die Speisekarten gebracht wurden, sagte Dave: »Ich empfehle das Probiermenü. Es wird täglich geändert und kommt nie wieder so auf den Tisch wie heute.«

Lisette, unsere Kellnerin, pflichtete ihm bei. Ein schneller Blick auf die Speisekarte machte deutlich, dass es sich um eine Reise durch die klassische französische Küche in neun Gängen handelte, versehen mit drei Sternen. Und Wein war auch mit dabei.

Ich bin kein Mathegenie, aber es war klar, dass ein Mittagessen für drei Personen ungefähr tausend Dollar kosten würde.

Wahrscheinlich sogar deutlich *mehr* als tausend Dollar.

Joe legte den Arm um meine Stuhllehne und zog mich ein wenig dichter zu sich.

Dave entschuldigte sich, dass er es nicht zu unserer Hochzeit geschafft hatte, und ich sagte, dass wir seine Anwesenheit trotzdem gespürt hatten.

»Und dein Hochzeitsgeschenk war einfach großartig, Dave.«

Er lachte. »Nicht alle Paare wüssten einen antiken Waffenschrank zu schätzen.«

Joe und ich erwiderten wie aus einem Mund: »Aber wir schon!«

9

Noch bevor der erste Gang serviert wurde, fingen die beiden alten Freunde an, sich auf den neuesten Stand zu bringen – wer hatte geheiratet, wer war in die Politik gegangen und wer war gestorben.

Es gab Lachs-Tartar, angerichtet in einem kleinen Hörnchen. Wundervoll. Meine Geschmacksknospen erblühten zu voller Größe, bekamen sich aber rechtzeitig wieder in den Griff, um das zu kosten, was laut Lisette eine der Spezialitäten der French Laundry war: zwei Austern in der Schale mit Tapiokaperlen und Regiis-Ova-Kaviar, serviert in einem kleinen weißen Schälchen. Ich stippte meine Gabel in die Austernschale und führte mir etwas von dem cremig-butterigen, salzigen Aphrodisiakum unter den Speisen in den Mund.

Es war gut. Sehr gut. Während ich noch den ungewöhnlichen Texturen und vielfältigen Geschmäckern nachspürte, ging die Prozession aus wunderschön arrangierten Delikatessen bereits weiter.

Die Schweinebäckchen mit cremigen englischen Erbsen, die marinierten Nektarinen, das weich gekochte rote Hühnerei in der Schale, die aussah, als wäre sie aus Porzellan, all das überstieg meinen Horizont ein wenig. Aber die ekstatischen Ausrufe an meinem und den uns umgebenden Tischen machten mir klar, warum die French Laundry als

Goldstandard für Menschen mit einem besonders ausgeprägten Geschmackssinn gilt.

Drei Stunden später, als wir an unserem Kaffee nippten und an einer Auswahl von wundervollen Süßspeisen knabberten, brachten wir Dave dazu, uns von sich zu erzählen.

»Joe weiß das schon, Lindsay, aber kurz vor eurer Heirat ist meine Mom verstorben. Mein Dad und ich hatten immer schon ein enges Verhältnis. Aber die gemeinsame Arbeit hat uns … Ich weiß nicht, wie ich es anders ausdrücken soll … eine tiefe Freundschaft beschert.«

Dave seufzte.

Joe legte ihm eine Hand auf den Arm und erkundigte sich, was denn los sei.

Dave sagte: »Dad liegt im Krankenhaus, und ich mache mir große Sorgen um ihn.«

»Wieso? Was hat er denn?«, hakte Joe nach.

»Die Aorta in seinem Brustkorb hat ein Aneurysma entwickelt, verursacht durch einen zu hohen Blutdruck. Das ist inzwischen so groß geworden, dass er vermutlich operiert werden muss. Der Arzt hat ihm Betablocker verschrieben, sagt aber auch, dass das Ganze mit dem Alter zusammenhängt. Das kann ich gar nicht glauben. Er ist erst zweiundsiebzig. Und bis jetzt war er noch nie richtig krank.«

Joe sagte: »Das tut mir leid, Dave.«

»Wenn du ein bisschen Zeit hast, Joe … Ich weiß, dass er sich sehr freuen würde, dich zu sehen. Er war unser größter Fan.«

Joe senkte den Blick. Vermutlich war er in Gedanken bei ihrer gemeinsamen Zeit im Footballteam des Colleges und hatte die Anfeuerungsrufe ihrer Angehörigen auf der Tribüne im Ohr.

Joe hob den Blick und sah seinen Freund an. »Wann würde es denn passen?«

10

Als wir dann im Auto saßen, sagte ich: »Er ist ein toller Typ, Joe. Und er tut mir echt leid.«

»Ich fand es richtig schön, ihn wiederzusehen. Bist du sicher, dass es dir nichts ausmacht?«

»Natürlich. Du besuchst seinen Dad und ich den Wellness-Bereich.«

Joe nickte. »Zum Abendessen bin ich wieder da.«

»Perfekt.« Ich dachte an eine Massage und vielleicht irgendeine Ganzkörperpackung mit exotischen Zutaten. Dazu eine Maniküre, damit die Kollegen mich überhaupt nicht mehr wiedererkannten. Fast hörte ich Brady sagen: »Was haben sie denn mit dir angestellt, Boxer?«

Ich musste grinsen, aber als ich Joe davon erzählen wollte, wirkte er tief in Gedanken versunken.

Er registrierte mich aus den Augenwinkeln und sagte: »Ich muss immer wieder daran denken, wie sein Leben ohne diese vereiste Kurve verlaufen wäre.« Und dann: »Ich schätze, dass viele Profisportler ziemlich kaputt sind. Nicht nur körperlich. Der Ruhm, das Geld, die vielen Enttäuschungen, das alles. Ich bin einfach nur froh, dass er immer noch der Dave ist, den ich kenne.«

Ich nickte zustimmend.

»Und du, Süße?«, fuhr er fort. »Wie fandest du das Essen?«

»Es war fabelhaft, wirklich, das beste Essen meines Lebens, und weißt du auch, warum? Weil es von dir gekommen ist, Joe. Du hast dir das Ganze ausgedacht, in kürzester Zeit. Du hast Dave angerufen und alles organisiert. Und du hast ein kleines Vermögen ausgegeben. Für ein *Mittagessen*!«

»Aber was ist mit den Speisen? Darüber hast du noch kein Wort verloren.«

»Na ja, darf ich ehrlich sein? Ich bin bestimmt völlig verrückt und müsste jetzt eigentlich in den höchsten Tönen von diesem Lamm von der Salzwiese oder diesem Fleischdings mit dem Erbsenpüree und so weiter schwärmen, aber weißt du, was mir am allerbesten geschmeckt hat?«

»Lass mich raten«, meinte Joe. »Dieser kleine Donut mit Zuckerguss ganz zum Schluss. Wie ein Mini-Krispy-Creme.«

»Gibt's doch nicht. Woher weißt du das?«

»Erstens bist du Polizistin. Und zweitens hast du beim Essen ein paar sehr sinnliche Laute von dir gegeben.«

»Aha. Tja, vielleicht hab ich dabei an *dich* gedacht.«

»Hast du nicht.«

»Und da ich mir gleich eine Wellness-Behandlung gönnen werde, bin ich, wenn du wiederkommst, bestimmt tiefenentspannt und völlig entrückt und verströme Blütenduft.«

»Das klingt gut. Genau die richtige Richtung«, erwiderte Joe.

11

Das Milliken Creek Inn liegt ein wenig erhöht am Ufer des Napa River.

Ich kam aus der Wellness-Oase zurück in unser Zimmer mit Balkon und Blick auf den Fluss, dem offenen Kamin und dem riesigen Bett und war von einem ganz neuen Gefühl durchdrungen. Ich empfand überhaupt keinen Stress. Keine Hetze. Keine Eile. Keine Sorgen. Keine Pläne und nichts zu erledigen, außer auszuruhen.

Ich schlüpfte in einen weißen Bademantel, zog ein Paar Socken an und legte mich in das Doppelbett mit der Daunendecke und dem majestätischen Kopfbrett. Erst als Joe meinen Namen rief und das Licht einschaltete, wurde ich wieder wach.

»Tut mir leid, Linds. Ich wollte dich nicht aufwecken.«

»Wie spät ist es?«

»Kurz nach sieben. Zwanzig nach. Nach dem Besuch bei Ray haben Dave und ich uns noch jede Menge Jahrbücher und Fotoalben angeschaut, und dann musste ich ihm natürlich noch alles erzählen, was Julie seit ihrer Geburt gesagt und gemacht hat.«

»Oh Mann«, gab ich zurück. »Aber jetzt seid ihr erst mal durch?«

Joe lachte: »Möchtest du zum Abendessen überhaupt noch weggehen?«

Ich schüttelte den Kopf. Es war so gemütlich hier.

»Ich auch nicht. Am liebsten würde ich nur duschen und mich dann ins Bett legen. Aber einen Moment noch.«

Er setzte sich auf die Bettkante und bestellte beim Zimmerservice eine Käse- und Obstplatte für zwei, einen Korb mit Brot, eine Flasche Sauvignon blanc aus dem Weingut Channing und sagte zum Abschluss: »Haben Sie auch Kerzen? Gut. In zwanzig Minuten würde passen.«

Er legte auf, streifte sein Jackett ab, kam zurück zum Bett und gab mir einen Kuss.

»Mein Gott«, sagte er. »Du duftest ja *tatsächlich* nach Blumen.«

Ich zeigte ihm meine frisch lackierten Finger- und Zehennägel, und er gab mir noch einen Kuss. Dann streifte er mir ein paar Haarsträhnen aus der Stirn.

»Bin gleich wieder da«, sagte er.

Ich schüttelte mein Kissen auf, blickte zur Balkontür hinaus und sah, wie der Himmel allmählich seine Farbe verlor. Gleichzeitig hörte ich, wie Joe unter der Dusche einen alten Rock'n'Roll-Song zum Besten gab. Irgendwie hatten sich die Oldies, die wir auf der Fahrt hierher gehört hatten, wohl in seinem Kopf festgesetzt.

»Do you *love* me? *Do* you love me?«

Im Bademantel kam er aus dem Badezimmer und schmetterte den Refrain.

»Now … that I … can *dance.*«

Ich lachte, breitete die Arme aus, und er kam zu mir ins Bett.

Ich legte ihm einen Arm auf die Brust. Er zog mich an sich, und ich legte den Kopf in den Nacken und küsste ihn erneut, dieses Mal mit etwas mehr Feuer als zuvor.

Er sagte: »Nun sieh uns mal an. Zwei Austern in Weiß. Kaviar haben wir gar nicht nötig.«

»Ruf deine Tochter an, bevor es zu spät wird«, gab ich zurück.

Joe stand auf, fischte sein Handy aus seinem Jackett und kam wieder ins Bett. Per FaceTime riefen wir meine Schwester an. Ihre beiden kleinen Töchter stritten sich laut kreischend darum, wer Onkel Joe erzählen durfte, was sie heute alles erlebt hatten. Und dann hatten wir ein sehr schönes Gespräch mit einer schlaftrunkenen Julie, die, wie ich sah, sich mit Martha ein Bett teilte. Julie sagte: »Mommy, sag wuff.«

Ich gehorchte.

»Neeeeinnn. Du sollst es zu Martha sagen.«

Im Hintergrund hörte ich Cat kichern, während Julie meiner alten Hündin das Telefon vor die Nase hielt. Ich wuffte. Dann schickten Joe und ich der Kleinen per Bildschirm ein Küsschen und wünschten ihr eine gute Nacht.

Als wir wieder allein waren, berichtete Joe, dass Ray Channing gar nicht gut ausgesehen hatte. Trotzdem hatte er sich sichtlich gefreut, Joe nach all den Jahren wiederzusehen.

»Er hat behauptet, ich hätte mich kein bisschen verändert.«

Wir lachten beide, und dann klopfte der Zimmerservice an unsere Tür.

Joe und ich nippten an unserem Wein. Knabberten Käse und Obst. Wir unterhielten uns, dann stellte Joe die Kerze in die kleine Glaskugel auf der Kommode, rollte den Servierwagen nach draußen und verriegelte die Tür.

Er zog seinen Bademantel aus und warf ihn über einen Stuhl, kam zurück zum Bett und half mir, meinen ebenfalls auszuziehen.

»Ich muss dir ein Geständnis machen«, sagte ich.

»Jetzt? Soll ich mir die Brust rasieren?«

»Ich liebe deine behaarte Brust. Der Hummer mit Käsemakkaroni. Das war mein Lieblingsgang.«

»Sogar besser als der Mini-Donut?«

»Es war das Beste, was ich je gegessen habe.«

Joe lachte. »Käsemakkaroni.«

»Mit Hummer.«

»Verstehe. Ich glaube, da gibt es sogar ein Rezept.«

Gegen halb neun liebten wir uns bei Kerzenlicht, gerade so viel, dass wir uns gegenseitig in die Augen schauen konnten.

Joe fragte: »Was hast du gesagt, Blondie?«

»Ich habe so ein wahnsinniges Glück.«

»Ich auch.«

12

Zwanzig Minuten nachdem ich mich von meiner Tochter, meinem Mann und meinem Border Collie verabschiedet hatte, stellte ich meinen Explorer unter der Überführung in der Harriet Street ab.

Die Gerichtsmedizin lag nur einen halben Häuserblock entfernt. Ich wollte meine beste Freundin besuchen, weil ich dachte, dass eine Tasse Kaffee mit Claire ein schöner, sanfter Start in meinen Montagmorgen sein könnte.

Ich zog die schwere Glastür auf, sagte »Hallo« zu Patrick, dem Neuen an Claires Empfangstresen, und bekam zu hören: »Dr. Washburn hat gesagt, Sie sollen schon mal reingehen. Sie ist gleich da.«

Fünf Minuten später betraten Claire und Cindy das Büro. Claire wirkte gestresst, und Cindys Miene verriet, dass sie gerade mitten in einer Geschichte steckte. Ich stand auf und schloss beide in die Arme.

»Deine Haare duften himmlisch«, sagte Claire.

»Ich habe eine Haarkur machen lassen. Ich! Was gibt's bei euch Neues? Habe ich was verpasst?«

Cindy antwortete: »Am Tag, als ihr weggefahren seid, hast du das noch mitgekriegt? Roger Jennings wird in seinem Auto niedergeschossen, als er aus dem Taco King in der Duboce Avenue kommt.«

»Nicht mitgekriegt.«

»Okay, also, er lebt noch zwei Tage, ist aber bewusstlos und kann kein Wort sagen. Heute Nacht ist er gestorben. Weißt du, wer das war? Roger Jennings?«

»Na klar. Ein Catcher. Hat von den Oakland Athletics zu den San Francisco Giants gewechselt, ungefähr vor einem Jahr, oder? Was ist mit dem Täter?«

Cindy weihte mich in die Einzelheiten ein. »Niemand hat gesehen, wer geschossen hat, auch nicht Jennings' schwangere Ehefrau, die neben ihm auf dem Beifahrersitz gesessen hat.«

Claire sagte: »Die Kugel ist in die Kehle des Opfers eingedrungen, hat mehrere Wirbel und Arterien durchtrennt und ist dann auf der linken Halsseite wieder ausgetreten.«

Cindy fuhr fort. »Und dann hat jemand – entweder der Schütze selbst oder ein Komplize – das Durcheinander genutzt, um das Wort *Testlauf* auf die Heckscheibe von Jennings' Porsche Cayenne zu schreiben.«

»Testlauf«, wiederholte ich laut. »Das war also bloß eine Übung. Gut möglich, dass Jennings nur ein zufälliges Opfer war.«

»Kann sein«, erwiderte Cindy. »Aber ich habe mich ein bisschen ausführlicher mit Roger Jennings befasst. Ich glaube, dass er bereits an seiner nächsten Karriere gebastelt hat. Und die war ein bisschen riskanter als Baseball.«

»Wieso denn das?«

»Er hat gedealt«, sagte sie.

»Ist das eine Tatsache?«, wollte ich wissen.

»Ich habe aus vertrauenswürdiger Quelle erfahren, dass Jennings seine Mannschaftskameraden mit MDMA beliefert hat. Vielleicht hat er auch noch andere Kunden gehabt. Chi und McNeil sind schon dran. Aber jetzt …« sagte Cindy, »… muss ich los und meinen Artikel abgeben.«

Sie warf uns ein Luftküsschen zu.

Dann war sie weg.

13

Noch während Cindy zur Tür hinausschwebte, kam Yuki hereingestürmt.

»Ich hoffe, hier gibt's irgendwo Kaffee.«

Claire zeigte auf die Kaffeemaschine, und nachdem wir unsere Tassen nachgefüllt und uns um Claires Schreibtisch gruppiert hatten, erzählten wir uns gegenseitig das Wichtigste. Claire hatte das ganze Wochenende gearbeitet und versucht, die sterblichen Überreste von fünf verbrannten Leichen zu sortieren, die nach einem Brand in einem Crack-Haus im Tenderloin District entdeckt worden waren.

»Das ist wirklich extrem«, sagte sie. »Todesursache könnte eine Überdosis sein, eine Rauchvergiftung, eine Schusswunde, alles drei oder keins davon. Es wird sehr schwer werden, auch nur einen der Leichname zu identifizieren.«

Yuki schaltete sich ein: »Verdacht auf Brandstiftung, aber es ist ebenso denkbar, dass eine Crackpfeife auf einen Zeitungsstapel gefallen ist und sie alle so zugedröhnt waren, dass es niemand gemerkt hat.«

Claire erhob sich von dem Platz hinter ihrem Schreibtisch und sagte: »Bin gleich wieder da.«

Ich erkundigte mich bei Yuki, wie weit sie mit ihrem aktuellen Fall war, und sie antwortete: »Der Angeklagte, dieser Clay Warren … Als ich noch für Zac gearbeitet habe, da hätte ich darum gekämpft, dass dieser Junge wieder freikommt. Ich hätte argumentiert, dass er ein Opfer der Umstände geworden ist. Er hatte keine Ahnung von den Drogen im Kofferraum. Ich hätte ihn dazu gebracht, diesen Kotzbrocken zu verpfeifen, der ihn buchstäblich auf dem Zeug hat sitzen lassen. Aber jetzt schicke ich ihn für den Rest seines schwachköpfigen Lebens hinter Gitter. So viel zum Thema kognitive Dissonanzen.«

Dann erkundigte sie sich nach Julie, und ich erzählte ihr, dass Joe und ich gestern Abend völlig erschöpft waren, weil Julie einfach nicht eingeschlafen war. Überhaupt nicht. »Also haben wir sie und Martha irgendwann zu uns ins Bett gelassen, und dann hat unser Schnarchen die beiden wahrscheinlich ausgeknockt. Das Nächste, was ich gehört habe, war jedenfalls: ›Mommy! Ich komm zu spät zur Schule.‹«

Yuki lachte immer noch, als Claire zurückkam und sich auf ihren Schreibtischstuhl plumpsen ließ. Sie nahm einen Schluck Kaffee und stieß einen tiefen Seufzer aus.

»Alles in Ordnung?«, wollte ich wissen.

»Na klar«, erwiderte sie. »Ich hab mir kaltes Wasser ins Gesicht gespritzt. Schließlich will ich vor dem Feierabend mit diesen fünf Toten hier fertig werden. Aber erzähl du mal. Ihr wart in der French Laundry?«

Claires Mann vom Empfang klopfte an, streckte seinen Kopf zur Tür herein und sagte: »Bitte entschuldigen Sie, Sergeant. Inspektor Conklin hat gerade angerufen. Sie sollen sofort nach oben kommen.«

Wir unterbrachen unsere kleine Runde und verabschiedeten uns mit einer Umarmung von Claire. Mit großen Schritten gingen Yuki und ich den überdachten Durchgang entlang, der die Gerichtsmedizin mit der Hall of Justice verbindet.

Wir betraten eine bereitstehende Fahrstuhlkabine, und Yuki stieg im zweiten Stock aus. Ich fuhr weiter bis in den dritten, wo ich meinen Partner am Eingang des Bereitschaftsraums stehen sah. Er war gerade dabei, seine Jacke anzuziehen.

»Gut, dass du da bist, Boxer«, sagte Rich Conklin. »Ein Doppelmord in Saint Francis Wood. Wir übernehmen.«

14

Conklin und ich liefen die Feuertreppe hinunter, durchquerten das Foyer und verließen das Gebäude durch den Hauptausgang, der hinaus auf die Bryant Street führte.

Während wir uns einen Streifenwagen besorgten, brachte er mich mit knappen Worten auf den aktuellen Stand.

»Bei den Opfern handelt es sich um Paul und Ramona Baron.«

»Der Musikproduzent?«

»Genau der.«

Ich hatte ein Bild von Baron vor Augen. Dunkle Haare. Mitte vierzig. Klein, mit einem schrillen Charakter. Das Bild vor meinem geistigen Auge stammte von einer Party, die er erst kürzlich mit vielen Leuten anlässlich eines großen Deals mit einer Filmproduktion im Club Monroe gefeiert hatte.

Rich fuhr fort: »Die Haushälterin, eine gewisse Gretchen Linder, ist vor einer halben Stunde zur Arbeit gekommen und hat die Toten gefunden. Die Frau hat noch geatmet, aber sie ist verstorben, als Linder den Notruf abgesetzt hat. Sie ist immer noch vor Ort.«

Conklin setzte sich ans Steuer, und während ich mich noch anschnallte und die Sirene einschaltete, trat er das Gaspedal durch. Der Wagen schoss los. Ich hielt mich an der Armlehne fest, und wir rasten nach Südwesten, Richtung Saint Francis Wood. Dort lebten vor allem reiche, alteingesessene Familien. Es war eines jener Wohnviertel, in denen eigentlich nie etwas passierte … bis etwas passierte.

Abgesehen von einigen wenigen Kraftausdrücken, wenn irgendwelche Volltrottel nicht rechtzeitig Platz machten, sprachen wir bis zur Ankunft vor dem Schauplatz der Morde kein Wort mehr.

Vor einem wunderschönen, alten Haus auf einem Eckgrundstück mit einer Fläche von rund vierhundert Quadratmetern standen drei Streifenwagen. Der Rasen war gemäht, die Büsche beschnitten. Alles hier sah so ordentlich aus wie ein frisch gemachtes Bett.

Wir parkten zwischen dem Fahrzeug der Kriminaltechnik und einem Notarztwagen und stiegen aus.

Ich blieb kurz stehen und verschaffte mir einen ersten Überblick: Multi-Millionen-Dollar-Häuser, so weit das Auge reichte; uralte Bäume am Straßenrand. In der Auffahrt der Barons standen zwei Autos, ein neuer Mercedes und ein Audi, beide blitzblank sauber. Am Straßenrand war ein ziemlich gebrauchter Honda zu sehen, dazu die drei Streifenwagen, der Transporter der Kriminaltechnik und der Krankenwagen. Unverständliche Funksprüche und kreischende Funkgeräte, bellende Hunde und gellende Hupen machten deutlich, dass hier etwas Schreckliches passiert war.

Die Kriminaltechniker warteten bei ihrem Fahrzeug auf den Startschuss. Uniformierte Beamte sperrten den Fußweg zum Haus und einen zweiten, erweiterten Bereich so ab, dass der Verkehr weiter fließen konnte. Die Eingangstür des Hauses in der San Anselmo Avenue 181 wurde geöffnet, und Charles Clapper, der Leiter der Kriminaltechnik, winkte uns zu sich.

Conklin und ich machten uns auf den Weg, wurden jedoch von gellendem Kreischen aufgehalten. Zwei kleine Kinder – das Mädchen war vielleicht vier, der Junge sechs Jahre alt, beide in Schlafanzügen –, kamen aus dem Garten hinter dem Haus gerannt und wollten quer über den Rasen zur Straße laufen. Conklin und ich hielten die beiden fest, während eine hübsche Frau mit einem pinkfarbenen blutverschmierten Kittel über der Jeans rief: »Christopher. DeeDee. Kommt zu Gretchen, aber sofort.«

DeeDee klammerte sich an meine Beine. Ich nahm das kleine Mädchen auf den Arm, und sie schlang mir die Arme um den Hals. Rich hielt ihren heulenden großen Bruder fest, bis ihre Nanny, die ebenfalls weinte, die beiden an sich nahm.

Conklin stellte mir die Nanny vor. Gretchen Linder war verstört. Sehr verstört.

»Wir *dürfen* nicht … Der Mann hat gesagt, wir müssen draußen warten. Das ist … *oh mein Gott.* Ihre *Eltern*. Die armen *Kinder*. Ich habe Ramona *sterben* sehen. Ich habe gesehen … Ich bin doch für sie verantwortlich. Ich weiß nicht, was ich machen soll«, sagte sie. »Soll ich sie mit zu mir nehmen?«

Es war wirklich nett, dass sie das überhaupt in Erwägung zog, aber das kam sicher nicht infrage.

Richie sagte: »Wir müssen Ihre Aussage aufnehmen. Sehen Sie den grauen Ford da gleich neben dem Krankenwagen? Wie wär's, wenn ich Sie jetzt alle zusammen auf die Polizeiwache bringe? Dann überlegen wir uns, was für die Kinder das Beste ist, vorerst zumindest. Und Sie können uns helfen herauszufinden, was hier passiert ist.«

Linder nickte. Sie schlug die Hände vors Gesicht und schluchzte. Anschließend wischte sie sich mit dem Ärmel über die Wangen.

Dicht gefolgt von Richie begleitete sie die beiden Kinder zum Streifenwagen.

15

»Also, in einem *Wohnhaus* hab ich so was noch nie gesehen«, sagte ich zu Clapper.

Wir standen im Foyer der Barons und ließen den Blick durch einen Vorführraum schweifen, der den Großteil des Erdgeschosses in Anspruch nahm. Wandlampen warfen warmes Licht auf ein halbes Dutzend Couchgarnituren, die in Hufeisenform vor einer Wand voller großer Bildschirme standen. Über der Bar im Hintergrund hingen Fotos von Paul Baron mit Künstlern, deren Musik er produziert hatte.

Ich sagte: »Das wirkt ganz schön unpersönlich.«

»Wie eine Flughafenlounge. Für die erste Klasse.«

Am hinteren Ende gaben zwei weit geöffnete Schiebetüren den Blick auf ein offenes Wohn-/Esszimmer mit Küche frei. Die Reste des Frühstücks standen noch auf dem Tisch.

Ich fragte: »Wo sind die Täter eingedrungen?«

Clapper schüttelte den Kopf. »Türen und Fenster waren allesamt geschlossen und gesichert, nur die Haustür nicht. Die hat die Nanny aufgeschlossen und dann die Alarmanlage abgeschaltet.«

»Was bedeutet das? Dass es jemand von den Hausbewohnern war?«

Bevor Charlie Clapper zu dem ausgesprochen sorgfältigen Kriminaltechniker wurde, der er heute ist, war er als Ermittler bei der Mordkommission tätig. Er sagte: »Also, bis jetzt wissen wir Folgendes: Im Untergeschoss befindet sich das Aufnahmestudio. Es ist über den Fahrstuhl dort …« Er zeigte auf die Tür unter der nach oben führenden Treppe. »… und über die Treppe am hinteren Ende der Küche zugänglich. Das Studio ist im Prinzip ein großer, schalldichter Safe und professionell eingerichtet. Keine Fenster. Es gibt eine Feuertür, die ins Freie führt. Sie ist mit einem Balkenschloss gesichert. Die Belüftungsanlage pumpt Luft von hier oben nach unten. In diesen Raum kommt man nur, wenn einem jemand von innen die Tür aufmacht.«

»Du meinst also, dass jemand den Mörder reingelassen hat?«

»Geduld, Boxer. Gehen wir mal nach oben. Vier Zimmer mit Bad, dazu das Schlafzimmer der Barons und ein angrenzendes Arbeitszimmer. Dort sind sie auch erschossen worden, jeweils mit einer Kugel.«

»Ein Mord mit anschließendem Selbstmord?«

»Habe ich auch kurz überlegt, aber wir haben im ganzen Zimmer keine Waffe gefunden.«

»Also ein Rätsel. Das Geheimnis des abgeschlossenen Zimmers, bloß in echt?«

Clapper grinste. »Hallo, Agatha Christie. Ich glaube nicht. Bist du Gretchen Linder schon begegnet?«

»Conklin bringt sie und die Kinder gerade ins Präsidium.«

Clapper fuhr fort: »Sie hat ausgesagt, dass sie heute Morgen zur Arbeit gekommen ist, pünktlich um Viertel vor neun, so wie immer. Die Haustür war verriegelt. Sie hat mit ihrem Schlüssel aufgeschlossen und die Alarmanlage deaktiviert. Hat ›Halloooo‹ gerufen, aber keine Antwort bekommen. Als weder die Kinder noch sonst jemand zu sehen war, ist sie nach oben gegangen. Ramona Baron hat noch geatmet. Gretchen hat die 911 angerufen, aber bis wir hier waren, war Ramona bereits tot. Ich habe die Sanitäter davon abgehalten, den Tatort zu verunreinigen. Aus Pauls Körpertemperatur lässt sich schließen, dass er ungefähr gegen halb neun erschossen wurde. Der Täter wusste wohl, wann die Nanny zur Arbeit kommt.«

»Wie wär's mit einer Führung?«, fragte ich.

Clapper und ich gingen gemeinsam die geschwungene Treppe hinauf, einen langen Flur entlang, kamen an den weit geöffneten Kinderzimmern, anderen Räumen und Badezimmern vorbei.

Vor einer offenen Tür am Ende des Flurs blieb Clapper stehen.

»Dicht an der Wand halten. Und bleib hinter mir«, sagte er.

16

Clapper und ich verharrten auf der Schwelle zum Arbeitszimmer der Barons.

In der Mitte des Raums stand ein stabiler antiker Partnerschreibtisch, extra so angefertigt, dass sich zwei Menschen beim Arbeiten gegenübersitzen konnten. Dahinter befand sich die Außenwand mit mehreren Flügelfenstern. Die gegenüberliegende Wand war mit Kunst, einem großen Fernseher, einem Heimtrainer und einem Wasserspender bestückt. Mein Blick landete jedoch schnell bei dem Toten.

Clapper sagte: »Paul Baron hat eine Kugel in den Hinterkopf bekommen.« Der dunkelhaarige Mann trug ein kariertes Hemd und eine Jeans. Er war vornüber auf seinen Schreibtisch gesunken, mit dem Gesicht zur Tür. Der Schreibtisch und alles, was darauf lag, war voller Blut, das vermischt mit Kaffee auch den Teppich zierte.

Clapper fuhr fort: »Für mich sieht es so aus, als hätte Ramona mitbekommen, wie ihr Mann in ihre Richtung gestürzt ist. Sie ist aufgestanden, und dadurch hatte der Täter freie Schussbahn.«

Ich konnte seine Argumentation nachvollziehen.

Ramona war mitsamt ihrem Stuhl umgekippt und lag mit dem Gesicht nach oben auf dem Teppich. Ihre Augen waren weit aufgerissen, und ihre Brust war voller Blut. Ich bückte mich, um sie etwas näher zu betrachten. Sie trug eine eng anliegende Hose, einen pinkfarbenen Pullover mit V-Ausschnitt, mehrere Diamantringe, diamantene Ohrstecker und eine Goldkette mit einem Cabochon-Rubin als Anhänger. Dicht darunter in ihrem Brustbein klaffte ein sauberes Einschussloch.

Wie bei Ramonas Mann sah es auch bei ihr so aus, als sei sie durch einen einzigen Schuss getötet worden. Sie musste den Täter, der nur wenige Meter entfernt gewesen war, gekannt und ihm vertraut haben. Hatte er – oder sie – einen Hausschlüssel gehabt? Den Code für die Alarmanlage gekannt? Hatte Gretchen … Hatte sie das getan?

Ganz egal, wie viele Mordopfer ich schon gesehen hatte, es tat jedes Mal wieder weh. Welche Pläne hatte dieses Paar gehabt? Was würde aus ihren Kindern werden? Was hatte dazu geführt, dass sie am heutigen Tag hatten sterben müssen?

Ich starrte den kleinen blutigen Handabdruck auf Ramonas Wange an. Er sah aus, als stamme er von DeeDee, die ungefähr so alt war wie meine Tochter. Da hörte ich Clapper sagen: »Boxer. *Boxer*, sieh mich an.«

Ich hob den Blick. Er reckte zwei Finger seiner rechten Hand in die Höhe und bewegte die Hand vor und zurück, so lange, bis ich konzentriert war. Dann zeigte er auf die Sprossenfenster hinter dem Schreibtisch, bis ich die beiden von einem Netz aus feinen Rissen umgebenen Einschusslöcher im Glas der Fensterscheibe sah. Der Fußboden davor war von einer dünnen Schicht winziger Splitter übersät.

»Da. Siehst du das?«

Dieses Mal konnte ich es nicht übersehen. Die beiden Kugeln mussten durch das Fenster eingedrungen sein. Aber wir befanden uns im *ersten Stock*. Wie um alles in der Welt hatte der Täter es geschafft, von außerhalb des Hauses zwei perfekte tödliche Schüsse abzugeben?

Ich hielt mich dicht an der Wand, umrundete mit behutsamen Schritten den Tatort und sah zum Fenster hinaus. Unterhalb war ein schöner, gemauerter Innenhof zu sehen, aber das Fenster selbst hatte keinen Sims und auch sonst nichts, worauf ein Attentäter hätte stehen können.

Waren die Schüsse also aus einem benachbarten Haus gekommen? Oder, was wahrscheinlicher war, vom oberen Ende der San Anselmo Avenue, zwei Querstraßen weiter?

Ich drehte mich zu Clapper um. »Ein Scharfschütze«, sagte ich. »Und zwar ein verdammt guter.«

Clapper war schon einen Schritt weiter. Er sagte: »Schau mal da rüber, Boxer. Ich wüsste zu gern, was in dem Schrank da ist.«

17

Um frei zugängliche Indizien zu sichern, brauchten wir keinen Durchsuchungsbeschluss.

Aber falls beispielsweise ein Freund oder Geschäftspartner von Baron im Verdacht stand, eine Straftat begangen zu haben, dann würde belastendes Material, das aus einem abgeschlossenen Raum, aus einer Schublade oder auch nur aus einem Gefäß mit Deckel stammte, vor Gericht nicht zugelassen werden. Darum war eine geschlossene Tür ohne Durchsuchungsbeschluss für uns ein klares Stoppsignal.

Allerdings gab es ein Hintertürchen mit der Aufschrift »Gefahr im Verzug«.

Wenn wir Grund zu der Annahme hatten, dass sich in diesem Schrank ein weiterer Täter oder womöglich eine verletzte Person versteckte, mussten wir das überprüfen. Es war vernünftig, und ich empfand es als meine Pflicht sicherzustellen, dass sich keine bewaffnete Person mehr im Haus befand, bevor wir die Spurensicherung hereinließen.

Also zog ich meine Waffe und sagte zu Clapper: »Ich zähle bis drei. Eins.«

Clapper zog seine Waffe ebenfalls.

»Zwei.«

Ich stellte mich neben die Schranktür und hörte ihn »Drei« sagen, legte den Lichtschalter um und riss die Tür auf. Gleichzeitig nutzte ich sie als Schutzschild.

Mit wild pochendem Herzen und vorgehaltener Waffe nahm ich die vier Seiten des Wandschranks in den Blick. Ich sah nichts als Regale und kleine Fächer voll mit gepolsterten Briefumschlägen.

»Gesichert«, sagte ich. »Gott sei Dank.« Ich steckte die Waffe wieder ein. Dann zogen wir Handschuhe über und machten uns an die Arbeit.

An der Rückwand des Kabuffs befand sich ein Metallschrank. Er war ungefähr eineinhalb Meter hoch, einen Meter breit und sechzig Zentimeter tief. Die Türen standen weit offen und gaben den Blick auf noch mehr gepolsterte Umschläge sowie ein paar durchsichtige Plastikbeutel mit weißem Pulver frei.

Clapper stellte sich neben mich. »Wenn die einen Fentanyl-Handel aufgezogen haben, dann reden wir hier über sehr viel Geld.«

Mir wurde übel, und ich spürte eine Enttäuschung, die ich nicht verstehen und noch weniger erklären konnte. Ich hatte Mitleid mit den Barons empfunden. Aber jetzt sah ich, was Clapper auch gesehen hatte: eine süchtig machende Droge und alles, was man für einen Versandhandel brauchte. Falls es sich bei der Droge tatsächlich um Fentanyl handelte, machte sie nicht nur süchtig, sondern wirkte oftmals auch tödlich. Falls die Barons also gedealt hatten, dann war mein Mitleid gerade schlagartig weniger geworden. Aber trotzdem: Ich bin Polizistin, und auf dem Fußboden hinter mir lagen zwei Tote.

»Was ist das denn, Charlie?«, sagte ich. »Drogen im Wert von Millionen, so wie es aussieht, aber nichts gestohlen. Diese Leute sind von professionellen Attentätern ermordet worden, aber warum?«

»Hast du eine Theorie?«, fragte er mich.

»Ich sehe zwei Möglichkeiten. Entweder war das ein sorgfältig geplanter und durchgeführter Mordanschlag mit unbekanntem Motiv. Oder … vielleicht die Tat eines Irren mit einem Präzisionsgewehr, der heute in aller Früh unbedingt Gott spielen wollte. – Aber wie dem auch sei, der Killer stützt sich auf sein Autodach und schaut durch das Zielfernrohr seines Gewehrs. Er sieht zwei Menschen, die er praktisch risikofrei erschießen kann. Peng. Peng. Er setzt sich in sein Auto und fährt weg.«

»Und jetzt sitzt er auf seinem Sofa und wartet auf die Schlagzeilen«, ergänzte Clapper.

Mir gefiel das nicht, egal, aus welchem Blickwinkel ich das Ganze betrachtete. Joe hätte jetzt gesagt: »Du bist gerade mal eine halbe Stunde mit dem Fall beschäftigt, Linds. Sei nicht so streng mit dir.«

Clapper sagte: »Meine Leute suchen draußen auf der Straße nach Patronenhülsen, Zigarettenstummeln, nach irgendwas.«

»Ich kümmere mich um den Durchsuchungsbeschluss«, erwiderte ich.

18

Conklin schrieb mir eine Nachricht: *Richter Hoffmann hat unterschrieben.*

»Alles klar, Charlie«, sagte ich zu Clapper. »Wir haben freie Bahn.«

Ich verließ das Haus der Barons durch die Seitentür. Gleichzeitig kam ein halbes Dutzend Kriminaltechniker mit Werkzeugen, Scheinwerfern, Kameras und anderen Hilfsmitteln den Gartenpfad entlang.

Mir fiel ein, dass ich irgendwie wieder ins Präsidium kommen musste, und wollte gerade meinem Partner schreiben, da sah ich den Transporter der Gerichtsmedizin vorfahren. Dann konnte ich ja schnell noch ein paar Worte mit Claire wechseln. Doch statt einer korpulenten Schwarzen mit einer trockenen Bemerkung über die Knusperleichen in ihrem Kühlfach auf den Lippen stieg eine zartgliedrige Weiße aus dem Wagen. Sie hatte blonde Haare mit Strähnchen und trug eine lilafarbene Brille.

Ich stellte mich vor und erfuhr, dass die Rechtsmedizinerin Dr. Mary Dugan hieß, eigentlich im Metropolitan Hospital arbeitete und bis zu Dr. Washburns Rückkehr ihre Vertretung übernommen hatte.

Ich sagte: »Aber ich habe Claire doch noch vor wenigen Stunden gesprochen. Wissen Sie, was da los ist?«

»Ich weiß nur, dass Lieutenant Brady bei uns angerufen und um einen Ersatz gebeten hat. Darum bin ich hier.«

Ich nahm an, dass Claire nach Hause gefahren und völlig erschöpft ins Bett gesunken war. Sie würde sich bestimmt melden, wenn sie wieder wach war. Ich bat Dr. Dugan, die tödlichen Geschosse sofort nach der Entnahme an Clapper zu übergeben.

»Kein Problem«, erwiderte sie.

Ich gab ihr meine Karte und blickte die Straße entlang, als jemand meinen Namen rief. Da, hinter dem Absperrband, winkte Cindy mir zu.

Ich winkte zurück und duckte mich unter dem Band hindurch. Cindy nahm mich am Arm. »Richie hat gesagt, du könntest eine Mitfahrgelegenheit gebrauchen?«

Ich musste laut lachen. »Was für ein toller Mann.«

Aber mir war klar, was es bedeutete, wenn ich Cindys Angebot annahm: Ich gab ihr die Erlaubnis, mich während der gesamten Fahrt auszuquetschen.

Da stand ihr eine große Enttäuschung bevor.

»Prima, Cindy. Danke.«

Ein gut aussehender Mann arbeitete sich mithilfe seiner Ellbogen durch die dichter werdende Menge zu mir vor. Er war um die dreißig, trug teure, klassisch geschnittene Kleidung und fixierte mich mit dem durchdringenden Blick eines Journalisten, der einem brandheißen Ding auf der Spur ist. Er schob sich an Cindy vorbei und unterbrach uns mitten im Satz. »Sergeant, mein Name ist Jeb McGowan vom *Chronicle*. Können Sie uns sagen, was hier passiert ist?«

Der Blick, mit dem Cindy erst mich und dann McGowan ansah, war eiskalt.

»Mr. McGowan? Zu laufenden Ermittlungen kann ich nichts sagen.«

»Alles gut, Sergeant. Ich brauche lediglich ein Zitat.«

»Tut mir leid. Nichts zu machen.«

Es hatte nicht lange gedauert, bis die Nachricht vom Tod der Barons sich verbreitet hatte. Ein Kamerahubschrauber knatterte über unseren Köpfen. Ein Übertragungswagen von ABC7 News rollte die Straße entlang und hielt vor der Absperrung an.

Cindy sagte: »Ich stehe eine Querstraße weiter. Komm mit.«

Ich ging mit, setzte mich in ihr Auto, schnallte mich an und stellte mich darauf ein, Cindy während der gesamten Fahrt zur Hall of Justice auf Distanz zu halten. Genau genommen machte ich ihr klar, dass sie nichts von dem, was ich ihr erzählte, verwenden durfte. Dafür musste ich jede Menge Ächzen und Stöhnen ertragen.

Ich sagte ihr, dass durch die tödlichen Schüsse vom heutigen Morgen wieder zwei Kinder zu Waisen geworden waren und dass wir weder Verdächtige noch Zeugen für die Tat hatten. Die Drogen im Wandschrank verschwieg ich ihr. Ihr Wert war noch nicht genau bestimmt, lag aber wahrscheinlich bei mehreren Millionen Dollar.

Dann dachte ich zurück an das, was Cindy dem Club der Ermittlerinnen heute früh berichtet hatte: dass ein Baseballspieler im Herbst seiner Karriere am vergangenen Freitag durch seine Windschutzscheibe hindurch erschossen worden war, als er gerade einen Taco King verlassen wollte. Dass jemand auf die Heckscheibe seines äußerst kostspieligen Fahrzeugs das Wort *Testlauf* gekritzelt hatte. Dass Cindy aus einer anonymen, aber zuverlässigen Quelle erfahren hatte, dass Jennings mit Drogen gedealt hatte.

Der Stil von Jennings' Hinrichtung ähnelte den Morden an den Barons. Ob diese Tat vor dem Drive-in-Schalter einer Fast-Food-Kette der Testlauf für die Morde vom heutigen Vormittag gewesen war? Ließ sich über die Drogen eine Verbindung zwischen Roger Jennings und den Barons herstellen?

Bevor ich Antworten auf diese Fragen bekam, hatte ich noch eine Menge zu tun.

Eins war jedoch klar: Mein langes Wochenende mit Joe im Napa Valley erschien mir so lange her und so weit entfernt, es hätte genauso gut ein Traum gewesen sein können.

19

Conklin und ich warteten in dem kleinen Bereich vor Jacobis ehemaligem Büro im vierten Stock, wo Brady sich eine Teilzeitarbeitsecke eingerichtet hatte.

Seine Tür war geschlossen, und seine Sekretärin saß an ihrem Platz. Sie hob den Blick und sagte: »Es dauert nur eine Minute.«

Conklin setzte sich auf einen der an der Wand aufgereihten Stühle und nutzte die Zeit, um mir die neuesten Entwicklungen mitzuteilen.

»Die beiden Kinder der Barons, DeeDee und Christopher, befinden sich in der Obhut des Jugendamts«, berichtete er. »Ramonas Schwester Bea machte gerade eine Kreuzfahrt. In vier Tagen legt das Schiff in Athen an, dann nimmt sie den nächsten Flug nach Hause und holt die beiden ab. Das war ein schreckliches Telefonat. Erst wollte sie mir gar nicht glauben, und als es dann endlich so weit war, ist die Satellitenverbindung abgebrochen. Furchtbar, grausam, schmerzhaft.«

»Hat Gretchen Linder irgendeine Idee, wer den Barons nach dem Leben getrachtet haben könnte?«

»Sie hat gesagt, dass sie Freunde und Feinde gehabt hätten, und dass es schwierig gewesen sei, die einen von den anderen zu unterscheiden.«

»Oh. Na toll.«

Rich holte sein Handy aus der Brusttasche seines Hemdes und tippte so lange darauf herum, bis er seine Notizen gefunden hatte. Er hielt mir das Display vor die Nase und scrollte nach unten. »Gretchen hat mir eine Gästeliste mit allen Personen gegeben, die vor einem Monat bei einer Filmpremierenfeier der Barons dabei waren. Es waren ungefähr hundertfünfzig Leute, die Band und das Personal nicht mitgerechnet.«

Ich schnaufte hörbar. Uns war beiden klar, dass wir Wochen damit zubringen konnten, die Alibis des gesamten Umfelds der Barons zu überprüfen, ohne eine einzige Spur zu finden. Oder zu viele, die aber alle ins Nichts führten.

»Vielleicht haben wir ja Glück bei der Befragung der Nachbarn …«

Brady machte seine Tür auf und streckte Kopf und Schultern heraus. »Kommt rein«, sagte er. »Nehmt Platz.«

Ich musste ihn nur anschauen und wusste sofort, dass etwas nicht stimmte. Conklin und ich setzten uns auf das Sofa, das im rechten Winkel zu seinem Schreibtisch stand. Ich war nervös, versuchte aber, mir nichts anmerken zu lassen.

Brady sagte: »Clapper hat im Untergeschoss der Barons eine Tablettenpresse gefunden, noch originalverpackt. Dazu Schutzanzüge, Waagen, durchsichtige Briefumschläge und etliche Gramm Ware in Versandumschlägen, adressiert an die Barons. Die beiden wollten groß ins Fentanyl-Geschäft einsteigen.«

Er stand auf, schob einen Finger zwischen die Lamellen seiner Jalousie und beobachtete den Verkehr auf der Bryant Street.

»Und? Was denkst du gerade, Brady?«, wollte ich wissen.

»Keine Sorge, Boxer. Das gilt auch für dich, Conklin. Der Mordfall gehört euch. Aber dass das Fentanyl sich so rasend schnell ausbreitet, das finde ich sehr besorgniserregend. Das Zeug wird mit Heroin vermischt, und Zehntausende gehen daran zugrunde, weil es fünfzig- bis hundertmal stärker wirkt als Morphium und zigmal stärker als Heroin. Dabei kostet es bloß einen Bruchteil. Ihr wisst, wie das funktioniert?«

Er wartete unsere Antwort nicht ab.

»Du kaufst das Zeug im Darknet, total billig, und bezahlst mit Krypto. Mittelsleute wie die Barons vermengen das Fentanyl mit Laktose oder etwas Ähnlichem, pressen es zu Tabletten, und die werden dann in unauffälligen, kleinen Briefen per Post oder Kurierdienst verschickt. Und ihre Kundschaft? Freut sich, weil Heroin immer schwerer zu bekommen ist, aber jetzt ist ja dieser angenehme, billige Opioidrausch verfügbar. Keine Spritzen. Einfach nur in den Mund damit und wegdösen. Je tödlicher die Wirkung, desto schärfer sind die Leute darauf.«

Brady hatte früher beim Rauschgiftdezernat in Miami gearbeitet. Das hier nahm er persönlich.

»Das ist alles«, sagte er abschließend. »Seht zu, dass ihr eine Spur zum Mörder der Barons findet. Sprecht mit Chi und McNeil über diesen Baseballspieler, der letzte Woche erschossen worden ist. Vielleicht gibt es da eine Verbindung.«

Bevor er »Haltet mich auf dem Laufenden« sagen konnte, summte sein Handy. Er las die Nachricht und sagte: »Ach, du Scheiße.«

Er tippte ein paar Wörter, legte das Handy beiseite und beugte sich über den großen, alten Schreibtisch.

»Hört gut zu. Ein Typ in Los Angeles bringt sein Kind zur Schule. Kriegt eine Kugel zwischen die Augen und ist auf der Stelle tot. Keine weiteren Schüsse.«

»Um wie viel Uhr?«, wollte ich wissen.

»Hab ich nicht gefragt. Kurz vor Unterrichtsbeginn. Halb neun, vielleicht?«

Ich sagte: »Um halb neun sind auch die Barons erschossen worden.«

20

Auf der Fahrt nach Hause bekam ich eine Nachricht von Claire.

Ich blieb vor der Ampel in der Turk Street, Ecke Webster Street, stehen und schrieb eine Antwort: *Wo steckst Du? Ist alles okay?*

Bin in meinem Büro. Ruf mich an.

Ich fuhr an den Straßenrand und wählte ihre Nummer. Sie nahm sofort ab.

»Wo hast du denn plötzlich gesteckt, Claire? Die geheimnisvolle Dr. Dugan hat mir keine Auskunft gegeben.«

Nach einer kurzen Pause hörte ich sie sagen: »Und wo steckst *du* gerade?«

»An der Kreuzung Turk und Webster.«

»Kannst du noch mal zurückkommen, Lindsay? Ich muss mit dir reden.«

Ich war etwa zehn Minuten von der Hall of Justice entfernt. Das sagte ich ihr, bog ein paarmal links ab, dann einmal rechts, dann links auf die Bryant, und da wartete auch schon mein Stammplatz in der Harriet Street auf mich.

Während der zehnminütigen Fahrt gingen mir alle möglichen Gründe für Claires Bitte durch den Kopf. Etliche davon waren einfach nur lächerlich, aber was mir am vernünftigsten und am wahrscheinlichsten erschien, war, dass sie ihren Job gekündigt hatte.

Dieses Crack-Haus, das zur Feuerhölle geworden war, war ein einziger, grauenhafter Albtraum. Claire hatte jeden Tag mit dem Tod zu tun, aber das hier war ein außergewöhnlicher Fall. Bei den Opfern handelte es sich vermutlich um Menschen, die schon lange süchtig gewesen waren, also gab es wenig Hoffnung, dass sie von Freunden oder Angehörigen als vermisst gemeldet wurden. Und selbst wenn, steckte Claire in einer Sackgasse. Ohne Erklärung für das, was da passiert war, ohne Antwort auf die Frage nach dem Warum, ohne Fingerabdrücke, ohne Aussicht, die Toten einem Zuhause übergeben zu können.

Vielleicht war dieses Feuer der Tropfen gewesen, der Claires Fass zum Überlaufen gebracht hatte.

Ich verriegelte das Auto, knöpfte mir den Mantel zu und ging die wenigen Schritte bis zur Gerichtsmedizin. Hinter den Fenstern brannte Licht. Ich sah, dass der Mann vom Empfang schon nach Hause gegangen war, aber im Wartezimmer saßen noch ein paar Besucher, darunter auch ein bekanntes Gesicht, ein Polizist namens Diaz. Ich klopfte an die Scheibe, und Diaz stand auf, streckte die Hand hinter den Empfangstresen und ließ den Türöffner summen.

Einen Augenblick später machte Claire die Tür zum Empfangsbereich auf und streckte den Kopf heraus. »Ich muss nur schnell die blutigen Sachen loswerden und mich waschen. Gehen wir dann zusammen ein Bier trinken?«

Ich nickte. Gute Idee.

Wir gingen ins MacBain's, ein Grillrestaurant schräg gegenüber auf der anderen Straßenseite der Bryant Street. Es ist nach einem tapferen Captain der Mordkommission benannt, dem der Laden einst gehört hatte. Über der Bar hingen immer noch Porträts mit seinem Konterfei. Ruhe in

Frieden. Es war halb sieben, und im MacBain's drängten sich zahlreiche Kolleginnen und Kollegen aus der Hall of Justice. Aber gerade verabschiedete sich ein Pärchen und hinterließ einen freien Tisch neben der Musikbox.

Den schnappten wir uns.

Ein kitschiger Popsong dröhnte viel zu laut aus der Box, sodass meine Zähne vibrierten, aber wenigstens hatten wir einen Tisch ergattert. Syd MacBain, unsere Kellnerin, kam vorbei und ließ uns zwei Speisekarten da.

Claire sagte: »Warte«, und gab ihr die Karten zurück.

»Zwei Anchor Steam und eine Schale mit Chips«, sagte ich.

Nachdem Syd gegangen war, stellte ich mir vor, wie sich ein Zelt der Stille über unseren Tisch stülpte, damit wir uns ungestört unterhalten konnten. In gewisser Weise funktionierte das auch.

Die muntere Kneipenatmosphäre rückte allmählich in den Hintergrund. Ich erkundigte mich bei Claire nach den Brandopfern, um ihr die Möglichkeit zu geben, das, was sie loswerden wollte, loszuwerden: »Dieser *verdammte* Job ist einfach *verdammt noch mal* zu viel für mich.« Aber das sagte sie nicht.

Sondern: »In letzter Zeit habe ich doch öfter mal gehustet.«

Ich nickte. Das wusste ich.

»Ich habe Lungenkrebs.«

Ich musste mich verhört haben, hundertprozentig. Ich konnte es nicht glauben. Ich bat sie, ihre Worte zu wiederholen, und das tat sie auch. »Ich habe Lungenkrebs.«

Ich schüttelte den Kopf. *Nein, nein, nein.*

»Wahrscheinlich von dem vielen Desinfektionsmittel oder von den Röntgenstrahlen oder von den Dämpfen, die ich während der Obduktionen einatme – oder wegen allem drei.«

»*Claire*. Bist du dir ganz sicher? Hast du dich untersuchen lassen?«

Sydney brachte uns das Bier und die Chips. Wir reagierten nicht einmal, als sie fragte: »Darf's sonst noch was sein?«

Claire sagte: »Ich habe eine Gewebeprobe machen lassen. Heute war ich beim Onkologen. Es ist ein Karzinom. Es muss operiert werden. Ich habe es Edmund noch nicht gesagt. Mein Gott, ich denke die ganze Zeit an Rosie.«

Rosie ist das jüngste Kind der beiden, das Baby, das ihr ganzes Leben auf den Kopf gestellt hat.

Claire hustete in eine Serviette und sah mich anschließend mit feuchten Augen an. »Kein Anlass zur Sorge. Ich bin schließlich Ärztin.«

Sie täuschte sich selbst, log mich, log Edmund, log all die Menschen an, die sie liebten. So groß war ihre Angst.

»Du darfst es niemandem sagen.«

Ich streckte die Hände über den Tisch und ergriff ihre Handgelenke.

Dann brachen wir beide in Tränen aus.

21

Vor Claires Textnachricht hatte ich mich sehr darauf gefreut, die Baron-Morde mit Joe zu besprechen.

Er war jahrzehntelang für verschiedene Geheimdienste tätig gewesen, davon etliche Jahre auch als Profiler für das FBI.

Und ich hatte einen neuen Fall: Ein erfolgreicher Musikproduzent und seine Frau waren in ihrem Haus erschossen worden, und zwar von einem außergewöhnlich guten Scharfschützen, der genauestens über ihre Lebensgewohnheiten informiert war. Wahrscheinlich hatte er auch über das Drogengeschäft Bescheid gewusst, obwohl das sich erst im Aufbau befunden hatte. Das Motiv war unklar. Verdächtige gab es keine.

Joe hätte mir vielleicht eine neue Perspektive auf den Fall ermöglichen können, aber meine Überlegungen zum Mord an den Barons waren schlagartig zweitrangig geworden.

Ich wollte nur noch Julie im Arm halten, die Zeit vor dem Einschlafen mit ihr verbringen und ihr noch etwas vorlesen vorausgesetzt, meine Stimme war einigermaßen stabil und ich brach nicht gleich in Tränen aus.

Ich machte unsere Wohnungstür auf und sah Joe in seinem großen Ledersessel im Wohnzimmer sitzen. Er hob zur Begrüßung die Hand, aber ich merkte, dass er in ein Gespräch vertieft war.

Martha kam schwanzwedelnd in den Flur getänzelt und kläffte ihre Freude über meine Rückkehr heraus. Ich kraulte ihr die Ohren und überschüttete sie mit allen möglichen Kosenamen. Alles an dieser alten Hündin ist mir ans Herz gewachsen. Wir sind schon so lange zusammen. Während ich meine Dienstwaffe in den Safe legte, den Dave Channing uns zur Hochzeit geschenkt hatte, redete ich mit ihr, und als ich losging, um Julie zu suchen, lief sie mir hinterher.

Meine Tochter war barfuß, trug immer noch die Schulkleidung von heute Morgen und saß mit einem Buch im Schoß auf ihrem Bett. Sie blickte auf und sagte: »Mommy. Martha hat auf den Fußboden gepinkelt.«

»Oh. Hat jemand vergessen, mit ihr spazieren zu gehen?«

Sie zuckte mit den Schultern, weil sie ihren Dad nicht anschwärzen wollte. Und sie war noch zu klein, um diese Aufgabe selbst zu übernehmen.

»Wollen wir mal rausgehen?«, fragte ich Martha.

Das ist die Lieblingsfrage aller Hunde, und unserer reagierte mit einem lauten, begeisterten Bellen. Ja. Ja, sie wollte raus.

Im Flur legte ich Martha Halsband und Leine an, steckte Julie in einen Mantel und band ihr die Schnürsenkel. Ich winkte Joe zu, der die Hand auf sein Handymikrofon legte und sagte: »Aber bleibt nicht so lange weg, ja?«

Ich nickte, dann nahmen wir drei Mädchen den Fahrstuhl hinunter auf die Lake Street. Martha schnüffelte sich den Bürgersteig entlang, erleichterte sich pro forma und sorgte anschließend dafür, dass Julie und ich immer schön zusammenblieben, so wie Border Collies, auch wenn sie schon alt waren, das eben machten.

Zurück in Julies Zimmer suchte ich ihr einen frischen Schlafanzug heraus und bat sie, mir von ihrem Tag zu berichten. Sie tat es. Ich bürstete ihre dicken dunklen Locken, die sie von ihrem Dad geerbt hatte, und dachte dabei an Claire. Meine Augen wurden feucht. Ich hörte Julie sagen: »Mommmmmmy, hörst du mir eigentlich zu? Das war witzig!«

Ich hatte kein einziges Wort wahrgenommen.

»Tut mir leid, Julie. Bitte erzähl's mir noch mal.«

»Nein«, entgegnete sie.

Dann fragte ich sie, ob ich ihr etwas vorlesen sollte, und sie sagte: »Noch nicht.« Sie wollte mir etwas von einem Häschen erzählen, das eine ihrer Klassenkameradinnen mit in die Schule gebracht hatte, und redete so lange, bis Joe in der Tür stand und sagte: »Wie wär's mit einem Gutenachtküsschen, Süße?«

Sie erwiderte: »Daddy. Mommy hat Tomaten auf den Ohren.«

»Wie praktisch. Dann mache ich ihr zum Abendessen einen Tomatensalat.«

Wir umarmten und küssten unser kleines Mädchen, erlaubten, dass Martha noch eine Weile bei ihr im Bett liegen durfte, und schalteten das Licht aus.

Auf dem Weg durch das Wohnzimmer klingelte Joes Handy.

Er nahm den Anruf an und sagte: »Das mache ich, Dave. Natürlich. Ich melde mich morgen früh wieder … Du auch, gute Nacht.«

Nachdem er aufgelegt hatte, setzten wir uns auf das Sofa. Er sah traurig aus. Voller Schmerz. »Was ist denn los? Was ist passiert?«, erkundigte ich mich.

»Ray. Daves Vater. Er ist gerade gestorben.«

»Oh nein.«

»Dave glaubt, dass Ray ermordet worden ist.«

»Was?«

»Ich muss noch mal zurück ins Napa Valley. Ich muss ihn unterstützen.«

22

Joe und ich saßen eng umschlungen auf dem Sofa.

Mit zögerlichen Worten erzählte Joe mir von der Zeit, als er und Dave sich ein Zimmer geteilt hatten.

Und dass er sich fragte, ob der Tod seines Vaters Dave so sehr getroffen hatte, dass er den Verlust nur akzeptieren konnte, indem er sich in eine Mordfantasie stürzte.

»Alles andere ergibt keinen Sinn«, sagte Joe. »Warum sollte jemand auf die Idee kommen, Ray Channing zu ermorden, während er im Krankenhaus liegt?«

Ich wollte Joes Gedanken nicht unterbrechen, aber auch ich empfand tiefe Trauer. Vor meinem geistigen Auge tauchten alle möglichen Momente mit Claire auf, angefangen bei ihrem Gesichtsausdruck, als sie mir von der Krebsdiagnose berichtet hatte, bis hin zu ihrem Lächeln, als sie mir am Tag meiner Hochzeit die Fußnägel lackiert hatte. Sie war Julies Patentante und ich Rosies. Wir waren uns gegenseitig die ersten Ansprechpartnerinnen, wenn wir Rat, Trost, Unterstützung oder die Wahrheit nötig hatten.

Ein Leben ohne Claire konnte ich mir nicht vorstellen. Ich wollte sie nicht verlieren.

Joe hielt mich fest. Ich zitterte am ganzen Körper und konnte nicht mehr aufhören. Er drehte mich um, sodass ich ihm ins Gesicht sah, und umfasste meine Schultern: »Lindsay. Was ist denn los mit dir?«

»Ich hab versprochen … dass ich es niemandem sage«, platzte ich heraus.

Meine Stimme brach. Er sah mich beunruhigt an und verstärkte den Druck seiner Hände.

»Sag's mir.«

»Claire hat Krebs.«

Ich weinte. Joe tröstete mich so lange, bis auch er in Tränen ausbrach. Es war das zweite Mal, dass ich ihn weinen sah. Ich war so froh, dass Julie schon im Bett war, aber Martha spürte unsere Traurigkeit, kam aus Julies Zimmer und legte ihre Schnauze zwischen uns auf das Sofa.

»Sprich weiter«, bat Joe.

»Sie hat gesagt, dass es nichts sei, worüber ich mir Sorgen machen muss, aber das war gelogen.«

Joe hielt mich fest. Ich dachte daran, was Claire jetzt gerade durchmachen musste.

»Sie hat es Edmund noch gar nicht gesagt.«

»Das wird sie noch.«

»Ich ertrage das nicht, Joe.«

»Doch. Das schaffst du. Ganz bestimmt. Du wirst stark sein, für Claire.«

Wir gingen ins Schlafzimmer und legten uns ins Bett. Unsere Hände fanden sich unter der Decke.

Bei meinem letzten Blick auf den Wecker war es 3.40 Uhr. Die Pranke, die einst Lederbälle gefangen hatte, umschloss meine Hand. Gelegentlich drückte Joe meine Finger, ganz sanft. Es war wie eine Umarmung.

Danach fiel ich in einen tiefen Schlaf, und als ich kurze Zeit später aufwachte, stand Joe angezogen neben dem Bett.

Er beugte sich über mich und gab mir einen Kuss.

»Ich habe Kaffee gekocht und war mit Martha draußen. Julie schläft noch. Mrs. Rose bringt sie zum Vorschulbus, holt sie auch wieder ab und versorgt sie mit Abendessen. Ich rufe dich an, sobald ich mit Dave gesprochen habe.«

Ich setzte mich auf und küsste ihn noch einmal.

»Schlaf noch ein bisschen. Ich melde mich«, sagte er.

Aber als das Telefon klingelte, war es nicht Joe, sondern Cindy.

23

Cindy saß an ihrem Schreibtisch in der Redaktion des *San Francisco Chronicle*. Es war 6.00 Uhr.

In New York war es 9.00 Uhr. Seit dem frühen Morgen wurde das Land von Eilmeldungen überschwemmt. Während sie ihren Laptop hochfuhr, spuckte ihr Scanner alle möglichen Funksprüche von Polizei, Notärzten und Feuerwehr aus.

Als Erstes überprüfte sie das aktuelle Notrufregister des San Francisco Police Department auf Anrufe im Zusammenhang mit dem Fall Baron. Keine Festnahme, keine Aussage, gar nichts. Als Nächstes rief sie die Website des *Examiner* auf, des lokalen Konkurrenzblattes. Hier war nichts zu befürchten. Sie graste die großen Nachrichtenagenturen nach neuen Berichten ab – ohne Erfolg – und wandte sich erneut dem Notrufregister zu, das fortlaufend aktualisiert wurde.

Hier gab es immer noch nichts Interessantes, also überprüfte sie ihr E-Mail-Postfach – voll – und den Inhalt ihrer Kaffeetasse – leer.

Durch die Glaswand ihres Büroabteils sah sie, wie Reporter, Journalisten und Mitarbeiter die Lokalredaktion betraten, sich zwischen den Abteilen hindurch zu ihren jeweiligen Arbeitsplätzen schlängelten, ihre Taschen verstauten, sich einen Kaffee holten und sich an die Arbeit machten.

Um 6.15 Uhr betrat McGowan den Redaktionssaal.

Er steuerte seinen Schreibtisch an, der ihm freie Sicht auf ihr Büro bot, stellte seine Laptoptasche ab und winkte ihr zu. Nachdem er seinen Computer aufgeklappt hatte, ging er quer durch den Raum und schleimte sich beim Herausgeber ein, der gerade bei seiner morgendlichen Runde war.

McGowan war ein Heuchler der übelsten Sorte. Ein Arschkriecher. Absolut ekelhaft.

Cindy schüttelte sich, wandte sich wieder ihrem Laptop zu und lud ihren Blog. Viele Leute hatten Fragen zum Mord an den Barons gepostet. Manche hatten auch Fragen direkt an sie formuliert. Aber sie hatte keine Antworten parat, zumindest jetzt noch nicht. Sie schrieb, dass im Moment keine neuen Informationen zu dem Fall vorlagen und dass sie sich so bald wie möglich bei ihren Leserinnen und Lesern melden würde.

Verdammt. Wenn Lindsay nicht so stur gewesen wäre, dann hätte sie jetzt das tun können, was sie und all ihre Kolleginnen und Kollegen am liebsten taten: einen Exklusivbericht schreiben.

Die Kaffeeküche mit allem Zubehör befand sich ein kleines Stück den Flur entlang. Cindy nahm ihren Becher mit, und als sie wieder an ihren Schreibtisch zurückkehrte, tauchte im Nachrichtenticker am unteren Rand ihres Bildschirms eine interessante Meldung auf.

Gestern früh war in Chicago ein Drogendealer namens Albert Roccio erschossen worden. Die Polizei hatte das Opfer zwar identifiziert, die Meldung aber vierundzwanzig Stunden lang, bis zum Abschluss der Obduktion, unter Verschluss gehalten.

Jetzt wandten die Behörden sich an die Öffentlichkeit und baten um Hinweise im Zusammenhang mit der Tat.

Cindy klickte ihren Link auf der Website des Chicago Police Department an und informierte sich über das Opfer. Albert Roccio war vierundfünfzig Jahre alt geworden. Er stammte aus Chicago und hatte am North Broadway einen Kiosk mit Papierwaren, Zigaretten, Süßigkeiten und Softdrinks betrieben. Die genaue Zahl seiner Angestellten stand noch nicht fest, aber Cindy ging davon aus, dass es sich um Lagerhelfer handelte, die parallel als Drogenlieferanten tätig gewesen waren.

Roccio war geschieden und hatte keine Kinder. Er hatte gerade seinen Wohnblock verlassen, hatte schon den Autoschlüssel für die Fahrt zur Arbeit in der Hand gehabt, als ihn eine Kugel in die Stirn getroffen hatte.

Roccios Freundin Tonya Patton, achtundvierzig, und ihr Sohn Vanya, acht, waren hinter Albert die Treppe herabgekommen. Aber es war kein weiterer Schuss gefallen.

Patton hatte den Schützen nicht gesehen, war befragt und anschließend entlassen worden. Abgesehen von Patton und Vanya gab es keine Zeugen und keine Verdächtigen. In Roccios Subaru Forester hatte die Polizei ein Päckchen mit einem halben Kilo Heroin entdeckt, das mit Klebeband unter dem Armaturenbrett befestigt worden war.

Der Ticker fing wieder an zu laufen, und dieses Mal las Cindy die Meldung von Anfang an.

Drogendealer in Chicago ermordet. Die Tat im Stil einer Hinrichtung ereignete sich am Montagvormittag um 10.30 Uhr.

Cindy blieb einen Augenblick lang ruhig sitzen und machte sich die Zusammenhänge klar. Roccio war am selben Tag und – berücksichtigt man die Zeitzone – zur selben Zeit wie die Barons erschossen worden.

Sie rief ihren Freund Rich Conklin an, der noch im Bett lag und schlief.

»Tut mir leid, Richie, aber ich muss dir was sagen. Es ist wirklich dringend. Ich würde sogar sagen, es ist verdammt wichtig!«

24

Nach einer direkten Anweisung des Mannes, den sie liebte, wartete Cindy zwei unerträgliche Stunden ab, um Lindsay nicht zu wecken. Aber dann rief sie sie an.

»Lindsay. Hier ist Cindy.«

»Alles in Ordnung? Ich muss dringend los, aber vorher muss ich noch ein Hemd bügeln und meine Haare föhnen …«

»Wie viel Uhr ist es, Linds?«

»Das weißt du nicht?«

»Ich frage dich. Wie viel Uhr ist es?«

»Oh, halb neun.«

»Ganz genau, Lindsay. Gestern um diese Zeit sind die Barons erschossen worden. Und genau zur gleichen Zeit hat Albert Roccio, ein Kioskbesitzer aus Chicago, eine Kugel in die Stirn bekommen. Die Polizei hat eine große Menge Heroin in seinem Auto gefunden.«

Schweigen am anderen Ende der Leitung.

»Lindsay? Linds, bist du noch da?«

»Ich höre.«

»Gut. Richie hat gesagt, ich soll *dir* sagen, dass ich diese zeitliche Übereinstimmung zwischen den Morden an diesen Drogendealern als Aufhänger nehmen will. Das ist schließlich, wie du weißt, das, wofür der *Chronicle* mich bezahlt. Der Typ in Chicago und die Barons wollten jeweils ein große Menge Drogen verkaufen und sind genau zur selben Zeit erschossen worden, und zwar jeweils mit einer einzigen Kugel.«

»Das, was ich dir in deinem Auto über die Barons erzählt habe, war aber inoffiziell, weißt du noch?«

Lindsays Stimme hatte einen deutlich hörbaren, drohenden Tonfall angenommen. Sie hatte schon mehr als einmal erlebt, dass Cindy aus unsichtbarer Tinte eine Schlagzeile produziert hatte.

Cindy mochte Lindsay sehr und würde sie niemals hintergehen, aber ehrlich gesagt hatte sie gerade einen Zusammenhang erkannt, der eindeutig auf eine Art Absprache hindeutete. Die Einzelheiten waren noch unklar. Das war eben der Unterschied zwischen einem Beitrag zum Thema »Was kann man am Wochenende in San Francisco unternehmen?« und investigativem Journalismus. Sie hatte eine Titelgeschichte über eine Gangsterverschwörung im Visier.

Cindy sagte: »Ich *weiß*. Ich *weiß*, dass das alles inoffiziell war. Sonst würde ich dich ja nicht um Erlaubnis bitten.«

»Jetzt beruhig dich erst mal, Cindy.«

»Du dich auch, Lindsay.«

Henry Tyler, der Herausgeber und Chefredakteur des *Chronicle* und ihr persönlicher Mentor, klopfte an ihre Glastür, betrat das Büro und setzte sich auf den Stuhl neben ihrem Schreibtisch. Er hob die Hand und bewegte stumm die Lippen. »Ich kann warten.«

Lindsay sagte: »Mir ist klar, dass das für dich ein Opfer ist, aber ich gebe dir als Entschädigung einen anderen *inoffiziellen Tipp*. Hast du gehört?«

Cindy schnaubte. »Ja. Und der wäre?«

»Noch ein zusätzliches Puzzleteilchen. Gestern Morgen um halb neun ist auch in L.A. jemand erschossen worden. Aber bis jetzt scheint es keinen Zusammenhang mit irgendwelchen Drogen zu geben.«

Cindy nickte Tyler zu und hob einen Finger – *nur noch einen Moment.* Dann sagte sie zu Lindsay: »Kannst du das offiziell bestätigen?«

»Nein. Das ist ein anonymer Tipp. Die Einzelheiten musst du dir über andere Kanäle besorgen. Du darfst mich nicht zitieren und auch nicht von gut informierten Kreisen im Umfeld des SFPD oder so was sprechen. Und du darfst keinen Zusammenhang zu den Baron-Morden herstellen …«

»Sonst noch was? Roger Jennings war übrigens *meine* Geschichte, falls du das vergessen haben solltest.«

»Mach es nicht, Cindy. Du bekommst demnächst von mir ein wörtliches Zitat und die Freigabe, aber bevor du die Täter mit einer vorschnellen Veröffentlichung warnst, muss ich überprüfen, ob es da wirklich eine Verbindung gibt.«

»Okay. Aber das mit der Sache in L.A. geht klar?«

»Solange du die Uhrzeit nicht erwähnst.«

Cindy schnaufte verärgert und entgegnete: »Einverstanden. Bis später.«

Sie legte auf und begrüßte ihren Herausgeber und Chefredakteur. Henry Tyler war ein freundlicher Mann, der sie bei ihren ungestümen Ideen oft unterstützt und sie schließlich zur leitenden Polizeireporterin befördert hatte.

Jetzt sagte er: »Tut mir leid, dass ich Sie stören muss. Hören Sie, Cindy, tun Sie mir einen Gefallen: Nehmen Sie McGowan unter Ihre Fittiche, okay? Er kann schreiben, aber er ist neu bei uns. Er könnte ein bisschen Hilfe bei der Eingewöhnung gebrauchen.«

»Na klar, Henry«, erwiderte sie.

Tyler bedankte sich und verließ ihr Büro. Kaum war er weg, trat McGowan, ohne anzuklopfen, ein und setzte sich auf den Stuhl.

»Also dann, Cindy. Was kannst du mir über die Baron-Morde erzählen? Tyler will, dass wir die Geschichte zusammen übernehmen.«

25

Am Dienstagvormittag kam ich mit eineinhalb Stunden Verspätung in den Bereitschaftsraum.

Ich war immer noch erschüttert von dem Wutanfall, den Julie bekommen hatte, weil Joe sie nicht zum Vorschulbus gebracht hatte, und außerdem machte ich mir schreckliche Sorgen um Claire. Cindys Anruf hatte dann das letzte bisschen Verstand, das mir nach meiner schlaflosen Nacht geblieben war, komplett durchgeschüttelt, bevor eine Umleitung auf der Bryant Street meine Laune endgültig in den Keller geschickt hatte.

»Das Leben hat mir heute Morgen das Genick gebrochen«, das war alles, was ich zu Richie sagte.

Er sah mich lange an und deutete auf meine Jacke.

Ich senkte den Blick und bemerkte erst jetzt den weißen Streifen auf meinem Jackenaufschlag. Sogar die Zahnpasta hatte mich auf dem Kieker. Ich zog die Jacke aus und hängte sie über meine Stuhllehne. Erst jetzt fiel mir auf, dass sich jemand an meinem Schreibtisch zu schaffen gemacht hatte.

»Was ist denn hier passiert?«

»Das war Brady«, erwiderte Conklin. »Du hast noch auf den letzten Resten deiner Weingut-Wolke geschwebt. Er ist ein bisschen zwanghaft.«

»Findest du?«

Ich setzte mich, rollte meinen Stuhl an den Tisch und stellte alle Sachen wieder zurück an ihren ursprünglichen

Platz. Die Lampe, das Notizbuch, das Foto von Julie und Joe. Dann starrte ich meinen Kaffeebecher an, aus dem jetzt zahlreiche Stifte ragten, und erkundigte mich, ob er mit den Barons schon weitergekommen war.

»Clapper hat sich gemeldet«, sagte er. »Sie haben die Kugeln sichergestellt, aber das waren Teilmantelgeschosse. Das eine ist gegen Pauls Schädelknochen gekracht und hat sich verformt. Die andere Kugel, die Ramona getroffen hat, ist zwar wieder ausgetreten, hat sich aber dann in eine Wand gebohrt.«

»Dann hat sich das mit der Ballistik also erledigt«, sagte ich.

Richie fuhr fort. »Außerdem habe ich mit Sergeant Noble vom Los Angeles Police Department gesprochen. Sie haben noch keine Erkenntnisse über das Attentat, wollen aber mit uns zusammenarbeiten. Und hier, das ist der leitende Ermittler für das Attentat in Chicago. Ich habe ihm eine Nachricht hinterlassen. Bis jetzt hat er sich noch nicht zurückgemeldet.«

Conklin reichte mir über die schmale Kluft, die unsere beiden Schreibtische trennte, hinweg einen Klebezettel. Darauf stand: »Detective Stanley Richards. Opfer Albert Roccio, Tabakladen-Typ.«

In Chicago war es jetzt 11.50 Uhr. Ich wählte die Nummer, wurde etliche Male weiterverbunden und hatte irgendwann Detective Richards am Apparat.

Ich nannte meinen Namen, sagte ihm, dass mein Partner mithörte, und berichtete dem Detective dann, dass ich die Nachricht vom Tod Albert Roccios gelesen hatte. Und dass hier im Westen ein paar ähnliche Morde passiert waren.

Richards erwiderte: »Was kann ich für Sie tun?«

Obwohl ich mich sehr bemühte, mir den ganzen Stress nicht anmerken zu lassen, klang meine Stimme angespannt, während ich dem Detective unseren Erkenntnisstand referierte: den »Testlauf« bei Taco King und die Ermordung des Ehepaars Baron. Ich berichtete ihm auch von dem Attentat auf Fred Peavey, den Dealer aus Los Angeles, der sein Kind zur Schule gebracht und eine Kugel in die Stirn bekommen hatte. Richards hatte bis jetzt nur das von den Barons gewusst, weil es in den landesweiten Nachrichtensendungen verbreitet worden war.

Ich sagte: »Die Schüsse auf die Barons und auf Peavey sind zur selben Zeit abgegeben worden. Am Montagmorgen um 8.30 Uhr pazifischer Standardzeit.«

Richards ließ ein leises Brummen hören. »Das passt. Roccio hat es um halb elf hiesiger Zeit erwischt.« Er klang gelangweilt. »Boxer, oder? Viel Glück bei Ihren Ermittlungen.«

Er wollte auflegen.

»Richards.«

»Ja.«

»Haben Sie schon was über Roccio rausgefunden? Ein Motiv? Einen Verdächtigen?«

»Tut mir leid. Da kann ich Ihnen nicht weiterhelfen.«

Richards wollte sich nicht in die Karten schauen lassen, und ich hatte, offen gestanden, keine Lust, einem Kollegen einzelne Informationsfetzen aus der Nase zu ziehen.

Ich sagte: »Habe ich das richtig verstanden? Sie leiten die Ermittlungen im Fall Roccio, ich habe hier einen sehr ähnlich gelagerten Fall, und Sie lassen mich abblitzen? Vielleicht kann Ihr Captain uns ja weiterhelfen. Ich rufe ihn gleich mal an.«

Richards erwiderte: »Moment noch, Boxer. Ich würde mich natürlich freuen, unsere gähnend leere Akte mit Ihnen zu teilen.«

Zögerlich fing er an zu berichten, aber das meiste wussten wir bereits: dass Roccios Freundin behauptete, den Schützen nicht gesehen und nichts von seinen Drogengeschäften gewusst zu haben. Im Augenblick wussten sie noch nicht einmal, ob Roccio Feinde gehabt hatte.

»Er ist ja noch nicht mal kalt«, sagte Richards zum Abschluss.

Wir legten auf. Richie murrte vor sich hin, dass Richards ein Vollidiot sei, und ich gab ihm recht, während ich eine Notiz für unsere Akte tippte.

Richie sagte: »Hat Cindy dich eigentlich schon angerufen?«

»Ja. Ich habe ihr ein exklusives Zitat versprochen und uns damit schätzungsweise acht Stunden verschafft, bevor sie mit ihrer Serienkiller-Story rauskommt.«

Conklin strahlte mich mit seinem gewinnenden Lächeln an. »Ein Serienkiller, der gleichzeitig an drei Orten zuschlägt.«

»Wir können bloß hoffen, dass wir bei den Barons vorankommen, bevor Cindy eine Schlagzeile daraus macht.«

26

Es passierte kurz bevor Cindy Feierabend machen wollte.

McGowan stand in ihrer Tür und streckte ihr eine Ausgabe des *Examiner* entgegen, sodass sie die Schlagzeile von ihrem Schreibtischstuhl aus lesen konnte.

SCHARFSCHÜTZEN NEHMEN DEALER IN DREI STÄDTEN AUFS KORN.

Hey. Was? Das war doch *ihre* Geschichte. Der *Examiner* war ihr zuvorgekommen – was nichts anderes bedeutete als das Ende ihrer Welt. Ihre ganze Arbeit war jetzt in der Öffentlichkeit, ohne dass ihr Name darunter stand.

McGowan sagte: »Ich hab doch gleich gesagt, du sollst die Geschichte nicht zurückhalten.«

Cindy explodierte und entgegnete viel zu laut: »Hör zu, du bescheuerter Scheißkerl. Polizeiquellen legt man nicht aufs Kreuz.«

Er lachte. »Oh Mann. Wie bedauerlich für deinen Freund.«

Cindy wurde knallrot im Gesicht. »Du bist ein Ekel«, sagte sie, und als McGowan dann fortfuhr: »Der ist doch Polizist, oder? Ach, komm schon. Wo ist dein Sinn für Hu…«, stand Cindy auf und knallte dem grinsenden McGowan die Tür vor der Nase zu.

Ohne auf die entsetzten Gesichter ihrer Kolleginnen und Kollegen zu achten, die sie durch die Glaswand ihres Büros anstarrten, setzte Cindy sich wieder an ihren Schreibtisch und gab die Schlagzeile in das Suchfeld ihres Browsers ein. Dann konnte sie zusehen, wie die schlechte Nachricht ihren Bildschirm flutete. Google, Bing, *USA Today*, die diversen Nachrichtensender, bei allen war die gleiche oder eine ähnliche Schlagzeile zu lesen.

Ihre Kollegin vom *Examiner* hatte sämtliche Einzelheiten dieser Mordserie korrekt wiedergegeben. Aber wie hatte sie das angestellt?

Cindy hörte auf zu scrollen und nahm sich eine von pochenden Kopfschmerzen begleitete Minute Zeit, um die vier verschiedenen Ereignisse noch einmal der Reihe nach durchzugehen. Vielleicht wurde ihr dann klar, wie die Journalistin des *Examiner* es geschafft hatte, die richtigen Schlüsse zu ziehen.

Als Erstes Jennings. Er hatte eine gewisse Popularität genossen, daher war seine Ermordung sowohl in der klassischen Zeitungslandschaft als auch in den Onlinemedien Thema gewesen. Aber dass auf der Heckscheibe seines Wagens das Wort *Testlauf* gestanden hatte, hatte die Polizei nicht veröffentlicht. Die Presse war weit weg vom Tatort gewesen, und wenn Richs Freundin, Officer Kay Kendall, sie nicht darauf aufmerksam gemacht hätte, wäre das auch Cindy entgangen.

Der Mord an den Barons hatte unweigerlich hohe Wellen geschlagen, da Paul und Ramona beide prominent gewesen waren. Aber die Einzelheiten der Tat waren nicht an die Öffentlichkeit gegeben worden, weder, dass die beiden durch ein Fenster im ersten Stock erschossen worden waren, noch die Sache mit den Drogen im Wandschrank.

Fred Peaveys Tod in L.A. hatte deshalb viel Erwähnung gefunden, weil der Schuss vor der Schule seines Kindes gefallen war. Aber auch hier war nicht von Peaveys Verstrickung in den Drogenhandel die Rede gewesen.

Albert Roccio war dagegen eine Randnotiz.

Über seinen Tod hatten lediglich die Chicagoer Zeitungen berichtet, und das auch nur mit einem Vierzeiler. Er hatte Pornos und Zigaretten verkauft, dazu Drogen, ganz traditionell über den Ladentisch oder per Kurier gegen Bargeld. Aber das wurde in den Berichten nicht erwähnt.

Die zeitliche Koinzidenz der Attentate, die Tatsache, dass alle Opfer einem einzigen, sehr gut gezielten Schuss zum Opfer gefallen waren, und ganz besonders die Drogenverbindung, alles das war immer noch eine polizeiinterne Theorie, über die allein Cindy Bescheid gewusst hatte – bis der *Examiner* damit rausgekommen war.

Sie las den ganzen Artikel noch einmal.

Er war gut geschrieben, von einer Galina Moore. Cindy hatte den Namen noch nie gehört. Ein paar Klicks später wusste sie, dass Moore, bevor sie zum *Examiner* gegangen war, als Polizeireporterin für die *LA Sun Times* gearbeitet hatte.

Genau wie McGowan, bevor er den großen Schritt zum *Chronicle* gegangen war.

Für Cindy war die Sache damit vollkommen klar.

Ihre Geschichte war durchgesickert … und sie wusste ganz genau, wer für dieses Leck verantwortlich war.

Sie wählte Henry Tylers Büronummer und bat seine Sekretärin, Brittney Hall, ihm auszurichten, dass sie ihn noch kurz sprechen musste, bevor er nach Hause ging.

»Tut mir leid, Cindy. Sie haben ihn knapp verpasst.«

27

Cindy stand am Herd und bereitete das Abendessen zu. Gleichzeitig memorierte sie laut, was sie Tyler bei nächster Gelegenheit mitteilen wollte, und ließ zur Betonung einzelner Wörter den metallenen Löffel auf die Topfdeckel krachen.

»Henry.« *Peng.* »Er ist nicht bloß eine *Petze.*« *Peng.* »Er ist ein *Spion.*« *Peng.* »Er hat einer Kollegin beim *Examiner* einen *Tipp* gegeben.« *Peng. Peng. Peng.* »Er ist eine Gefahr für uns *alle.*« *Peng. Peng. Peng.* »Das ist …«

Richie trat hinter sie und sagte: »Hände hoch, Liebling. Löffel fallen lassen und weg vom Herd. Sofort.«

Sie warf ihm einen Blick zu, der besagte: *Sehr witzig, aber ich bin nicht in der Stimmung.* Er versetzte ihr einen Klaps auf den Hintern und nahm ihren Platz am Herd ein, begutachtete das Chili und den Mais und drehte sich zu ihr um. »Willst du den Salat machen?«

»Es ist besser, wenn ich jetzt kein Messer in die Hand nehme«, erwiderte sie. »Glaub mir.«

Sie tigerte durch das Wohnzimmer, einen dunklen, engen Raum voller Bücherregale und Richies Fotografien von Stadtlandschaften. McGowan ging ihr einfach nicht aus dem Sinn, sie konnte nichts dagegen machen. Er war ein Schwein. Sie hatte schon öfter mit Schweinen zu tun gehabt, mit Verbrechern. Aber dieser Typ hatte erst *ihre* Meldung an die Konkurrenz verraten, um sich dann grinsend vor ihrer Bürotür aufzubauen. So etwas hatte sie in ihrem ganzen Leben noch nicht erlebt.

Tyler würde ihr glauben. Er vertraute ihr zu hundert Prozent.

Rich rief: »Cindy, leg ein bisschen Musik auf, okay? Irgendwas Entspanntes.«

»Ich kriege hier fast keine Luft mehr vor Wut …«, rief sie zurück, »… und das muss jetzt erst mal raus. Und du könntest mir dabei behilflich sein, wenn du endlich reinkommen und mit mir *reden* würdest.«

»Musik«, erwiderte Rich. »Ich bringe das Bier mit.«

Cindy ging den CD-Stapel durch und fand eine Metallica-Scheibe, die genau zu ihrer Stimmung passte. Sie wählte den Song »Fade to Black«, drückte auf »Play«, drehte die Lautstärke hoch und warf sich auf Richies altes blaues Sofa. Dann legte sie ihre nackten Füße auf den Couchtisch und stieß den Atem aus.

Rich kam mit zwei Flaschen Anchor Steam herein und sagte über den Lärm hinweg: »Salat brauchen wir nicht. Bohnen. Mais. Hopfen. Alles da. Also los, erzähl, von Anfang an.«

Er drehte die Musik leiser, setzte sich neben Cindy, drückte ihr eine kalte Flasche in die Hand und legte ihr einen Arm um die Schultern. Sie ließ den Kopf nach hinten sinken und leerte die halbe Flasche in einem Zug.

Rich drückte sie leicht an sich. »Erzähl!«

»Er hat gesagt, ich soll meine Geschichte lieber nicht zurückhalten …«

»McGowan?«

»Ja, genau, McGowan. Ich habe gesagt, dass es nur für eine Weile ist. Dass ich Insiderinformationen bekomme, wenn ich die Polizei ihre Arbeit machen lasse, ohne die Täter frühzeitig zu warnen.«

»Und das war genau richtig«, meinte Rich.

»Ich habe *abgewartet,* weil Lindsay mich darum gebeten hat. Aber dann ist die Geschichte rausgekommen. Diese Verbindung zwischen den verschiedenen Attentaten, das *war* die Geschichte. Irgendjemand ist mir zuvorgekommen.«

»Ich höre, Cindy.«

»Das war McGowan. Diese Schlange. Dieser Verräter.«

»Also gut«, meinte Rich. »Ich stelle dir jetzt ein paar Fragen.«

Sie seufzte vernehmlich.

»Woher weißt du, dass es McGowan war, der nicht die Klappe halten konnte?«

»Weil eine Journalistin, die früher für die *LA Sun Times* gearbeitet hat, die Geschichte publik gemacht hat. Und McGowan hat bis vor ein paar Monaten auch dort gearbeitet.«

»Spekulation. Was noch?«

»Niemand hat bis jetzt einen Zusammenhang zwischen Roccio und den Barons gesehen. Oder zwischen Jennings und Peavey.«

»Bist du dir da sicher? Ich habe heute Morgen mit dem Leiter der Ermittlungen im Fall Roccio gesprochen. Dabei haben Lindsay und ich ihn darauf aufmerksam gemacht, dass die Schüsse alle zeitgleich gefallen sind.«

»Das habt ihr gemacht?«, erwiderte sie gepresst. *»Aber wieso?«*

»Ist das dein Ernst? Wir haben einen Doppelmord aufzuklären. Da reden wir auch mit anderen Polizisten. Darauf will ich ja hinaus: Du hast einen Verdacht, aber du hast keine Beweise.«

»So ein Mist.«

»Wir sehen zu, dass wir das wiedergutmachen, Cin. Aber jetzt setz dich an den Tisch. Und nimm dein Bier mit.«

Cindy war erleichtert, dass sie Tyler nicht erreicht hatte. Richie hatte recht. Es gab keinen einzigen Beweis für ihren Verdacht.

Trotzdem wurde sie das Gefühl nicht los, dass sie in Bezug auf McGowan richtiglag. Dieses Gefühl würde sie hegen und pflegen, massieren und polieren, und zwar so lange, bis sie es auch beweisen konnte.

28

Joe ging neben Dave Channing her, der seinen Rollstuhl durch die Reben schob.

»Hier arbeite ich«, sagte Dave.

»Ehrlich? Ich dachte, du wärst der Mann für drinnen.«

»Ich habe viele Talente«, erwiderte Dave mit einem gezwungenen Lächeln. Joe kannte dieses Lächeln. Er hatte es damals gesehen, als Dave sich beim Training die Hand gebrochen hatte, und auch, als Carolyn Kinney mit ihm Schluss gemacht hatte, begleitet von dem Satz: »Davon geht die Welt nicht unter.«

»Ich mache zwar die Buchhaltung, aber ich kann auch die Reben beschneiden und festbinden oder Trauben ernten. Siehst du die Wolken da? Die passende Bauernregel heißt: ›Wenn der Himmel gezupfter Wolle gleicht, das schöne Wetter bald dem Regen weicht.‹ Morgen wird es regnen, und das haben wir auch bitter nötig.«

Joe kam sich vor, als hätte er die Taschen voller Steine. Dave war überzeugt, dass sein Vater ermordet worden war, aber gab es für diesen Verdacht einen vernünftigen Grund? Oder entsprang er nur Daves tiefer Trauer? Er wusste nicht, wie oder ob er seinem Freund überhaupt helfen konnte.

Am oberen Rand des Weinbergs blieben die beiden Männer stehen und blickten hinunter zu den beiden Steinhäusern und der Kellerei auf der anderen Seite der Landstraße.

»Bleib dicht bei mir«, sagte Dave, übernahm die Führung und steuerte eine ummauerte Terrasse vor der Kellerei an. Joe setzte sich auf eine Bank mit einem schönen Blick, und als sie sich beide eingerichtet hatten, sagte er: »Dann schieß mal los. Von Anfang an.«

Dave holte tief Luft und sagte: »Wir haben die letzten fünfundzwanzig Jahre direkt nebeneinander gewohnt. Haben unsere Tage mit einer gemeinsamen Tasse Kaffee begonnen und mit einem Essen in der Restaurantküche beendet. Und es ist mir nie zu viel geworden. Er hatte ein großes Herz, verstehst du? So voller Liebe.«

Joe nickte und sagte: »Erzähl doch noch mal genau, was passiert ist.«

»Er ist zusammengebrochen, im Restaurant, ganz plötzlich. Ich habe den Krankenwagen gerufen und bin mit in die Klinik gefahren. Sein Freund, Dr. Daniel Perkins, hat gesagt: ›Keine Sorge. Sein Zustand ist stabil. Trotzdem würde ich ihn gern für ein paar Tage hierbehalten.‹ Joe, du hast ihn doch nach unserem Essen am Freitag gesehen. Er hatte richtig Feuer, weißt du noch?«

»Auf jeden Fall.«

»Am Samstag haben sie ihn zum Kernspin am Montag angemeldet, aber Perkins hat gemeint, dass er überwacht werden sollte, für den Fall, dass sein Aneurysma platzt. Dann hätte man im schlimmsten Fall sofort den Brustkorb öffnen und operieren müssen. Und am Montagmorgen war mein Vater tot. Sein Herz hatte aufgehört zu schlagen. Warum?«

»Was hat Dr. Perkins dazu gesagt?«

»Dass es ihm leidtut. Und dass solche Dinge eben passieren.«

Dave ließ den Kopf in die Hände sinken. »Oh Gott.«

Joe legte seinem Freund eine Hand auf den Arm.

»Das tut mir furchtbar leid, Dave.«

Es dauerte lange, bis Dave wieder sprechen konnte.

»Danke, Joe. Aber ich bin ehrlich gesagt stinksauer. Dad war stark. Er hat ganze Weinkisten hochgehoben. Er konnte richtig schuften. – Und jetzt kommt's, Joe. Dad ist nicht der erste von Perkins' Patienten, der überraschend verstorben ist. Ich habe einfach bloß ein paar Nachrufe durchgelesen und festgestellt, dass er schon der dritte war. In *diesem* Jahr!«

»Und sie sind alle unter merkwürdigen Umständen verstorben?«

»Ja. In einem Fall war es ein leichter Herzinfarkt, bei den beiden anderen waren es Komplikationen nach einem Aneurysma, so wie bei Dad.«

Joe nickte und dachte an Ray. Er war zweiundsiebzig Jahre alt gewesen, sehr *rüstige* zweiundsiebzig, sicher, aber trotzdem in einem Alter, wo Herzinfarkte und Schlaganfälle nichts Ungewöhnliches waren.

Dave rüttelte sanft an Joes Arm und holte ihn in die Gegenwart zurück.

»Willst du mir helfen, Joe? Vielleicht hätte die Kernspintomografie einen Hinweis auf die Ursache für Dads Zusammenbruch ergeben, aber dazu ist es gar nicht mehr gekommen. Ich habe keine Ahnung, ob Perkins ein Kunstfehler unterlaufen ist oder ob es ihm bloß Spaß macht, seine Patienten ins Jenseits zu befördern. Aber eins weiß ich sicher: Mein Vater ist aus unerfindlichen Gründen gestorben, während er bei Dr. Perkins in Behandlung war. Und das muss untersucht werden.«

»Hast du dir schon mal überlegt, zur Polizei zu gehen?«

»Ich will die Klinik-Rechtsanwälte nicht unnötig aufscheuchen. Nicht, bevor ich etwas Belastbares in der Hand habe. Joe, kannst du mir helfen? Ich darf nicht zulassen, dass er damit durchkommt.«

29

Es war Freitagmorgen. Conklin und ich hatten uns über unsere Computer gebeugt und erstellten Profile der Gäste, die kürzlich bei der Premierenparty der Barons eingeladen gewesen waren. Allmählich füllte sich die Datenbank mit ihren Freunden und Bekannten.

Immer wieder schickten wir uns Textnachrichten mit interessanten Details, und davon gab es eine ganze Menge: Affären, Brüskierungen, Beleidigungen und Schlägereien, Filmrollen, Buch- und Plattenverkaufszahlen. Aber nichts Strafbares.

Als Tina Hosier, die Leiterin des Dezernats für Drogenkriminalität und Organisiertes Verbrechen, zu uns stieß, unterbrachen wir unsere Arbeit. Wir zeigten ihr unsere Liste, und nachdem sie ein paar Minuten darauf geschaut hatte, sagte sie: »Natürlich kenne ich ein paar von diesen Leuten. Aber niemand von denen handelt im großen Stil mit Drogen.«

Mein Handy klingelte. Es war Brady.

»Ich hab was für dich«, sagte er.

Ich drehte mich um und sah, dass Brady gerade nicht in seinem Büro im vierten Stock saß. Vielmehr winkte er uns zu sich in seinen Glaskasten.

Ich bedankte mich bei Hosier für ihre Unterstützung, und sie erwiderte: »Jederzeit. Bleiben Sie zuversichtlich.«

Kurz darauf setzten mein Partner und ich uns auf die Stühle vor dem Schreibtisch von Lieutenant Jackson Brady, unserem Freund und Polizeichef.

Er hielt sich nicht mit Geplänkel auf.

»Gleich hinter den Barons wohnt ein gewisser Alan Newton. Sein Grundstück ist nach Süden ausgerichtet. Vor ein paar Tagen hat er zusammen mit seiner Frau die Hunde ausgeführt und ein paar Fotos von dem Wohnviertel gemacht, um sie seiner Tochter in Amarillo zu schicken. Aber als er sich die Fotos noch mal genauer angesehen hat, hat er einen Riesenschrecken bekommen.«

Brady griff nach einer Aktenmappe, nahm ein Foto heraus und schob es uns zu.

Conklin und ich hatten eine Frau mit zwei Dachshunden vor uns.

»Was ist das da?«

Conklin zeigte mit dem Finger auf eine Stelle hinter den Hunden. Dort stand ein Auto am Straßenrand. Ein Mann stützte sich auf die geöffnete Beifahrertür. Er trug eine Jacke in Tarnfarben und eine Strickmütze und hielt sich einen kurzen, zylinderförmigen Gegenstand vor ein Auge.

Ich wurde schlagartig aufgeregt. »Das ist ein Zielfernrohr.«

»Ein bisschen unscharf«, meinte Conklin. »Und das Gesicht wird von seiner Hand verdeckt, aber trotzdem. Wann ist das aufgenommen worden?«

»Zwei Tage vor den Schüssen. Mit Zeitangabe. 8.30 Uhr.«

»Oh mein Gott. Er hat seine Opfer ausgekundschaftet«, stieß ich hervor.

»Da ist noch eins«, sagte Brady.

Er schob ein zweites Foto über den Tisch. Darauf war dasselbe Auto zu sehen, wie es bergab fuhr. Das Kennzeichen war eindeutig zu erkennen.

Ich hätte am liebsten irgendjemanden geküsst. Es war klar, dass ich übers ganze Gesicht strahlte.

»Freu dich nicht zu früh«, sagte Brady.

»Zu spät.«

»Ich weiß, ich weiß. Aber im Moment beweist das noch gar nichts. Das ist nur ein Mann, der Saint Francis Wood hübsch findet und dabei verdächtig wirkt. Nehmt mal Kontakt mit unseren Computerleuten auf. Vielleicht kommt bei der Gesichtserkennung was raus. Und haltet mich auf dem Laufenden.«

»Ja, Sir.«

30

Unser Computertechniker hieß Mike Stempien und war eine Leihgabe vom FBI.

Er hatte einen Moment Zeit und eine positive Einstellung.

»Ich freue mich darauf«, sagte er.

»Das ist gut«, meinte ich. »Ich habe nämlich meine Glückssocken nicht an.«

Mike ließ den Schnappschuss von unserem Verdächtigen durch die Gesichtserkennung laufen, und zu meinem großen Erstaunen bekamen wir tatsächlich einen Treffer. Der Verdächtige hatte einen Namen: Leonard Malcolm Barkley. Conklin und ich klemmten uns dahinter.

Wir setzten uns an meinen Schreibtisch, Conklin neben mir, und nachdem ich eine Weile intensiv meine Tastatur bearbeitet hatte, setzte seine Vergangenheit sich Stück für Stück zusammen.

Er war vierzig Jahre alt, ein ehemaliger Elitesoldat der Navy SEALs und hoch dekoriert. Daher war es keine Überraschung, dass Barkley ein Meister im Umgang mit einem Dutzend Waffen sowie im Nahkampf war. In Kabul war er einmal in Gefangenschaft geraten und hatte es trotz Verletzung geschafft, aus seinem Verlies zu fliehen und noch in der Nacht zu seiner Einheit zurückzukehren.

Er war mit einem Purple Heart ausgezeichnet und ehrenhaft entlassen worden. Nach seiner Rückkehr in die Heimat hatte er Miranda White geheiratet, die ebenfalls bei den Navy SEALs gewesen war. Sie hatten sich in Silver Terrace, einem bescheidenen Wohnviertel bei Bayview, im Südosten von San Francisco, ein Haus gekauft.

Das war vor vier Jahren gewesen.

Wenn man seinem Vorstrafenregister glauben konnte, dann befand sich Barkley seither auf einer Art Amoklauf und war mehrfach festgenommen worden: zweimal, weil er mit einer Waffe herumgefuchtelt hatte, mehrfach wegen Trunkenheit und Erregung öffentlichen Ärgernisses und als Krönung des Ganzen zweimal wegen Fahrens unter Alkoholeinfluss. Jedes Mal hatte er vor Gericht ausgedrückt, wie sehr er sein Verhalten bedauerte. Sein abgrundtiefes Bedauern, seine Versprechen, dass es nie wieder vorkommen würde, dazu sein gutes Aussehen und eine auffällige Gehbehinderung als Folge der Hüft- und Beinverletzungen, die er sich im aktiven Dienst für unser Land zugezogen hatte, all das wirkte sich zu seinem Vorteil aus.

Er war jedes Mal mit einer Geldstrafe und Ermahnungen davongekommen.

»Warte mal«, sagte Richie jetzt. »Da kommt noch mehr.«

Ich scrollte nach unten zur nächsten Seite. Der Eintrag war erst drei Monate alt. Barkley war festgenommen und angezeigt worden, weil er mit einer Handfeuerwaffe durch das Fenster einer Kneipe geschossen hatte.

Kaum hatte ich das mit den Schüssen durch ein Fenster gelesen, erstarrte ich.

Richie beugte sich über mich und klickte den Abwärtspfeil an, damit wir Barkleys Aussage lesen konnten.

Er hatte dem Beamten, der ihn festgenommen hatte, erklärt, dass er in einer Bar namens Willy's Saloon in der

Third Street etwas getrunken hatte. Zufällig hatte er aus dem Fenster geschaut und gesehen, wie ein stadtbekannter Junkie versucht hatte, die Tür seines Autos aufzubrechen. Daraufhin hatte Barkley einen Schuss durch das Schaufenster abgegeben, ohne jedoch sein Ziel zu treffen.

Trotzdem war es nicht erlaubt, auf einen anderen Menschen zu schießen, solange keine Notwehrsituation vorlag. Leonard M. Barkley wurde festgenommen und bekannte sich bei seiner Vorführung vor dem Haftrichter schuldig. Das bezog sich jedoch nicht darauf, dass er auf einen Menschen geschossen hatte. Er gab vielmehr zu, die Leuchtreklame vor dem Fenster – ein blinkendes Bierglas – zerstört zu haben.

Er hatte auch einen Zeugen aufgeboten, genau denjenigen, der die Polizei an jenem Abend angerufen hatte. Doch vor Gericht änderte der Zeuge seine Aussage und berichtete Richter Crosby, dass er sich geirrt hatte und dass Barkley in Wirklichkeit nur auf das Bierschild geschossen hatte. Barkley gestand dem Richter sein tiefes Bedauern. Das blinkende Schild hätte ihn zu der Annahme verleitet, dass das Willy's unter feindlichen Beschuss geraten sei.

»Ich leide an einer leichten posttraumatischen Belastungsstörung, Euer Ehren. Es ist mal stärker und mal schwächer.«

Barkley wurde wegen Sachbeschädigung verurteilt und seine Waffe konfisziert. Er musste sich einen sehr ernsten Vortrag anhören, eine Geldstrafe von tausend Dollar berappen und vierzig Stunden Sozialdienst bei einer Lebensmitteltafel leisten sowie das Schaufenster und das Bierschild ersetzen. All das hatte er auch gemacht.

Sein Auto spielte dabei nur eine untergeordnete Rolle, und über den Junkie wurde kein Wort mehr verloren. Mir aber war sehr an diesem Ford gelegen. Es war das gleiche Modell mit der gleichen Farbe und dem gleichen Kennzeichen wie der Wagen, den wir auf dem Foto gesehen hatten, welches Barkley mit einem Zielfernrohr vor dem Auge zeigte, das die San Anselmo Avenue entlang genau auf die rückwärtigen Fenster der Barons gerichtet war.

Barkley benahm sich genau wie jemand mit einer PTBS. Er trank zu viel, geriet in Streitereien, trug eine Waffe nicht nur mit sich, sondern benützte sie auch. All das bestärkte mich in meiner Vermutung, dass er bewaffnet und gefährlich war. Falls er unser Mann war, dann hatte er auf jeden Fall genügend Grips und eine ausreichend ruhige Hand, um mit einem Gewehr aus dreihundert Metern Entfernung sein Ziel zu treffen, auch durch eine Glasscheibe. Zwei Schüsse. Zwei Tote.

Barkley wohnte aktuell in der Thornton Avenue, unweit der Kreuzung mit der Apollo Street in Silver Terrace. Ich holte mir eine Umgebungskarte auf den Bildschirm. Rich und ich zoomten uns bis vor das Haus mit der braunen Gipsfassade.

»Ich finde, wir sollten da mal vorbeischauen«, sagte ich zu meinem Partner.

Wir klatschten uns ab, und ich rief Reg Covington an, den Leiter unseres Sondereinsatzkommandos. Ich brachte ihn auf den aktuellen Stand und gab ihm Barkleys Adresse.

»In vierzig Minuten sind wir da«, sagte er.

Conklin und ich liefen die Feuertreppe hinunter und nahmen uns eines der Fahrzeuge, die vor der Hall of Justice am Bürgersteig parkten.

31

Conklin und ich standen mit unserem Zivilfahrzeug auf einer kleinen Anhöhe. Hier bildeten die Apollo Street, die nach links abzweigte, und die Thornton Avenue, die geradeaus weiterführte, eine Y-förmige Kreuzung.

Leonard Barkley und seine Frau bewohnten eines der vielen kleinen, einfachen Häuschen mit Gips- und Holzfassade, die die Thornton Avenue säumten.

Wir registrierten eine Bewegung hinter den Erdgeschossfenstern. Zum Glück waren keine Fußgänger unterwegs. Niemand mähte den Rasen, putzte sein Auto oder ging anderen Aktivitäten nach, die Unschuldige in eine Schießerei hätten verwickeln können.

Covington und seine Leute saßen in einem gepanzerten Fahrzeug auf der Thornton. Andere Mitglieder des SWAT-Teams hatten das Haus in einiger Entfernung umstellt.

Wir wollten es noch nicht betreten.

Ein Mann wie Barkley besaß vermutlich mehrere Schusswaffen, dazu Sprengstoff, Sprengfallen und Gott weiß was noch alles. Wir hatten ein Nagelband vor sein Auto gelegt. Falls er damit flüchten wollte, würden seine Reifen platzen, und dann saß er in der Falle.

Ich hatte mir sowohl seine Festnetz- als auch seine Handynummer besorgt, aber zuerst meldete ich mich kurz bei Joe. Er war immer noch bei Dave Channing, hatte aber schon mit Julies Nanny, Gloria Rose, gesprochen. Sie war jetzt für unseren kleinen Liebling und für unsere Wohnung zuständig.

Wie jedes Mal, wenn ich eine Waffe in der Hand hielt, fragte ich mich, warum ich mir als Mutter eines kleinen Kindes das Recht herausnahm, solche Risiken einzugehen. Aber ich hatte nicht die Zeit, nach einer Antwort zu suchen. In diesem Haus da vorn, keine dreißig Meter entfernt, befand sich ein überaus gefährlicher Mann, höchstwahrscheinlich ein Mörder, der einen klaren Plan verfolgte.

Ich blickte Richie an.

Er sagte: »Ich habe gebetet. Wir sind abgesichert.«

Ich grinste den Mann an, den ich wie einen Bruder liebte und dem ich jederzeit mein Leben anvertrauen würde, so wie er mir seines.

Wir drückten uns ein, zwei Sekunden lang die Hände, dann nahm ich mit Covington Funkkontakt auf. Ich wartete ab, bis sein Panzerwagen, ein BearCat, an unserem Fahrzeug vorbeirollte und vor dem Haus der Barkleys stehen blieb. Jetzt rief ich den Verdächtigen auf dem Festnetz an.

Ich ließ es klingeln, bis die Mailbox ansprang und ich die Ansage einer Männerstimme hörte. Das Gleiche passierte, als ich seine Handynummer wählte.

Ich folgte seiner Aufforderung und hinterließ eine Nachricht.

»Mr. Barkley, hier ist Sergeant Lindsay Boxer, San Francisco Police Department. Ich muss mit Ihnen sprechen. Bitte kommen Sie mit erhobenen Händen aus dem Haus. Unverzüglich. Sonst kommen wir rein.«

Zwar nahm niemand den Hörer ab, aber trotzdem gab es eine Reaktion auf meine Anrufe. Im ersten Stock splitterte ein Fenster. Ein Pistolenlauf wurde durch die Öffnung geschoben, dann ertönten mehrere Schüsse. Covingtons Team schoss aus allen Rohren zurück und warf eine Blendgranate hinterher.

Die Explosion dröhnte die ganze Straße entlang, dann endlich herrschte angespannte Stille.

Es war Zeit, das Haus zu stürmen.

32

Aus dem kleinen Häuschen in der Mitte des Straßenzuges war seit den Schüssen aus dem ersten Stock kein Lebenszeichen mehr nach draußen gedrungen.

Die Blendgranate hatte die Bewohner garantiert ausgeknockt, sodass sie noch unter Schock standen. Ich nahm das Megafon in die Hand und brüllte dem Haus und allen, die da drin möglicherweise bei Bewusstsein waren, Folgendes entgegen: »Hier spricht die Polizei. Verlassen Sie das Haus durch die Vordertür und nehmen Sie die Hände hoch.«

Ich wiederholte diese Aufforderung noch einmal, dann ließ sich Covington in meinem Ohrstöpsel vernehmen.

»Wir gehen rein.«

Ein halbes Dutzend Männer in Kampfanzügen strömte aus dem BearCat und schwärmte durch den schmalen Vorgarten. Weitere Panzerfahrzeuge kreischten den Hügel herab, und der Sturmtrupp verteilte sich rund um das Haus. Zwei Männer und unser Kommandeur stürmten zur Haustür.

In meinem Ohrstöpsel hörte ich Covington sagen: »Ich zähle bis fünf.«

Fünf Sekunden später brachen die Männer mit dem Rammbock die Tür auf. Sobald das Sondereinsatzkommando das Erdgeschoss gesichert hatte, betraten mein Partner und ich das kastenförmige Häuschen.

Vom Mittelgang aus führte eine Treppe in den ersten Stock. Links befand sich die Küche. In der Spüle lag Geschirr, und auf dem Tisch waren noch die Reste des Frühstücks zu sehen. Die Kühlschranktür stand offen. Auf dem Fernseher im Wohnzimmer zu unserer Rechten lief eine Dokumentation über den Zweiten Weltkrieg. Im Mittelgang befand sich außerdem noch eine geschlossene Tür. Davor lag ein großer Rottweiler-Mischling und stöhnte leise.

Nichts bewegte sich. Niemand schrie um Hilfe. Aber wir hatten die Bewohner mit unserem Kommen überrumpelt, und irgendjemand hatte sich in den ersten Stock geflüchtet, um uns unter Beschuss zu nehmen. Mit gezogener Waffe ging ich nach oben und warf einen Blick in das Zimmer gleich rechts. Dort stand ein Doppelbett. Kleiderberge türmten sich auf einem Stuhl und dem Fußboden. Auf der Kommode bemerkte ich ein gerahmtes Foto von einem bärtigen Mann in Marineuniform mit dem charakteristischen Dreizack, dem Abzeichen der SEALs. Das musste Barkley sein.

Vor dem Fenster, auf einem Teppich voller Blutspritzer, lag eine weiße Frau – und neben ihr eine Pistole, Kaliber 38.

Die Frau trug ein großes T-Shirt mit dem Logo einer Autowerkstatt. Die langen braunen Haare hatten sich wie ein Schal um ihre Schultern gelegt und verdeckten ihren tätowierten Hals. Sie war schätzungsweise zwischen dreißig und vierzig Jahre alt und offensichtlich verletzt. Ihr Atem ging schwer, und aus einer Wunde am Oberarm sickerte Blut.

Ich beförderte die Pistole mit einem Fußtritt außer Reichweite und forderte über mein Schultermikrofon einen Krankenwagen an. Dann beugte ich mich zu der verletzten Frau hinunter und sagte: »Ich bin Sergeant Boxer, SFPD. Ich habe medizinische Hilfe angefordert. Wie heißen Sie?«

Sie gab keine Antwort und machte die Augen zu. Hatte sie mich gehört? Die Explosion einer Blendgranate konnte bei manchen Menschen vorübergehende Taubheit und Übelkeit auslösen.

Ich beugte mich dichter vor ihr Ohr, nannte erneut meinen Namen und fügte hinzu: »Sie haben Polizeibeamte im Einsatz mit einer Schusswaffe angegriffen. Haben Sie mich verstanden? Das ist eine schwere Straftat.«

Sie sah mich nur kurz an, rang um Atem und erwiderte: »Gleich wird dir klar werden, wie bescheuert ihr seid.«

Dann stöhnte sie, drehte sich auf die Seite und erbrach sich nur knapp an meinen Schuhen vorbei.

Ich holte ihr aus dem Badezimmer ein nasses Handtuch und ein Glas Wasser und half ihr, sich aufzusetzen und mit dem Handtuch ihre tränenden Augen abzuwischen. Als Nächstes schlug ich ihr vor, einen kleinen Schluck Wasser zu trinken, aber sie stürzte das ganze Glas in einem Zug hinunter. Meine Hand lag auf ihrem Rücken, und ich sagte ihr von Frau zu Frau: »Helfen Sie mir, Barkley zu finden. Ich will einfach nur wissen, wo er zu einem bestimmten Zeitpunkt gewesen ist und ihm ein paar Fragen stellen. Mehr nicht.«

Sie ließ ein kurzes, bellendes Lachen hören. Die Übersetzung lautete: *Vergiss es.*

Kommandorufe hallten durch das Zimmer, in dem ich neben der Verletzten kauerte. Wir fesselten ihr die Hände vor dem Bauch, und sie heulte auf vor Schmerz. Das machte mir keinen Spaß, aber es musste sein. Dann fragte ich sie noch einmal: »Wie heißen Sie?«

»Snow White.«

Barkleys Ehefrau hieß Miranda White Barkley. Vielleicht kamen wir doch so langsam einen Schritt weiter.

Von der Venus Street her näherten sich jaulende Sirenen, wurden lauter und verstummten dann vor dem Haus. Autotüren knallten.

Ich sagte – und es war mein voller Ernst: »Miranda. Die Zeit wird immer knapper. Wir wollen Ihrem Mann helfen. Können Sie mich hören? Ich möchte nicht, dass ihm etwas zustößt, aber unser Chief ist bereits dabei, eine Hetzjagd zu organisieren. Barkley kann sich nicht verstecken. Jeder Polizist in dieser Stadt wird nach ihm suchen.«

Schritte trampelten die Treppe herauf, dann stand Brady im Türrahmen.

»Ich habe uns einen Durchsuchungsbeschluss besorgt.« Er schlug das zusammengerollte Dokument in seine Handfläche. »Conklin und ich nehmen alle Laptops, Handys und so weiter mit. Hat sie dir was verraten?«

Auf der Treppe ertönten noch mehr Schritte. Conklin brachte Neuigkeiten.

»Der Hund hat vor der Kellertür gelegen. Da unten gibt es einen Tunnel. Falls Barkley hier war, dann hat er sich jetzt in den Kaninchenbau verkrochen.«

33

Ich ließ Conklin im Haus zurück und begleitete die Sanitäter, die Miranda White Barkley auf eine Trage schnallten und nach draußen brachten.

Der Auftritt des Sondereinsatzkommandos hatte dafür gesorgt, dass sich jetzt nicht nur alle möglichen Mitarbeiter der Strafverfolgungsbehörden auf der Straße tummelten, sondern auch zahlreiche Schaulustige. Frustrierte Autofahrer ließen ihre Hupen dröhnen, als könnten sie den stockenden Verkehr mithilfe ihrer Handflächen wieder zum Fließen bringen.

Ich trat neben einen besonders unerträglichen Vollidioten, der sein Fenster heruntergelassen hatte, ununterbrochen hupte und den Notarztwagen anbrüllte: »Mach dich endlich vom Acker, verdammt noch mal!«

Ich hielt ihm meine Dienstmarke unter die Nase und sagte: *»Schluss jetzt!«*

Der Notarztwagen stand immer noch da. Ich lief die Straße entlang zu den beiden Sanitätern, die gerade dabei waren, Mirandas Trage in den Laderaum zu schieben. Einen der beiden kannte ich. Er hieß Andy Murphy.

»Andy, ich muss die Gefangene begleiten.«

Ich zeigte ihm den Schlüssel für die Handschellen. Er nickte, wir tauschten die Handschellen gegen Plastikfesseln und machten Mirandas Handgelenke an der Trage fest.

Murphy zog mich in den Laderaum, sagte: »Achtung«, und zog die Türen zu. Ich setzte mich auf die schmale Bank direkt neben der Trage, schnallte mich an und hielt mich zusätzlich an einem Seil über meinem Kopf fest. Die Sirenen fingen an zu jaulen, dann jagte der Notarztwagen die Thornton Avenue entlang. Ich beugte mich dicht vor das Ohr der Verletzten.

»Miranda.«

»Randi.«

»Randi. Ich muss Ihren Mann finden, bevor er noch einen Fehler begeht. Das ist für alle das Beste.«

»Hau ab!«

Sie wollte sich wegdrehen, aber ich ließ nicht locker.

»Wenn ich als Erste mit ihm sprechen kann ... *sehen Sie mich an*, Randi. Ich will doch nur vermeiden, dass das Ganze hier mit einer Beerdigung endet.«

Der Wagen bog scharf nach rechts auf den Bayshore Boulevard ab, und Randi stieß einen kurzen Schrei aus. Dann machte sie die Augen auf und sah mich an. »Lasst ihn in Ruhe, okay? Er hat überhaupt nichts gemacht. Er ist nur abgehauen. Er hat eine PTBS.«

Ich drückte ihren unverletzten Arm und schüttelte ihn sanft. »Das mag ja sein, aber das ist nur ein Teil des Ganzen.«

Sie sah, wie ich mein Handy aus der Tasche holte, und rief: »Er hat sein Telefon gar nicht *dabei*. Es liegt auf dem Nachttisch. Zum *Aufladen*!«

Also gut, verdammt, dann also kein freundlich gemeinter Anruf. Der Notarztwagen neigte sich mal hierhin und mal dahin, wurde langsamer und wieder schneller, sodass ich mich kaum auf meinem Sitzplatz halten konnte. Wenn

Barkley tatsächlich für das Attentat auf die Barons verantwortlich war, dann hatte er seiner Frau vielleicht gar nichts davon gesagt. Und falls doch, dann war sie nicht verpflichtet, gegen ihn auszusagen.

Daran schloss sich ein weiterer Gedanke an.

Randi hatte vorhin gesagt, dass mir gleich klar werden würde, wie bescheuert wir waren. Wie war das gemeint? War sie womöglich als verdeckte Ermittlerin unterwegs? Oder Barkley?

Ich brauchte dringend noch mehr Informationen, aber in diesem Augenblick bog der Notarztwagen scharf ab, und wir fuhren mit quietschenden Reifen in die Fahrzeugbucht vor der Notaufnahme des Metropolitan Hospital.

Der Fahrer machte die Heckklappen auf. Ich sprang als Erste ins Freie und ging um die Ecke des Gebäudes zum Haupteingang der Notaufnahme. Hier war ich schon so oft gewesen – mit Angehörigen, mit Verdächtigen wie Randi Barkley oder wegen mir selbst –, dass ich jede Ecke des langweiligen, beige gestrichenen Wartezimmers auswendig kannte. Die bunte Mischung aus wartenden Angehörigen sowie die Zeitschriften waren das Einzige, was sich hier veränderte.

Die Schwester am Aufnahmeschalter kannte ich als Kathleen. Sie fragte mich mit einem kaum wahrnehmbaren irischen Akzent: »Was kann ich für Sie tun, Sergeant?«

Ich zeigte auf die Tür der Notaufnahme. Sie ließ sie aufschnappen, und ich bedankte mich per Handzeichen, während ich hindurchging. Randi lag bereits in einem durch einen Vorhang abgetrennten Abteil, wo sie von einer Krankenschwester betreut wurde.

Die Schwester hatte die Plastikfessel an Randis verletztem Arm durchtrennt und war gerade dabei, die Wunde zu säubern. Dann sagte sie zu ihrer Patientin: »Sie haben großes Glück gehabt. Die Kugel hat den Knochen verfehlt.«

Ich betrat das Abteil, zog den Vorhang zu und sagte: »Randi, wie fühlen Sie sich?«

»Großartig. Hast du das nicht mitgekriegt? Heute ist mein Glückstag.«

Ich zog mir einen Stuhl heran. »Vielleicht können Sie mir etwas erklären, was ich einfach nicht verstehe. Warum haben Sie auf die Polizei geschossen?«

»Hast du mal das Buch *Einführung in den Schießsport* gelesen?«

»Jetzt komme ich nicht mehr mit.«

»Ich hab eine Sportpistole benutzt, weil sie das Einzige war, was ich hatte. Als ihr bei uns aufgekreuzt seid, wollte ich nämlich gerade zum Training auf den Schießstand.«

Ich hätte sie am liebsten angebrüllt. *Sind Sie wahnsinnig geworden? Sie haben auf ein SWAT-Team geschossen. Eigentlich müssten Sie jetzt tot sein.*

Aber ich starrte sie nur wortlos an. Sie fuhr fort.

»Das SWAT-Team hab ich überhaupt nicht gesehen. Bloß dich und den anderen Bullen. Ich wollte euch auch gar nicht treffen. Ich hab ja über eure Köpfe geschossen. Ist euch das gar nicht aufgefallen?«

Die Krankenschwester stand mit offenem Mund da. Randi fuhr fort: »Ablenkungsmanöver. Sagt dir das was?«

Jetzt begriff ich. Sie hatte Barkley mit ihrem Geballere einen Vorsprung verschafft.

»Dass Sie Ihrem Mann geholfen haben, der Polizei zu entkommen, macht Sie automatisch zur Komplizin. Ist Ihnen das klar? Und im Moment steht er im dringenden Verdacht, zwei Morde begangen zu haben.«

34

Es war schon nach 18.00 Uhr, als Brady einen Stuhl an unsere Schreibtische schob, seinen weißblonden Pferdeschwanz festzurrte, damit ihm keine Strähnen in die Augen wehten, und sich einen roten Fettstift nahm, um unsere Zusammenfassung der letzten zehn Stunden zu protokollieren.

Erstens: Miranda White Barkley wartete in einer Arrestzelle auf ihre Rechtsanwältin. Zweitens: Conklin hatte zusammen mit dem Einsatzkommando den Tunnel unter Barkleys Haus durchquert. Vom Ausgang waren es nur wenige Kilometer bis zur nächsten S-Bahn-Station. Barkley hatte von dort höchstwahrscheinlich eine Bahn genommen und konnte jetzt überall sein.

»Drecksack«, sagte Brady.

Wir redeten über Barkley, der schlau genug und körperlich in der Lage war, so einen Tunnel zu graben. Er war bei den Marines zweifellos gut ausgebildet worden. Dann sagte Brady, dass er mehrere Überwachungsteams eingeteilt hatte, die sein Haus beobachteten, und dass Caltrain uns die Aufnahmen aus den Überwachungskameras an der S-Bahn-Station Twenty-Second Street zur Verfügung gestellt hatte.

»Drittens …«, sagte Brady und nickte Conklin zu. »Stempien hat sich Barkleys Elektronik vorgenommen.«

»Nächster Punkt«, machte ich weiter. »Randi hat behauptet, sie hätte absichtlich über unsere Köpfe hinweggeschossen. Sie hat ja tatsächlich niemanden getroffen, also könnte das durchaus stimmen.«

Während Brady sich Notizen machte, dachte ich an die beiden Toten – der eine auf dem Schreibtisch, die andere mit dem Gesicht nach oben auf dem Teppich. Durch zwei perfekte Gewehrschüsse.

Wer hatte das getan? Und warum? Was um alles in der Welt hätte Barkley dazu bewegen sollen, die Barons zu ermorden? Und wo war der Zusammenhang zwischen diesen und den anderen, genau zur selben Zeit ermordeten Drogendealern in Los Angeles und Chicago?

Brady schob seinen Stuhl zurück und verschränkte die Finger im Nacken. »Um das Ganze mal zusammenzufassen«, sagte er. »Wir wissen nicht, wo Barkley steckt, seine Frau will nicht reden, und es gibt keine uns bekannte Verbindung zwischen Barkley und den Barons. Wir haben jede Menge Teile in der Werkstatt liegen, aber wir kriegen sie nicht zusammengebaut.«

Ich gab eine Version des Satzes wieder, den Joe jedes Mal zu mir sagt, wenn ich überreizt und total genervt davon bin, wie schnell mir die Zeit zwischen den Fingern verrinnt.

»Wir haben immer noch Tag eins, Brady. Wir haben Tag eins und Randi White in einer Zelle sitzen. Das ist ein Anfang.«

Brady fügte hinzu, dass das Foto von Leonard Barkley, wo er zwei Tage vor dem Attentat in der San Anselmo Avenue hinter seiner Autotür zu erkennen ist, an jeden einzelnen Polizisten im gesamten Stadtgebiet weitergegeben worden war – an die Wachen der Bezirke Nord, Mitte und Süd ebenso wie an die Motorradstaffeln und das Sheriff's Department.

»Wenn wir den Kerl nicht schnappen, müssen wir die Frau zum Reden bringen, aber das muss ich euch nicht extra sagen.«

Randi hatte trotz ihrer Schmerzen bei meinen Fragen keinerlei Schwäche gezeigt. Conklin kommt mit allen Menschen gut klar, aber besonders gut kann er mit Frauen. Sie spüren seine Aufrichtigkeit.

»Das klingt nach einer Aufgabe für meinen Partner«, sagte ich.

Cappy rief von seinem Platz herüber: »Hey, Richie. Cindy ist im Fernsehen.«

Brady schob alle möglichen Sachen auf meinem Schreibtisch hin und her, bis er die Fernbedienung in die Finger bekam. Er richtete sie auf den Fernseher an der Wand, der von allen im Bereitschaftsraum gesehen werden konnte, und stellte den Ton lauter.

Und da stand Cindy Thomas vor dem Haus der Barkleys. Sie hielt ein Mikrofon in der Hand und hatte jede Menge Schminke im Gesicht, während auf dem unteren Drittel des Bildschirms ihr Name und der Zusatz *San Francisco Chronicle* zu lesen waren. Brian Whalen, ein Fernsehreporter des lokalen CBS-Ablegers, sagte gerade: »Cindy, können Sie uns Näheres darüber sagen, was sich heute Morgen hier zugetragen hat?«

»Bis jetzt wissen wir Folgendes, Brian: Dieser Mann hier …« Sie hielt ein vergrößertes Foto in die Kamera, das ich mir schon Dutzende Male angesehen hatte. »… Leonard Barkley, wird im Zusammenhang mit den Morden an Paul und Ramona Baron gesucht.«

»Heißt das, dass er im Verdacht steht, die Morde begangen zu haben?«

»Die Polizei bezeichnet Barkley als ›Person von besonderem Interesse‹. Gut möglich, dass er als Zeuge mit hilfreichen Informationen dienen kann. Der Vorfall am heutigen Nachmittag hat sich ereignet, als die Polizei ihn zu einer Befragung abholen wollte. Dabei ist er entkommen. Sein momentaner Aufenthaltsort ist unbekannt.

Falls jemand diesen Mann kennt oder sieht, sprechen Sie ihn nicht an. Er ist vermutlich bewaffnet und gefährlich. Melden Sie sich unverzüglich bei der Hotline des San Francisco Police Department.«

Dann nannte sie die Telefonnummer und fügte hinzu: »Mr. Barkley, falls Sie das hören: Die Polizei teilt Ihnen mit, dass Ihre Frau bei einem Schusswechsel verletzt wurde und sich im Polizeigewahrsam befindet. Bitte melden Sie sich unter der Nummer, die auf dem Bildschirm eingeblendet wird. Sowohl das San Francisco Police Department als auch Ihre Frau wollen mit Ihnen sprechen.«

Ich war mir ziemlich sicher, dass Barkley, falls er in seinem Bunker zusah, nur leise schnaubte und seine Waffe lud.

Brady stellte den Fernseher stumm und sagte: »Übrigens, bevor ihr anfangt, nach undichten Stellen zu suchen … Ich bin Cindys Quelle.«

»Du hast es ihr gesagt?«, platzte ich heraus.

»Danke, Brady«, meinte Conklin. »Wir waren ihr was schuldig.«

»Genau das hat sie auch gesagt. Jetzt fahrt nach Hause und macht euch darauf gefasst, dass die Hotline explodiert. Hoffen wir, dass wenigstens ein Tipp dabei ist, der uns weiterbringt.«

35

»Ich kann Dave jetzt noch nicht allein lassen«, sagte Joe zu Lindsay.

Er saß in seinem Wagen auf dem Parkplatz und sah einem Kaninchen hinterher, das gerade über die Restaurantterrasse der Channings hoppelte.

»Warte einen Moment«, erwiderte sie. »Ich muss kurz einparken.«

Er hörte, wie sie die Tür zuklappte und die Alarmanlage einschaltete. Er wäre so gern bei ihr zu Hause gewesen, um mit ihr zu reden, den kleinen Julie-Käfer auf den Schoß zu nehmen und in den Schlaf zu wiegen.

»Es geht ihm nicht gut, hmm?«, erkundigte sich Lindsay.

Joe antwortete: »Na ja, er glaubt, dass Ray von seinem Arzt ermordet worden ist. Ich weiß wirklich nicht, ob er todunglücklich ist oder Wahnvorstellungen hat oder beides. Aber was ich weiß, ist, dass er einsam ist und dass es ihm nicht gut geht.«

Dann hörte Joe Mrs. Roses Stimme aus der Haussprechanlage. »Kommen Sie hoch, Lindsay, Liebes.«

»Danke. Ich bin gleich da.«

Lindsay sagte zu Joe: »Was ich noch gar nicht gefragt habe: Hat Dave eigentlich eine Freundin?«

»Er bezahlt dafür, dass es sich ab und zu so anfühlt.«

»Aaach Gott. Tu, was immer du tun musst«, erwiderte sie.

Dann erzählte sie ihm noch, dass sie gleich Julie ins Bett bringen und anschließend Mrs. Rose bitten wolle, noch einmal zwei Stunden zu übernehmen, damit sie mit den Mädels eine Kleinigkeit essen konnte.

»Ich bringe ihr eine Kiste von Channing's Private Reserve Cabernet mit«, sagte Joe.

»Und für uns auch eine.«

»Kein Problem.«

Joe versicherte ihr noch, dass er am nächsten Tag wieder nach Hause kommen würde, und kehrte, nachdem sie etliche Gutenachtwünsche und Telefonküsschen ausgetauscht hatten, in Daves kleines, zweistöckiges Häuschen zurück. Es sah haargenau so aus wie das Häuschen, das knapp zwanzig Meter entfernt stand und in dem seine Eltern, Ray und Nancy, gewohnt hatten. Dort brannte ununterbrochen das Licht, was Dave Joe so erklärt hatte: »Falls Rays unruhiger Geist immer noch hier irgendwo herumschwirrt, dann will er garantiert Licht sehen.«

Daves Wohnzimmer war spärlich möbliert – zwei Polstersessel vor dem offenen Kamin, eine Stehlampe und ein Beistelltisch, der dem Anschein nach aus antiken Weinkisten angefertigt worden war. Über dem Kamin hingen etliche gerahmte Ölbilder, darunter auch ein strahlend heller Blick auf den Weinberg bei Sonnenaufgang. Joe hatte sich die Bilder genau angesehen. Sie waren mit »Nancy Channing« signiert.

Der Essbereich wurde von einem großen Tisch aus alten Holzdielen dominiert. Dazu gehörten vier Stühle mit geraden Rückenlehnen. Vor einem dieser Stühle lag ein kleiner Stapel mit Aktenmappen.

Joe setzte sich und klappte die erste Mappe auf. Sie enthielt einige Ausschnitte aus Lokalzeitungen, überwiegend

Nachrufe. Dave brachte Joe eine Tasse Tee und sagte: »Lies mal das da.«

»Das da« war die *Great Grapes*, eine monatlich erscheinende Hochglanzbroschüre aus dem Napa Valley. Sie enthielt jede Menge Werbeanzeigen, ein paar vereinzelte Lokalnachrichten und Kurzbiografien von Künstlern und Ladenbesitzern. Aus der Broschüre ragte ein kleiner Zettel hervor, und Joe schlug die markierte Seite auf. Dort stieß er auf einen Artikel eines gewissen Johann Archer.

Archer schrieb über den Tod seiner achtunddreißig Jahre alten Verlobten, Tansy Mallory. Sie war Tanzlehrerin und Langstreckenläuferin gewesen und wegen Überhitzung ins Krankenhaus gekommen. Ansonsten jedoch, schrieb Archer, war sie gesund gewesen und hatte sich auch rasch erholt – bis sie plötzlich tot war.

Archer beschrieb sehr eindrücklich die allumfassende Erschütterung, die ihn angesichts dieses unerwarteten und immer noch unfassbaren Verlusts seiner Geliebten ergriffen hatte. Er erwähnte zwar nicht den Namen des Krankenhauses oder des behandelnden Arztes, sprach aber davon, dass er den Angaben des Krankenhauses in Bezug auf die Todesursache nicht traute.

Sein Artikel schloss mit den Worten: »Auf unerklärliche Weise ist eine sonnige, großherzige und optimistische Frau aus dem Leben geschieden. Irgendwie schlägt mein Herz immer noch, und ich lebe weiter. Auch das ist unerklärlich.«

Joe hob den Blick.

»Dave, der Gedanke, dass dein Vater ermordet worden sein könnte, ist der dir beim Lesen dieses Artikels gekommen?«

»Der Nachruf auf Tansy Mallory und noch zwei andere, Rays nicht mitgerechnet, liegen auch in der Mappe. Das ist mehr als nur Rauch, Joe, ich nenne das ein faktenbasiertes Feuer.«

Joe musste an seine Ausbildung beim FBI denken, wo er sich auch mit Erkenntnissen aus der Verhaltensforschung beschäftigt hatte. Er konnte Dave nicht einschätzen. Natürlich war er deprimiert. Aber er wirkte auch nervös und vielleicht sogar paranoid. Andererseits war es nichts Ungewöhnliches, im Angesicht einer Tragödie um sich zu schlagen und einen Schuldigen zu suchen. Dass Dave in Dr. Perkins den Sündenbock für Rays Tod sah, war eigentlich nur logisch.

»Hast du mal mit Archer oder den Angehörigen der anderen Verstorbenen gesprochen?«, erkundigte sich Joe.

»Nein. Ich weiß nicht, wie ich das anstellen soll, darum halte ich mich an das, was ich hier lese. In zwei Nachrufen wird Dr. Perkins explizit erwähnt, und das bestätigt meine Überzeugung, dass dieser Schweinehund ein Serientäter ist. Dass er meinen Dad ermordet hat.«

36

Sogar an einem Mittwochabend war Susie's Café prall gefüllt mit Millennials, die sich die preisgünstigen, scharf gewürzten Speisen schmecken ließen, alten Männern, die in ihrer Nachbarschaftskneipe zusammenhockten, und Büroangestellten aus dem angrenzenden Finanzdistrikt, die hier die Krawatten lockerten, die Schuhe abstreiften und Limbo tanzten.

Und der Club der Ermittlerinnen. Die lebhafte und bunte Atmosphäre hier machte es uns so leicht, die Fesseln des Alltags abzustreifen, dass wir das Susie's schon vor Jahren zu unserem inoffiziellen Clubhaus erkoren hatten.

Die Steel-Drum-Band spielte gerade »Happy«, und eine sechsköpfige Gruppe verließ das Lokal, als Claire, Yuki und ich uns an der Durchreiche für das Essen vorbei in den hinteren Teil der Kneipe schoben. Dort konnten wir uns unterhalten, ohne uns anbrüllen zu müssen.

Lorraine wischte den Tisch in »unserer« Nische ab und sagte: »Heute Abend haben wir auch gezupftes Rindfleisch.«

Wir bedankten uns und schlüpften auf die Sitzbänke, Claire und ich auf der einen Seite, Yuki uns gegenüber. Es dauerte nur Sekunden, bis wir uns entschieden hatten – die Speisekarte hatte sich in den letzten zehn Jahren nicht grundlegend verändert.

Ich sagte zu Lorraine: »Cindy macht Überstunden.«

Das war zwar nicht gelogen, aber ich traute mich nicht, die ganze Wahrheit auszusprechen. Cindy war immer noch sauer auf mich, weil ich sie gebeten hatte, die Füße still zu halten und nichts über die Scharfschützenattentate auf Drogendealer in mehreren Städten der USA zu veröffentlichen. Das wäre keine alltägliche Schlagzeile gewesen. Die Ermordung des Ehepaars Baron hatte es in die landesweiten Fernsehnachrichten geschafft, während Cindys Name nicht einmal auf der Titelseite des *Chronicle* zu lesen gewesen war.

Ich hatte es nicht über mich gebracht, mich aus tiefstem Herzen bei ihr zu entschuldigen, und Cindy konnte sehr nachtragend sein. Das versuchte ich, Yuki und Claire zu erklären, aber Claire meinte nur: »Ihr seid beide stur.« Yukis Beitrag lautete: »Du hast doch gar keine andere Wahl gehabt, als sie zu bremsen. Sie beißt sich gern mal irgendwo fest, aber hat sie schon morgen oder so wieder vergessen, und dann stürzt sie sich auf den nächsten Knochen.«

Lorraine kam mit Stift und Block in der Hand an unseren Tisch. Claire und ich bestellten je ein Bier. Yuki nahm einen Shrimps-Salat, und Claire sagte: »Ich glaube … Ich nehme das gezupfte Rind im Brötchen.«

Ich entschied mich für ein Gumbo und einen Korb mit Brot.

»Das war's?«, wollte Lorraine wissen.

»Vielleicht nehme ich nachher noch einen Key Lime Pie.«

»Der ist womöglich schon aus, Lindsay. Ich sehe mal nach, und falls noch was da ist, lege ich dir ein Stück zurück.«

Die muntere Kellnerin steuerte die Durchreiche an. Als sie weg war, wandte Claire sich an Yuki: »Was gibt's denn so Dringendes, Süße?«

Yuki trug ihre Prozesskleidung: blauer Anzug, Seidenbluse mit V-Ausschnitt und hochhackige Schuhe.

»Clayton Warren, dieser Nachwuchsfahrer, der wegen Autodiebstahls, Drogenbesitz, mutmaßlich zum Verkauf, sowie Beihilfe zum Mord an einem Polizeibeamten vor Gericht steht.«

Claire und ich nickten. Wir kannten den Fall. Falls Warren, der achtzehn Jahre alt war, schuldig gesprochen wurde, dann würde er lange im Gefängnis sitzen.

»Heute sollte eigentlich die Anklageerhebung stattfinden, aber er war nicht da. Stattdessen kommt sein Anwalt zu mir und sagt, dass sein Mandant heute früh versucht hat, sich zu erhängen.«

»Waaaas?«, sagten Claire und ich wie aus einem Mund.

»Ich korrigiere«, sagte Yuki. »Er *hat* sich aufgehängt. Hat ein Bettlaken über das Heizungsrohr im Waschraum geworfen.«

Claire bekam einen plötzlichen Hustenanfall, entschuldigte sich und sagte: »Mein Asthma.« Ich ergriff unter dem Tisch ihre Hand und hörte sie zu Yuki sagen: »Ist er tot?«

»Nicht ganz. Ein anderer Häftling hat ihn festgehalten und um Hilfe gerufen. Jetzt haben sie ihn in eine Einzelzelle verlegt, mit Halskrause und Rund-um-die-Uhr-Überwachung. Aber überlegt doch mal. Er ist noch nicht mal angeklagt, geschweige denn verurteilt worden. Es gibt immer noch die Möglichkeit, dass er wieder freikommt. Und falls er schuldig gesprochen wird, kann er in Berufung gehen. Die Todesstrafe hat er bei den Anklagepunkten auch nicht zu befürchten. Also warum wollte er sich umbringen?«

Wir spielten mehrere Erklärungsansätze durch und einigten uns schließlich darauf, dass seine Familie bedroht worden sein musste, als Warnung, damit er auf gar keinen Fall gegen den wahren Mörder und Dealer aussagte. Claire äußerte die Vermutung, dass er deprimiert, beschämt und sicher war, dass er verurteilt werden würde.

»Es sieht ganz danach aus, als würde er lieber sterben als ins Gefängnis zu gehen«, sagte ich.

Yuki war sich da nicht so sicher. »Irgendwas ist da noch, etwas, was wir nicht wissen. Sein Anwalt auch nicht. Der Junge verhält sich seit seiner Festnahme vollkommen passiv.« Sie schüttelte den Kopf. »Vielleicht spielt es gar keine Rolle, *weshalb* er so gegen seine Interessen handelt, aber es muss einen Grund dafür geben. Und was bedeutet das für mich? Ich überlege, ob ich bei seiner Verhandlung einfach einen schlechten Tag habe.«

»Soll das ein Witz sein?«, fragte ich sie.

Sollte es nicht. Yuki blickte in unsere erstaunten Gesichter und sagte: »Hört zu. Das würde ich überleben. Ich habe schließlich einen Ruf. Und ich habe auch schon Prozesse verloren, obwohl ich *brillant* und der Angeklagte *schuldig* war.«

Da hatte sie leider recht.

37

Claire sagte zu Yuki: »Wie wär's denn damit? Du bittest Red Dog, dich von dem Fall abzuziehen. Wie sollst du jemanden anklagen, den du überhaupt nicht für schuldig hältst?«

»Also gut, nehmen wir mal an, ich frage Parisi tatsächlich«, sagte Yuki. Len Parisi, Bezirksstaatsanwalt und ihr unmittelbarer Vorgesetzter, war ein beeindruckender Hundertvierzig-Kilo-Koloss mit roten Haaren und dem Ruf, ein ganz harter Hund zu sein. »Er zieht mich ab und gibt den Fall einem seiner anderen Stellvertreter, einem von der Sorte, die zum Frühstück ein, zwei Messer verspeisen. Clayton verweigert jede Verteidigung und wird zu einer lebenslänglichen Gefängnisstrafe ohne Aussicht auf Bewährung verurteilt. Und begeht bei der erstbesten Gelegenheit Selbstmord.«

»Das ist nicht dein Problem, Yuki. Du kannst ihm nicht vorschreiben, was er mit seinem Leben anfangen soll.«

Unsere Teller wurden abgeräumt, Kaffee wurde serviert und dazu ein Stück von dem himmlischen Limettenkuchen. Lorraine beugte sich vor mein Ohr: »Ich habe Beziehungen.« Ich reckte meinen Daumen nach oben, und als ich mich wieder Yuki zuwandte, hatte sie die Stirn in Falten gelegt.

Sie sagte: »Lorraine, einen Margaritakrug, bitte. Ist noch jemand dabei?« Keine Hand rührte sich.

»Also nur ein Glas«, sagte sie zu Lorraine, die kurz darauf den Krug an unseren Tisch brachte.

Yuki ist keine Säuferin, aber ein, zwei Mal im Jahr erliegt sie den Sirenenrufen des Tequila. Und heute Abend war es so weit. Claire hustete noch einmal, bevor sie nach Yukis Handtasche griff. Sie fischte den Autoschlüssel heraus und gab ihn mir.

»Na gut«, sagte Yuki. »Wenn ihr meint.«

Ich rief Brady an und machte ihm klar, dass Yuki ungefähr in einer Stunde abgeholt werden musste. Claire und ich stießen unsere Bierkrüge gegen Yukis Salzrandglas, und dann tranken wir auf sie und ihr weiches Herz.

Lorraine kam vorbei und sagte zu Yuki: »Einer unserer Gäste spielt dein Lied.«

Jetzt hörten wir es auch. Jeff Rudolph, ein begabter Amateurgitarrist, sang über die brennende Sonne, über ölige Touristen und verlorene Flip-Flops. Yuki machte sich startklar, und nachdem Lorraine ihr das Mikrofon in die Hand gedrückt und sie in den Hauptraum begleitet hatte, stürmte sie los.

Claire und ich schlossen uns an.

Rudolph hatte die ersten Strophen schon gesungen. Als Yuki jetzt mit ihrem hellen Sopran in den Refrain einstimmte, fing er an zu strahlen.

»Wasted away again in Margaritaville …«

Jeff stampfte auf den Boden »Salt, salt, salt, salt.«

Die anderen Gäste hatten ebenfalls angefangen zu singen und zu klatschen.

»But I know …«

Alle anderen verstummten instinktiv, und Yuki schmetterte die letzte Zeile allein: »It's my own damn fault.«

Irgendjemand rief »Zugabe«, die Leute fingen an zu klatschen, und der Sprechchor wurde lauter: »Zu-ga-be, Zu-ga-be.«

Claire sagte mit lauter Stimme: »Sie ist fertig. Ehrlich.«

Lorraine nahm das Mikrofon an sich, und als wir wieder in unserer Nische saßen, fragte sie Yuki: »Kaffee? Gerade frisch aufgebrüht.«

»Ha. Auf gar keinen Fall«, entgegnete Yuki und leerte in einem Zug ihr Glas.

An diesem Abend hätte ich beinahe vergessen, dass Claire vor der größten Herausforderung ihres Lebens stand, dass die Barons tot waren, dass Randi jede Aussage verweigerte und dass Leonard Barkley immer noch, wie heißt es so schön, vom Winde verweht war. Das alles würde dafür sorgen, dass ich gegen drei Uhr morgens wieder hellwach im Bett lag, aber im Augenblick tat es mir wahnsinnig gut, mit meinen Freundinnen herumzualbern.

Ich sagte: »Lorraine. Kaffee für alle. Und Kuchen. Was ihr noch da habt.«

»Kirsche.« Sie rümpfte die Nase. »Von Montag.«

»Gekauft«, erwiderte ich. »Her damit.«

38

Yuki lag auf dem Bett. Sie hatte die Augen geschlossen, um nicht vom Licht der altmodischen Deckenlampe geblendet zu werden. Brady zog ihr die Schuhe aus und massierte ihr die Zehen.

»Ohhhhh«, sagte Yuki. »Das tut so gut.«

»Kannst du dich aufsetzen?«

»Vielleicht. Ich glaub schon.« Aber sie rührte sich nicht von der Stelle. Brady sagte: »Ich ziehe dir jetzt das Jackett aus, Yuki-san. Wenn du mir nicht helfen kannst, kein Problem. Aber bitte wehr dich nicht dagegen.«

Yuki lachte.

Bald lachte Brady auch. Ihr Lachen war so ansteckend, sie hätte selbst Denkmäler zum Kichern gebracht. Er zog ihr das Jackett und, wo er schon einmal dabei war, gleich auch noch die Bluse aus, drehte sie um und öffnete den Reißverschluss ihres Rocks.

Sie sagte: »Das fühlt sich wunderbar an, Brady. Das machst du bestimmt nicht zum ersten Mal.«

»Du bist ein ganz schön verrücktes Huhn, das ist dir doch klar, oder?«

»Ich hadde ein fulchtbalen … fulchtbaren Tag.«

»Erzähl mir mehr«, entgegnete er, während er den Verschluss ihres BHs öffnete und ihr ein T-Shirt gab. »Jetzt kommst du selber klar, oder?«

»Wo willst du denn hin?«

»Unter die Dusche. Bin gleich wieder da.«

Als Yuki die Augen wieder aufschlug, lag Brady neben ihr im Bett. Seine Haare waren feucht, und das Licht war aus. Sie drehte sich zu ihm, und er nahm sie in die Arme. Seine kräftigen Arme. Die liebte sie.

»Ich bin hier bei dir, Liebling. Und jetzt erzähl mal, was passiert ist.«

»Weißt du was? Ich erzähl's dir morgen. Aber jetzt will ich mich nicht damit befassen.«

Sie schlang die Arme um Bradys Hals, und er hob sie hoch, sodass sie ihr linkes Bein über seine Hüfte legen und ihren Kopf unter sein Kinn schieben konnte. Eng umschlungen lagen sie da, so nah, wie zwei Menschen sich nur kommen konnten. Das war ihre Lieblingsposition.

Er sagte leise: »Soll das etwa heißen, dass ich deinen Zustand ausnützen soll?«

»Ich glaube schon. Ich weiß doch, dass du es willst.«

Er küsste sie. Sie stöhnte, wand sich und sagte ihm, dass sie ihn liebe. Er erwiderte: »Ich liebe mich auch.«

Sie lachte.

»Ich liebe dich so sehr, dass es mir richtig Angst macht«, fuhr er fort.

»Ich bin ganz harmlos.«

Langsam schaukelten sie in dem großen Bett hin und her. Er drehte sie so, dass sie auf ihm saß, legte die Hände an ihre Hüften und dann dauerte es nicht mehr lange, bis sie Feuer fingen. Sie hielten einander fest, bis der Schlaf allmählich näher kam und Yuki von ihrem geliebten Ehemann herab auf das zerknitterte Laken rutschte.

Sie kuschelten und küssten sich, grinsten einander an, und schließlich schliefen sie Händchen haltend ein. Als

Yuki aufwachte, löste sie sich aus Bradys Umarmung, knüllte ihr Kissen zusammen und drehte ihm den Rücken zu.

Er umschlang sie im Schlaf und drückte sie an sich. Der Alkoholrausch verflog allmählich, aber Yuki war immer noch berauscht von Brady. So was mussten sie unbedingt öfter machen. Ein Lied ging ihr durch den Kopf.

Die letzte Zeile sang sie flüsternd mit. »Baby, Baby, Baby, you're the best.«

39

Die beiden alten Freunde saßen vor dem offenen Kamin, jeder mit einem Glas hervorragendem Cabernet in der Hand.

Dave sagte: »Ich bin dir sehr dankbar, Joe. Wenn du nicht bereit gewesen wärst, mir zu helfen, ich weiß beim besten Willen nicht, was ich dann gemacht hätte.«

Joe beugte sich zu Dave hinüber und sagte: »Lass uns reden.«

»Was machen wir denn die ganze Zeit?«

Joe sah ihn einfach nur an. Wie ein Therapeut.

Dave begriff. Er sagte: »Also gut. Aber sag ja nicht, dass du mich für verrückt hältst.«

Er schob sich ein wenig näher zum Feuer, nahm einen Schürhaken aus dem Ständer und stocherte in der Glut herum.

Joe dachte: *Noch mehr Ausweichverhalten.*

Dave hatte ihn um Hilfe gebeten, aber noch war er nicht bereit, die wirklich schmerzhaften Themen anzugehen. Beim Essen hatte er von einer Frau erzählt, die er online kennengelernt hatte, ohne ihr etwas von seiner Behinderung zu sagen. Und dass Ray und er, obwohl sein Vater ziemlich launisch gewesen war, sich viele Sportsendungen im Fernsehen angeschaut hatten. Jetzt sah er sich die Spiele allein an, oder mit Jeff, dem Koch, vorausgesetzt, es war nicht zu spät.

Während Dave ein paar Holzscheite nachlegte, saß Joe schweigend da und wog seine freundschaftlichen Gefühle für Dave gegen das aufkommende Misstrauen ab, das er am liebsten sofort wieder abgestreift hätte.

Dave kehrte an den Tisch zurück. »Wo waren wir gerade?«

Joe erwiderte: »Ich glaube, es wird wirklich Zeit, dass wir über alles reden, Dave. Über dich. Über Ray. Über Dr. Perkins und mich. Dir muss klar sein, dass meine Möglichkeiten begrenzt sind.«

»Begrenzt? Ich wünschte, ich *hätte* deine Möglichkeiten«, erwiderte Dave. »Entschuldige. Das kam jetzt irgendwie komisch raus.«

»Ist schon gut. Ich weiß ja, wie es gemeint war.«

Er nippte an seinem Weinglas und sah, wie sich Traurigkeit über das Gesicht seines Freundes legte.

Dave sagte: »Perkins soll in der Hölle schmoren für das, was er getan hat …«

Waren diese Beschuldigungen eine Folge seiner Trauer? Oder hatte Dave recht?

»Ich habe keine Dienstmarke, Dave. Ich bin freiberuflicher Berater. Ich werde versuchen, mit Perkins zu reden, aber wenn er sich weigert, kann ich ihn zu nichts zwingen. Trotzdem denke ich, dass ich zumindest rauskriegen kann, ob es sinnvoll wäre, die Strafverfolgungsbehörden einzuschalten.«

»Ich könnte dich doch engagieren, als meinen persönlichen Berater.«

»Hör bloß auf, Dave. Obwohl … Mein Honorar beträgt genau einen Dollar. Damit ist die Sache dann offiziell.«

Dave bedankte sich, holte einen Dollarschein aus seiner Brusttasche und schob ihn über den Tisch. Joe machte sich auf der Rückseite seines Scheckbuchs eine Notiz: »Von D. Channing als Berater engagiert«, dazu das Datum und seine Unterschrift. Er legte Dave den Spontanvertrag vor, und der unterschrieb ebenfalls.

Dann schlug er die Hände vors Gesicht und brach in Tränen aus.

Joe wollte ihn trösten, aber gleichzeitig plagten ihn Bedenken. Er hatte zwar keinen Zweifel daran, dass Dave seinen Vater geliebt hatte, aber trotzdem … Das ungute Gefühl, das ihn vor fast einer Woche das erste Mal beschlichen hatte, als er und Dave gemeinsam zu Ray ins Krankenhaus gefahren waren, ließ ihn einfach nicht los.

Ray hatte Dave die ganze Zeit wie ein kleines Kind oder einen Angestellten behandelt, hatte ihn in die Cafeteria geschickt und ihn herumkommandiert.

»Du hast mir erzählt, dass ihr ein sehr enges Verhältnis gehabt habt«, sagte Joe und holte seinen Freund behutsam in die Gegenwart zurück. »Also, wie geht es jetzt weiter für dich?«

»Das weiß ich nicht. Wahrscheinlich verkaufe ich das Weingut und ziehe nach Los Angeles oder New York. Ich war so lange hier, in erster Linie, um meinen Eltern zu helfen. Und Mom war eine Art Puffer zwischen mir und Ray.«

»Mehr davon«, ermunterte ihn Joe.

»Na ja, er war ziemlich verbittert darüber, wie das alles gekommen ist. Was aus *mir* geworden ist. Und er hat ständig so unnötige Sprüche gemacht: ›Wieso *läufst* du nicht schnell zum Laden, Dave?‹, so was in der Art. Wenn er getrunken hatte, dann hat er zum Beispiel gesagt, dass meine Querschnittslähmung Gottes Strafe dafür sei, dass ich Rebecca umgebracht habe.«

»Großer Gott, Dave.«

»Ich habe ihm verziehen. Ich kann seine Enttäuschung verstehen. Ich habe das ja auch so empfunden. Immer wieder lande ich in Gedanken bei meinem Unfall auf dieser verdammten Straße. Aber du weißt auch, dass mein Dad immer für mich da war. Er hat mir Arbeit verschafft, hat mir Verantwortung übertragen. Und bevor ich irgendetwas anderes mit meinem Leben anstelle, muss ich die Wahrheit über seinen Tod erfahren. Ich muss Klarheit haben. Falls Dr. Perkins seine Patienten umbringt, dann muss das jemand verhindern. Dann muss er dafür büßen.«

Joe sagte: »Ich möchte mir Rays Patientenakte und den Totenschein ansehen. Und ich muss wissen, wer der Gerichtsmediziner war.«

»Habe ich alles auf meinem Laptop. Warte kurz.«

Während Dave seinen Laptop holte, ging Joe ins Badezimmer. Er ließ das Wasser laufen und machte den Arzneischrank auf. Darin standen jede Menge Medikamente: Antidepressiva, Schmerzmittel, Schlafmittel. Joe fotografierte sie mit seinem Handy. Er hegte einen unangenehmen Verdacht, aber den musste er zulassen.

Wie er selbst, so ging auch Dave auf die fünfzig zu. Hatte er irgendwann genug davon gehabt, immer nur Rays Enttäuschung zu sein, das behinderte Kind? Hatte er einen Plan ausgeheckt, um seinem Vater für immer zu entkommen?

40

Am Ende des Flurs im dritten Stock gab es ein leer stehendes Eckbüro. Einst hatte es einem korrupten Polizeibeamten gehört, der es nicht mehr brauchte. Der es nie wieder brauchen würde.

Ich fragte Brady, ob ich das Büro als Kommandozentrale für den Fall Baron benutzen konnte, und er meinte: »Bitte sehr.« Dann eröffnete ich ihm, dass ich eine Sondereinheit gründen wolle, die sich vor allem mit den Scharfschützenattentaten hier und in anderen Städten befassen sollte.

Brady erwiderte: »Dann weißt du ja bald, wie es sich anfühlt, eine Horde Katzen zu hüten.«

»Ist das ein Ja?«

»Ein Ja mit drei Ausrufezeichen.«

Ohne sich noch einmal umzudrehen, fuhr er mit dem Fahrstuhl in den vierten Stock mit Jacobis ehemaligem Büro. Eine halbe Stunde später hatten Rich und ich Fotos der Toten an die Wände der Kommandozentrale geklebt, unsere Computer in unser neues Büro geschleppt und uns jeweils einen Becher und eine Thermoskanne mit Kaffee besorgt.

Wir organisierten für mittags eine Telefonkonferenz mit Detective Richards aus Chicago, Detective Noble aus L.A., Chi und McNeil von den Straßen von San Francisco sowie Conklin und mir.

Richards war mit dem Mord an dem Besitzer des kleinen Tabakwarenladens, Albert Roccio, befasst. Bislang hatte er kaum etwas von seinen Erkenntnissen herausgelassen und nur gesagt, dass es keine Fortschritte zu verzeichnen gab. Noble war für die Ermittlungen im Fall Fred Peavey zuständig, der vor der Schule seines Sohnes getötet worden war. Er kam zwar etwas später dazu, aber alles, was er sagte, deutete darauf hin, dass er unbedingt zum Team gehören wollte.

McNeil und Chi beschäftigten sich mit der Ermordung von Roger Jennings vor dem Taco King in der Duboce Avenue.

Jennings war das erste Opfer gewesen. Er war aus großer Entfernung durch die Windschutzscheibe seines Porsche hindurch erschossen worden. In die Staubschicht auf seiner Heckscheibe hatte jemand mit dem Finger das Wort *Testlauf* gekritzelt. Allerdings war Jennings nicht, wie die anderen, um Punkt 8.30 Uhr getötet worden, sondern etwas später. Es war nicht klar, ob er auch in die Reihe der hingerichteten Drogendealer gehörte oder nicht.

Auf Conklin und mir lastete der größte Druck. Im Gegensatz zu den anderen Opfern waren Paul und Ramona Baron landesweit bekannt gewesen und verfügten über eine große Zahl an wohlhabenden und einflussreichen Fans. Diese Leute sprachen mit der Presse und verstopften die Telefonleitungen des Bürgermeisters mit Forderungen nach einer unverzüglichen Festnahme des Täters oder der Täter.

Brady hatte sicherlich recht damit, dass in dieser Sondereinheit viele Egos aufeinanderprallten, aber ich war auch überzeugt davon, dass die »Katzen« bis zu einem gewissen Grad bereit waren, sich einzufügen, wenn es ihnen half, ihre eigenen Fälle aufzuklären.

Rich und ich hatten dabei ein ganz bestimmtes Ziel im Auge.

Um 13.00 Uhr waren wir mit Miranda White Barkley und ihrer Anwältin verabredet. Sie würde darauf dringen, dass wir ihre Mandantin auf freien Fuß setzten, und ihre Chancen standen gar nicht schlecht. Wir hatten keinen einzigen Beweis dafür, dass Randi an den Morden beteiligt gewesen war.

Als wichtige Zeugin konnten wir sie nur noch bis 14.00 Uhr festhalten. Ich hatte die Hoffnung, dass wir am Ende der Telefonkonferenz genügend Material beisammenhatten, um Randi zum Reden zu bringen.

Und ich hatte nicht nur die Hoffnung, ich war auch zu allem entschlossen.

41

Ted Swansons ehemaliges Büro war zwar gründlich gereinigt worden, aber kein noch so frisches Blumenduftspray konnte den ekelhaften Gestank dieses korrupten Polizisten auslöschen, der für den Tod von achtzehn Menschen verantwortlich war.

Jetzt saß er für den Rest seines Lebens in Chino, aber das war alter, stinkender Schnee von gestern.

Ich klappte die Tür unserer neuen Kommandozentrale mit dem großen grauen Schreibtisch und den beiden Telefonkonsolen zu. Mein Partner und ich fuhren unsere Laptops hoch.

Ich klickte einen Link zu einer Nachrichtenseite an und las das Schriftband am unteren Bildschirmrand: *Bislang keine Hinweise im Fall Ramona und Paul Baron.*

Na toll. Könnt ihr mir vielleicht was sagen, was ich noch nicht weiß?

In der oberen rechten Ecke tauchte jetzt ein Pfeil auf. Der Untertitel lautete: »Der mysteriöse Tod von Paul und Ramona Baron«.

»Richie. Komm mal.«

Ich klickte den Pfeil an und erschrak, als ich eine Diashow mit verschiedenen Aufnahmen vom Arbeitszimmer der Barons zu sehen bekam – *nach* ihrer Ermordung. Da gab es Nahaufnahmen von den Einschusslöchern in den

Sprossenfenstern, von Ramonas Schreibtischstuhl, dem blutbefleckten Teppich und den mit Klebeband markierten Umrissen von Pauls Leichnam auf dem Doppelschreibtisch.

Dazu sagte eine Reporterstimme: »Der amtierende Polizeichef Jackson Brady äußert gegenüber *Real Crime News* lediglich, dass er keinerlei Erklärung zu laufenden Ermittlungen abgeben darf.«

Mit einem Tastendruck schaltete ich den Lautsprecher stumm und sagte zu Conklin: »Hast du das gesehen? Da hat jemand die Fotos vom Tatort weitergegeben, verdammt noch mal.«

»Nur mal so ins Unreine gesprochen: Ich schätze, da hat jemand einen Kriminaltechniker bestochen.«

»Hmm«, erwiderte ich. »Das sieht nach einer hübschen Abfindung aus.«

Ich hatte Clappers Nummer eingespeichert und hinterließ ihm eine Nachricht, bevor ich zusammen mit Conklin weiter über einem Fall brütete, in dem wir noch keinen einzigen Lösungsansatz hatten.

»Gruselige Fotos von Blutspuren und Einschusslöchern, da erzählt der Verteidiger dem Richter doch garantiert, dass keine unbefangenen Geschworenen für den Prozess mehr aufzutreiben sind. Falls es überhaupt zu einem Prozess kommt.«

»Sieh's doch mal positiv.«

»Sehr witzig, Richie.«

Wir hatten nichts bis auf einen Verdächtigen, der mit einem Zielfernrohr in der Hand fotografiert worden und im Moment frei wie ein Vogel war. Randi White Barkley hatte behauptet, ihr Mann leite unter einer posttraumatischen Belastungsstörung. Er sei aus Angst vor der Polizei geflüchtet.

Ich hatte da eine etwas andere Theorie. Barkley war abgehauen, weil er zwei prominente Einwohner der Stadt ermordet hatte und wir ihm auf den Fersen waren. Die Chancen standen zehn zu null, dass er bereits den nächsten Mordanschlag vorbereitete.

Aber trotzdem. Wir hatten sein Auto, seine Frau, seinen Laptop, seine Fingerabdrücke und seinen Hund. Die Polizei schlief buchstäblich auf seiner Türschwelle. Wenn Randi ihn bat zurückzukommen, gab er ja vielleicht nach.

Ich hatte eine Frage für Richie, den ewigen Optimisten: »Hilf mir mal auf die Sprünge. Die Schüsse auf die Barons decken sich zeitlich mit anderen Schüssen in anderen Städten, richtig?«

»Es sieht ganz danach aus. Roccio, ja, Peavey, ja. Jeweils um 8.30 Uhr unserer Zeit.«

»Bedeutet das aus deiner Sicht, dass der Drogenhandel – egal ob große oder kleinere Mengen – der gemeinsame Nenner dieser Morde ist?«

»Na ja, glaubst du etwa an Zufälle?«, lautete seine Gegenfrage.

»Darauf komme ich später noch mal zurück.«

Detective Richards aus Chicago hatte auffällig wenig Bereitschaft an den Tag gelegt, das mit uns zu teilen, was er über sein Opfer, Albert Roccio, wusste. Trotzdem hatte er sich bereit erklärt, mittags mit dabei zu sein. »Dann wollen wir mal.«

Ich tippte Richards' Nummer an.

Eine Frauenstimme meldete sich: »Detective Wilkens, was kann ich für Sie tun?«

»Ich bin Sergeant Boxer. Detective Richards erwartet meinen Anruf.«

»Er ist gerade eben rausgegangen, aber er kommt gleich wieder.«

Ich hinterließ meine Nummer, da steckte Brenda den Kopf zur Tür herein. »Inspektor McNeil für dich.«

Schon drang Cappys heisere Stimme aus dem Lautsprecher. Er hatte sich über das Funkgerät seines Streifenwagens zugeschaltet und schien gerade etwas zu essen.

»Boxer, bist du bereit? Ich hab jede Menge heiße Luft zu bieten.«

»Her damit.«

Er lachte und sagte: »Auf die Plätze, fertig, los.«

Und dann begann er mit seinem Bericht.

42

Ich stellte mir vor, wie Cappy sich mit dem Unterarm über die Glatze wischte und seine Baseballmütze aufsetzte und gerade rückte.

Dann sagte er in sein Mikrofon: »Also gut, Folgendes haben wir bei Taco King erfahren: Jennings war Stammkunde, und das war allgemein bekannt. Wer es auf ihn abgesehen hatte, konnte das problemlos rauskriegen. Darum war das Attentat vermutlich kein zufälliger ›Testlauf‹. Jennings wurde gezielt ausgesucht, und damit wären wir beim Motiv.

Wir haben mit Woody Moynihan gesprochen. Ihr erinnert euch? First Baseman, Trefferquote von dreißig Prozent, bis er einen Ball mit hundertfünfzig Stundenkilometern an den Kopf bekommen hat.«

»Hat Moynihan eine Idee, wer Jennings erschossen haben könnte?«, wollte ich wissen.

Mein Handy summte, und Brenda schrieb: *Detective Noble auf Leitung drei.*

Ich bat Cappy, kurz zu warten, drückte die Taste drei auf meiner Konsole und begrüßte den Detective aus Los Angeles.

Conklin drückte bei sich ebenfalls die Drei und schaltete den Lautsprecher ein. »Cappy«, sagte er. »Sprich weiter. Boxer telefoniert auf der anderen Leitung.«

»Gut. Sag ihr, dass Jennings seinen Freundeskreis mit Tabletten versorgt hat. Moynihan hat ausgesagt, dass er auch bei ihm Kunde war, aber der Kreis könnte auch größer gewesen sein. Freunde von Freunden, so was in der Art. Conklin. Bist du noch da?«

»Bin ganz Ohr«, erwiderte Conklin.

»Okay. Ich rede zwar manchmal mit mir selbst, aber nie am Telefon. Also, Moynihan hat keine Ahnung, wer Jennings umgelegt haben könnte, aber natürlich gibt es die verschiedensten Erklärungen dafür, dass jemand durchdreht und seinen Dealer ermordet. So was kommt vor, verstehst du? Vielleicht kann ja das Rauschgiftdezernat was dazu sagen.«

Ich hörte Cappys Worte und dachte gleichzeitig, dass das Rauschgiftdezernat zurzeit nur ein Schatten seines einstigen Selbst war. Dort gab es etliche freie Stellen, die dringend neu besetzt werden mussten, und das Ganze hier zeigte sehr deutlich, warum.

»Hallo?«, machte Noble sich bemerkbar.

Ich wandte meine Aufmerksamkeit wieder ihm zu: »Ich bin da.«

Er fuhr fort: »Wir haben unser Team wegen des Mordes vor dieser Schule verdoppelt.«

»Sehr gut. Was haben Sie bis jetzt rausgefunden?«

»Die Eltern an der Little Geniusses, dort wo Peavey sich eine Kugel eingefangen hat, sind komplett am Durchdrehen. Wir laden sie zu uns ein, damit sie eine Aussage machen, und hören uns die ganzen Beschwerden an, ihre Ängste vor einem Attentat auf ihre Kinder, alles in der Hoffnung, dass irgendjemand vielleicht einen Verdacht äußert.«

»Und wie läuft's bis jetzt?«

Gleichzeitig drang Chis Stimme aus dem Lautsprecher, der Conklin berichtete, was sich bei der Beschattung des Hauses der Barkleys ergeben hatte.

Ich versuchte, ihm zuzuhören, aber dann ließ ich mich von Nobles Schwung anstecken.

»Fred Peavey war Zahnarzt«, sagte er. »Mehrere der anderen Eltern waren Patienten bei ihm, und es ist klar, dass er Rezepte für Schmerzmittel ausgestellt hat. Ich selbst habe mit zehn Leuten gesprochen. Niemand hat ihm den Tod gewünscht. Sie mochten ihn. Wir haben sie überprüft, und ganz ehrlich, abgesehen von ein paar Opioidabhängigen leben die da in einer Oase der Geborgenheit.«

Noch eine Drogenverbindung, dachte ich. Dieses Mal ging es um Medikamente.

Chi erzählte Conklin gerade, dass er Brady über die Maßnahmen rund um das Haus der Barkleys informiert hatte: Auf den Straßen rund um den Häuserblock waren mehrere Fahrzeuge postiert, und im Nachbarhaus behielt ein Beschatter-Team alle Eingänge im Blick.

»Bis jetzt haben wir keine Spur von Barkley«, sagte Chi. »Der Hund wurde beschlagnahmt und wartet darauf, dass sein Besitzer ihn abholt. Vielleicht kommst du damit an die Frau ran.«

Jetzt meldete sich Cappys knisternde Stimme wieder.

»Ich habe Barkley und seine Frau überprüft. Beide waren in Afghanistan, Boxer. Beide sind exzellente Schützen. Oh, wir behindern den Verkehr. Ich melde mich wieder. Sonst melde du dich. Ende.«

Die nächste Nachricht von Brenda: *Detective Richards auf zwei.*

Ich drückte die Taste und meldete mich: »Hier Boxer. Detective Richards, Sie sind jetzt mit unserem Team verbunden.«

Richards verlor keine Zeit.

»Wir haben noch keine Verdächtigen im Mordfall Roccio, aber wir haben Ihre Theorie verfolgt und nach einer Drogenverbindung gesucht.«

Ich sagte: »Mein Partner Rich Conklin hört mit.«

Richards erwiderte: »Was geht ab, Conklin?«, und berichtete uns noch einmal, dass in Roccios Auto ein halbes Kilo Heroin gefunden worden sei.

»Er hat gedealt, kleine und größere Mengen.«

Nach Richards' Angaben hatte Roccio das Heroin per Telefon vertickt. Die Kunden waren dann in seinen Laden gekommen, hatten eine Zeitschrift gekauft und dazu das bestellte Päckchen bekommen. Mit Ecstasy und Marihuana war es genauso gelaufen. Wenn ein paar Jugendliche mit einer Zeitschrift vor seiner Kasse aufgetaucht waren und Roccio zwei Zwanziger in die Hand gedrückt hatten, dann hatte er als Gegenleistung einen Joint zwischen die Seiten geschoben.

»So unkompliziert war es wahrscheinlich sonst nirgends«, meinte Conklin.

Richards erwiderte: »Ich muss zu einer Besprechung. War nett zu plaudern.«

Conklin reagierte sofort: »Moment noch, Richards. Gibt es Verdächtige? Oder andere Opfer?«

»Mit einem Wort: nein und nein. Roccio war nicht der einzige Dealer in Chicago, okay? Wir haben hier auch richtige Banden. Von der organisierten Sorte.«

»Ich verstehe.«

»Bis dann«, sagte Richards noch.

Dann war die Leitung tot. Alle anderen auch. So viel zum Thema Katzen hüten. Ich starrte Rich an, und er starrte zurück. Die unausgesprochene Frage lag wie ein toter Fisch zwischen uns.

Was nun?

»Hallo? Hallo?«

Scheiße, das war Noble.

Ich entschuldigte mich bei ihm und bat ihn weiterzumachen.

»Alles gut. Ich wollte nur sagen, dass wir alle überprüft haben. Schauen Sie mal in Ihr Postfach. Ich habe Ihnen eine Liste mit allen Freunden und Bekannten von Peavey geschickt. Das ist eine bunte Mischung aus Moms und Dads, Angestellten und Arbeitern. Ein paar Militärs und Polizisten sind auch dabei.«

Es klopfte an der Tür, und Noble sagte: »Alle haben ein Alibi für die Tatzeit, und soweit wir sehen können, hatte niemand ein Motiv. Peavey ist noch nie angezeigt oder festgenommen worden. Seine Zahnarztpraxis hat viereinhalb Sterne. Vielleicht hat dieser Mord also gar nichts mit den anderen zu tun. Aber wir geben nicht auf, bis wir nicht mehr weiterkommen.«

Vielleicht gab es *tatsächlich* keinen Zusammenhang zwischen den Morden an Jennings und Peavey. Aber was war mit den Barons und Roccio?

Egal, ob zufällig oder auf die Sekunde geplant, was war der Grund für diese Taten und wohin sollte das alles führen?

Wie würde es enden?

43

Ich hob den Blick, als Mike Stempien, unser FBI-Computertechniker, durch die Tür trat.

Er sah aus, als hätte er unter seiner Küchenspüle eine Dose mit Goldstücken gefunden. Das bedeutete, dass er uns garantiert etwas zu erzählen hatte. Conklin stand auf, Stempien setzte sich auf seinen Platz und klappte einen Laptop auf.

»Der«, sagte er dabei, »gehört den Barkleys.«

»Mike, ich will das alles hören, aber wir müssen jetzt zu einer Besprechung mit Mrs. Barkley und ihrer Anwältin«, erwiderte ich.

»Es dauert bloß eine Minute. Und das wollen Sie sich garantiert vorher ansehen.«

Conklin und ich stellten uns direkt an die Schreibtischkanten.

Stempien sagte: »Der lag auf dem Küchentresen. Ich habe mir die letzten Seiten, die die Barkleys aufgerufen hatten, vorgenommen und … ta-daaaa.«

Er drehte den Laptop in unsere Richtung.

Es sah aus wie ein Videospiel aus der Pac-Man-Ära. In der Mitte des Bildschirms befand sich eine Zeichnung von einem Jahrmarkt-Glücksrad, rechts daneben ein Chat-Fenster. Mike sprach aus, was ich gerade dachte: »So ein Spiel habe ich seit den Neunzigern nicht mehr gesehen. Aber dann hatte ich irgendwie das Gefühl, als würde da doch mehr dahinterstecken.«

»Wieso?«

»Diese Seite hat keine eigene Webadresse. Wer hier mitspielen will, muss sich mit anonymen Browsern und Postings auskennen. Es gibt da ein bestimmtes Programm, den Browser Tor – Tor ist die Abkürzung von *The Onion Router*, weil er, wie eine Zwiebel, über viele Schichten verfügt. Dadurch wird der Datenverkehr der Nutzer verschlüsselt. Jede Schicht weiß nur, welche Schicht die nächste ist, aber niemand kennt das gesamte Bild. Die Adressen lauten auch nicht einfach Google.com oder CNN.com, sondern eher ABQ3d oder so.

Mit einer zusammengewürfelten Buchstabenkombination kommt man zu einem bestimmten Punkt. Die Verbindung ist relativ langsam, weil die Signale kreuz und quer über den Globus hüpfen. Darum haben die Seiten auch keine aufwendige Grafik – das Laden würde viel zu lange dauern. An diesem Punkt angekommen, muss man genau wissen, welche Seite man ansteuern möchte, wie in einer Art Geheimzirkel. Wenn das hier also bloß ein urzeitliches Videospiel wäre, wozu dann die Geheimniskrämerei?«

»Also so was wie ein in ein Rätsel verpacktes Mysterium«, sagte Conklin.

»So ein Glücksrad ist doch was für Zocker, oder nicht? Werden da vielleicht Wetten auf bestimmte Felder abgeschlossen?«

Ich beugte mich vor und fuhr mit dem Cursor über das Rad. Es fing an sich zu drehen und gab leise Klickgeräusche von sich. Als es anhielt, leuchtete oben auf der Seite eine Zahl auf.

»Und jetzt, Mike? Was hat das zu bedeuten? Habe ich gerade Punkte bekommen?«

»Punkte. Status. Eine bessere Chance als ein anderer Spieler? Zuerst habe ich gedacht, dass die Seite eine Fassade für etwas Illegales ist. Einen Drogenhandel. Oder irgendeine Schmugglerorganisation. Aber dann habe ich einen Teil der verschlüsselten Chats entziffert. Die Website heißt wie das Spiel: *Moving Targets.* Und dann hatte ich wieder ein anderes Gefühl.«

»Was denn? Was denn für ein Gefühl?«

»Nageln Sie mich nicht darauf fest, weil … Na ja, weil … Ich bin mir noch längst nicht sicher, aber ich glaube, dass *Moving Targets* eine Website für Attentäter ist. Und viele der Nutzer scheinen, von der Sprache her, Soldaten oder Polizisten zu sein. Die Dinge, über die da gechattet wird, nun, das könnten durchaus Ihre Drogenmorde sein. Da wurde viel Begeisterung für die Präzision der Taten, über die ›Treffer‹ geäußert. Zumindest bekommt man diesen Eindruck.«

Ich keuchte fast vor Aufregung und Erwartung. Hatte Stempien auf dem Computer der Barkleys den Schlüssel zu den Attentaten gefunden?

»Können Sie uns sagen, wer von den beiden das Spiel gespielt hat?«

»Die Aktivitäten auf dem Laptop deuten darauf hin, dass es beide waren. Aber war es wirklich nur ein Spiel? Oder gab es eine Entsprechung im realen Leben?«

»Können Sie das rauskriegen?«, fragte ich ihn.

Er schwieg für einen Moment und dachte nach.

»Mal sehen«, sagte er dann. »Aber ohne Gewähr.«

44

Conklin hielt mir die Fahrstuhltür auf und drückte die Taste für die sechste Etage.

Ich starrte die Reihe mit den Stockwerkszahlen an und versuchte, meine vielen Gedankensplitter zu ordnen. In wenigen Minuten würden wir Randi White Barkley und ihrer Rechtsanwältin Lynn Selby gegenübersitzen. Wir hatten einen winzigen Ansatzpunkt, nämlich die Tatsache, dass es im Haus der Barkleys jemanden gab, der oder die ein verdächtiges Videospiel spielte. Das war nicht viel, und es kam ziemlich spät. Aber immerhin.

Ich stellte mir vor, wie das Ganze ablaufen würde. Unser Vertreter der Bezirksstaatsanwaltschaft würde sich an den Richter wenden: *Euer Ehren, wir beschuldigen Miranda White Barkley, zwei Schüsse über die Köpfe von Polizeibeamten hinweg abgegeben und womöglich ein gewalttätiges Videospiel gespielt zu haben.*

Ja, genau.

Die Türen glitten auf, und wir gingen über ausgetretene Fliesen zum Empfangstresen. Dort erwartete uns Bubbleen Waters, Sergeant vom Dienst und bekannte Größe in den Karaokebars der näheren Umgebung. Wir begrüßten uns gegenseitig, und Sergeant Waters reichte uns die Besucherliste. Ich trug uns ein, bevor wir von einem Wärter einen langen Korridor entlanggeführt wurden, begleitet von den

Stimmen der Insassen, knallenden Türen und dem Echo unserer Schritte.

Vor der Tür des kleinen, mit Eisenstäben gesicherten Raums mit einem Tisch und vier Stühlen in der Mitte blieben wir stehen. Der Wärter schloss uns auf.

Randi hob nicht einmal den Blick. Sie trug den üblichen orangefarbenen Overall sowie Handschellen. Die Haare hatte sie zu einem langen Zopf geflochten, der ihr über den Rücken fiel. Dabei hatte ihr zweifellos jemand geholfen, denn ihr verletzter Arm war dick bandagiert.

Randis Anwältin Lynn Selby war eine vielversprechende Pflichtverteidigerin. Mit den blonden Haaren, dem blasspinken Lippenstift und dem hellgrauen Anzug sah sie harmlos aus, aber ich wusste ganz genau, dass sie den Biss einer Bulldogge besaß.

Die Begrüßung lief ziemlich gezwungen ab. Nachdem wir Platz genommen hatten, sagte Selby mit Zuckerstimme: »Wenn keine neuen Vorwürfe gegen Mrs. Barkley aufgetaucht sind, dann laufen Ihre achtundvierzig Stunden in genau sechzig Minuten ab.«

»Wie geht es Ihnen, Randi?«, wandte ich mich an ihre Mandantin.

»Bestens«, erwiderte sie.

Ihr Sarkasmus entlockte mir ein dünnes Lächeln.

Selby schaltete sich ein: »Bitte richten Sie Ihre Fragen an mich und beeilen Sie sich. Ich möchte meine Mandantin hier raushaben.«

Randi White hatte zwei Afghanistan-Einsätze mitgemacht. Sie hatte während ihrer Ausbildung gelernt, Verhören standzuhalten und bis auf ihren Namen, ihren Rang und ihre Dienstnummer nichts preiszugeben. Und abgesehen von ihrer militärischen Konditionierung hatte sie noch eine Rechtsanwalts-Bulldogge an ihrer Seite, die sie vor uns beschützte.

Ich sagte zu Selby: »Lynn. Randi hat mit dem Lauf ihrer Waffe ihr Schlafzimmerfenster zerschlagen und zweimal auf unser Zivilfahrzeug geschossen. Dabei hat sie genau gewusst, dass wir von der Polizei sind. Das ist schon mal vorsätzliche Gefährdung. Außerdem hat sie zugegeben, mit dieser Aktion ihren Mann, Leonard Barkley, gedeckt zu haben, damit der uns entwischen konnte. Er wird dringend verdächtigt, einen Doppelmord begangen zu haben. Damit ist Randi mitschuldig.«

»Ach, Lindsay, hören Sie doch auf. Sie ist mitschuldig, weil sie ihrem Mann bei der Flucht geholfen hat? Er ist seit seiner Zeit im bewaffneten Dienst für unseren Staat ein seelisches Wrack. Sie hat zwar geschossen, ja, aber über Ihre Köpfe hinweg. Mit Absicht. Das wissen Sie. Außerdem ist Randi White Barkley die Einzige, die bei diesem Überfall auf ihr Haus und ihre Person zu Schaden gekommen ist. Ich muss nachher noch eine Anzeige gegen die Stadt San Francisco in mein Diktiergerät sprechen.«

»Nun machen Sie mal halblang, Lynn, okay? Ich habe ihr noch keine einzige Frage gestellt.«

»Bitte sehr, Sergeant.«

Und wie geplant sagte ich: »Rich, kannst du das vielleicht übernehmen?«

45

Mein entspannter, entgegenkommender Partner machte es sich auf seinem Metallstuhl bequem, verschränkte die langen Finger ineinander und legte die Hände auf den Tisch.

Mit freundlichen Worten sprach er die Frau im orangefarbenen Gefängnisoverall an.

»Randi, fühlen Sie sich gut genug, um ein paar Minuten mit mir zu reden?«

»Schätze schon.«

»Es wird nicht lange dauern. In der Notaufnahme haben Sie meine Kollegin gefragt, ob Sie schon mal das Buch *Competitive Shooting – Einführung in den Schießsport* gelesen hat. Brauchen Sie etwa eine Anleitung, um richtig zu schießen?«

»Man kann sich immer noch verbessern. Ich wollte gerade zur Schießanlage, als ihr mit eurer Gangstertruppe bei mir vorgefahren seid. Ihr geht doch auch ab und zu zum Schießtraining, oder?«

Conklin lächelte und wechselte das Thema.

»Als wir Ihnen den Tag vermasselt haben, da haben wir auf Ihrem Computer ein Videospiel gefunden. Es heißt *Moving Targets*.«

Randi schnaubte. »Ihr habt mir mehr als nur einen Tag versaut, würde ich sagen. Aber egal. *Moving Targets*. Das spielen wir beide, Len und ich.«

»Und was ist der Reiz am Zielschießen? Ich habe mich über Sie informiert. Sie sind praktisch mit jeder Waffe eine absolute Expertin.«

»Zielschießen macht Spaß und sorgt dafür, dass ich nicht abschlaffe …«

Jetzt schaltete Selby sich ein: »Das reicht jetzt, Randi. Sind wir fertig, Inspektor?«

Randi beachtete sie nicht, sondern fuhr fort: »Das wissen Sie wahrscheinlich – obwohl, vielleicht auch nicht: Es gibt Leute, die *schießen* gern, und dann gibt es welche, die *töten* gern. Also, ich *schieße* gern – auf Zielscheiben.«

»Können Sie mir das mit den Leuten, die gern töten, noch ein bisschen näher erklären?«, hakte ich nach. »Wie meinen Sie das? Geht es da um psychisch Kranke?«

»Kann sein. Ich habe bei der Armee Leute kennengelernt, die richtig süchtig danach geworden sind, andere zu erschießen. Vor allem böse Menschen. Feinde. Man bekommt eine Genehmigung und eine Waffe. Für manche ist das der größte Kick überhaupt. So wird jedenfalls darüber geredet.«

»So etwas habe ich noch nie mitbekommen. Ich meine, ich habe schon Leute ohne jedes Gewissen erlebt, aber erzählen Sie mir doch noch ein bisschen mehr über diesen Kick, diesen Rausch.«

Ich wusste, dass er hoffte, sie würde Leonard belasten. Ob wir so viel Glück hatten? Selby legte eine Hand auf die von Randi, um sie zu bremsen, aber ihre Mandantin wollte reden.

»Ich erzähle Ihnen jetzt was, was ich niemals vergessen werde. Ich stehe mit drei anderen aus meiner Einheit auf dem Parkplatz vor unserem Basislager. Auf dem Parkplatz waren wir jeden Tag. Haben Sie den Ausdruck *Blau gegen Grün* schon mal gehört?«

Ich schüttelte den Kopf.

»Grün, das sind die verbündeten Truppen des Gastlandes, also die, die wir in Afghanistan unterstützt und ausgebildet haben. Wir waren Blau. Wir setzen uns also in unseren Jeep, so wie jeden Tag. Da fällt ein Schuss. Major Buck Stanley wird im Gesicht getroffen und ist auf der Stelle tot.

Fünfzig Meter von uns entfernt kommt ein ganzer Lastwagen mit grünen Truppen gerade vom Schießtraining. Ich renne zu Stanley. Wahrscheinlich hat sich einer von den Grünen radikalisiert oder steht unter dem Einfluss von Rebellen und hat nach einer Gelegenheit gesucht, um einen Amerikaner zu erschießen. Vielleicht hat er beim Schießstand ein paar Patronen mitgehen lassen …

Gleichzeitig kommt einer unserer Leute auf den Parkplatz und fängt an, auf die Grünen zu ballern. Auf die Leute, die wir ausgebildet haben! Wir haben jeden Einzelnen gekannt. Wir haben mit ihnen tagtäglich zusammengearbeitet. Großer Gott, die Schreie, das Blut überall, die Männer, die aus dem Lastwagen springen und weglaufen. Unser Mann drückt immer weiter ab. Er steigt über die Gefallenen hinweg und jagt jedem Einzelnen eine Kugel in den Kopf.

Wir hätten den Vorfall anschließend unbedingt untersuchen lassen müssen. Das wäre das Richtige gewesen.«

Randi schüttelte den Kopf und sah Conklin und mich an.

»Ich habe diesem Soldaten ins Gesicht gesehen«, fuhr sie fort. »Er hat sich gut gefühlt. Vielleicht sogar richtig gut. War er ein Psycho? Kann sein. War er süchtig danach, andere zu töten? Ich weiß es bis heute nicht. Und, nein, das war nicht Len. Der Soldat, der … Ich weiß nicht … fünfundzwanzig Grüne ermordet hat, war ein Lieutenant der

US-Marine namens Tom DeLuca. Ihr braucht ihn nicht zu suchen. Er ist nie zurückgekommen.«

Lange Zeit war es still im Raum, während wir Randis Worte und ihren entsetzten Gesichtsausdruck verarbeiteten.

Dann sagte Conklin: »Wir suchen einen Killer, Randi. Einen herausragenden Scharfschützen, vielleicht mit einem militärischen Hintergrund, vielleicht aber auch nicht. Und ich überlege, ob ich diesen Killer ins Visier bekommen und möglicherweise sogar identifizieren könnte, wenn ich bei *Moving Targets* eintreten würde.«

»Da kann ich euch nicht weiterhelfen«, erwiderte Randi. »Ich möchte jetzt gehen. Okay?«

»Natürlich«, sagte Conklin. »Ich sorge dafür, dass sie bis heute Abend Ihren Hund wiederbekommen. Wie heißt er eigentlich?«

»Barkley.«

»Der Hund heißt Barkley Barkley?«

Randi meinte: »Genau, und er bellt. Aber Schluss jetzt. Sonst muss ich lachen, und dann tut es weh.«

Conklin grinste. »Natürlich, Randi. Bis zum nächsten Mal.«

46

Ich suchte und fand Claire im Obduktionssaal. Sie trug immer noch Schutzkleidung.

»Claire?«

Sie blickte überrascht auf und sagte: »Ach du Schreck.«

Dann zog sie ein Tuch über den Toten, tätschelte ihm die Hand und rief ihrer Assistentin zu: »Bunny, kannst du Mr. Ryan wegbringen? Danke.«

Claires engste Vertraute hatten einen Betreuungsplan ausgearbeitet. Alle hatten eine bestimmte Aufgabe übernommen. Edmund würde im Krankenhaus zu uns stoßen. Cindy und Yuki würden Claire am Abend besuchen. Ich würde sie ins Johnson Hughes Cancer Treatment Center – eine der besten Krebskliniken des Landes – fahren und bei ihr bleiben, bis sie dort in ihrem Bett lag.

Sie sagte: »Entschuldige, Lindsay. Ich habe ganz vergessen, dass du kommen wolltest. Freud lässt grüßen.«

»Wir sind gut in der Zeit. Wie fühlst du dich?«

»Besser denn je.«

»Sehr gut«, spielte ich das Spiel mit. »Dann zieh dich mal an.«

Die nächsten zwanzig Minuten vergingen im Schneckentempo, bis Claire schließlich neben mir auf dem Beifahrersitz saß und sich anschnallte. Ich hatte heute Morgen einen Parkplatz in der Harriet Street gefunden, gar nicht weit von der Gerichtsmedizin und der Hall of Justice entfernt.

Als ich den Motor anließ, fiel mir auf, dass Claire die Schuhe abgestreift und die Beine bis zur Brust angezogen hatte.

»Ich muss mit dir reden«, sagte sie.

Ich schaltete den Motor wieder aus und sah sie an.

»Ich bin für dich da, Schmetterling.«

»Das, was jetzt kommt, hast du mich noch nie sagen hören, aber ich habe Angst. Ich habe richtige, schreckliche, wahnsinnige Angst.«

»Wer hätte die nicht? Du sollst morgen früh operiert werden. Sprich mit mir.«

Claire stieß einen lang anhaltenden Seufzer aus und ließ sich gegen die Kopfstütze sinken. »Ich habe mal im Internet nach ›drohender Tod‹ gesucht.«

»Erster Tipp«, erwiderte ich. »Niemals so was denken.«

»Weißt du, ich sehe an einem Tag mehr Tote als die meisten Menschen in ihrem ganzen Leben. Ein Vielfaches. Man müsste doch meinen, dass ich mich inzwischen nicht mehr so sehr davon beeindrucken lasse. Weil ich mehr als genug darüber weiß.«

»Hör doch auf, Claire. Es geht hier nicht um deinen unmittelbar bevorstehenden Tod. Komm schon. Der Chirurg ist *großartig*. Weltklasse. Er holt dir diesen Tumor raus und dazu ein Stück von der Lunge, das nicht größer ist als …«

»Zwei Tumore.«

»Zwei? Aber du hast doch … Du hast doch gesagt einer.«

»Also, folgendermaßen …« Claire setzte zu einer Erklärung an. »Auf den Bildern hat sich im Lauf der Jahre ein Punkt gezeigt. Ein kleiner. Im linken Lungenflügel, da.« Sie zeigte auf die Stelle. »Dann habe ich vor ein paar Wochen eine Biopsie machen lassen. Gestern wollten sie dann noch eine zusätzliche PET-Untersuchung haben. Und weißt du was? Dabei haben sie *noch* einen kleinen Punkt gefunden. Falls der gestreut hat … Falls der gestreut hat, habe ich vielleicht noch ein Jahr zu leben, ungefähr.«

Ich fühlte mich schlagartig leer und kalt. Das erzählte sie mir zum allerersten Mal, und ich registrierte auch Claires große Wut und die Angst in ihren Worten. Ich war noch nicht bereit, das zu akzeptieren. »Ich glaube nicht, dass …«

»Nein, nein, lass mich ausreden. Ich bin Ärztin, und du nicht.«

»Trotzdem muss das nicht stimmen.«

»Wenn Menschen zu hören bekommen, dass sie nur noch eine begrenzte Zeit zu leben haben, dann sagen sich die einen ›Ich habe nicht mehr viel Zeit, also mache ich das Beste draus‹, gehen auf Weltreise oder stürzen sich auf Skiern schwarze Pisten hinunter.«

»Die anderen akzeptieren ihr Schicksal und geben einfach auf«, fuhr ich fort. »Sie sagen sich: ›Wieso soll ich überhaupt noch was machen? Es ist vorbei.‹«

Claire, die bis jetzt durch die Windschutzscheibe ins Leere gestarrt hatte, ohne meine betroffene Miene zu beachten, wandte sich mir zu.

»Aber weißt du was, Lindsay? Bei mir stimmt das beides nicht. Ich kann nicht einfach meine Arbeit aufgeben und um die Welt reisen. Ich habe einen zwölf Jahre älteren Mann, der an dieser Situation buchstäblich zugrunde geht. Er hat eine Angina entwickelt. Und dann ist da noch mein kleines Mädchen. Sie braucht ihre Mutter.«

Ich presste die Lippen aufeinander. Am liebsten hätte ich sie angeschrien: *Das ist doch* Schwachsinn. *Du konzentrierst dich nur auf den schlimmstmöglichen Fall, der viel-*

leicht gar nie eintreten wird. Aber ich musste sie ausreden lassen.

»Und darum drehe ich durch. Die schneiden mich auf, und ich weiß genau, wo und wie. Sie holen etwas raus, was ich schon viel früher hätte beachten müssen, anstatt es einfach zu ignorieren, und dann noch etwas, von dem man nicht genau weiß, was es ist. Lindsay, du weißt, dass ich ein gewissenhafter Mensch bin. Stimmt's?«

»Absolut. Voll und ganz.«

»Aber wir Mediziner sind bekannt dafür, dass wir uns unverwundbar fühlen. Und damit meine ich mich. Der Tod ist mein Kollege.«

Ich schüttelte den Kopf. *Nein, nein, nein.* Warum war ich nicht wachsamer gewesen? Warum hatte ich ihr nicht in den Hintern getreten? Weil ich keinen Schimmer Ahnung von »nicht kleinzelligen Lungenkarzinomen« hatte.

Claire sagte: »Und dann drückt Dr. Terk mir einen Stempel mit meinem Ablaufdatum auf die Stirn, sodass ich es jeden Morgen im Spiegel sehen kann. Und ganz ehrlich, ich weiß wirklich nicht, was ich dann machen soll.«

Tränen liefen ihr über die Wangen und tropften auf ihr Shirt.

»Claire, Claire, hör mir zu. Du hast *Angst*, das verstehe ich. Aber du weißt doch gar nicht, was die Ärzte finden werden, solange sie es nicht analysiert haben.«

Sie nickte, aber meine Worte erreichten sie nicht.

»Und nach der Operation«, fuhr ich fort, »kommst du wieder zu Kräften. Du machst das, was dein Arzt dir rät, auch wenn es Bestrahlungen oder eine Chemo sind. Und wenn er sagt, dass du wieder arbeiten kannst, dann entscheidest du, ob du das machen willst oder nicht. Du kümmerst dich um deine Familie und lässt dich von ihr umsorgen, und du nimmst dir ein bisschen Zeit für dich. Aber zudem, Claire, zudem kämpfst du wie eine Löwin. Du nutzt deine sämtlichen Kontakte und stellst dir ein Team zusammen. Du studierst die neuesten Behandlungsmethoden, auch außerhalb der Schulmedizin. Du ziehst dir Boxhandschuhe an und lädst deine Pistole, und dann kämpfst du wie nie zuvor. Und so wirst du am Schluss *siegen*.«

Meine beste Freundin streckte die Hand nach mir aus, aber ich musste mich losmachen und in meinen Ärmel schluchzen. Ich holte mir ein paar Papiertücher aus der Schachtel in meinem Handschuhfach, und als ich wieder sprechen konnte, sagte ich: »Hast du mich verstanden?«

»Ich habe seit zwanzig Jahren keine einzige Zigarette mehr geraucht. Wie kommt mein Körper dazu, mich so zu betrügen? Wie konnte ich bloß die Symptome ignorieren? Ich bin nicht bereit dazu, Lindsay. Ich bin nicht bereit zu sterben.«

»Hast du mich verstanden?«

Sie nickte. Tränen liefen uns übers Gesicht.

Claire hustete lang und heftig und schmerzhaft.

Dann sagte sie: »Ja, ich hab's verstanden. Kämpfen wie nie zuvor.«

»Gut, dass wir das geklärt haben.«

Ich umarmte sie über die Mittelkonsole und die Gangschaltung hinweg. Wir wiegten uns auf der Enge der Vordersitze hin und her. Ich sagte ihr, dass ich sie sehr lieb hatte, und sie erwiderte: »Ich hab dich auch sehr lieb.«

Dann ließ ich den Explorer anspringen und hörte Claire sagen: »Lindsay? Schau her!«

Sie hielt die Fäuste wie ein Boxer vors Gesicht. »Ich hab's verstanden.«

47

Wie auf Autopilot fuhr ich zurück zur Hall of Justice, gab nur behutsam Gas, achtete auf jede Ampel und jedes Verkehrszeichen, aber in Gedanken war ich bei Claire.

Sie hatte in ihrem Einzelzimmer unter einer leichten Baumwolldecke gelegen, mit dem San Francisco Symphony-Orchester und Edmund Washburn am Schlagwerk im Ohr. Ihr friedlicher Gesichtsausdruck hatte einen tiefenentspannten Eindruck vermittelt. Aber ich hatte den leisen Verdacht, dass ihr Infusionsbeutel ein Beruhigungsmittel enthielt.

Ich wandte mich an ihren seit vielen Jahren treu ergebenen Ehemann: »Edmund, rufst du mich an, sobald sie mit der Operation fertig sind?«

»Du bist die Erste auf der Liste, Lindsay.«

Ich beugte mich hinunter, drückte Claire ein Küsschen auf die Wange und sagte: »Bis morgen.«

»Sag den Mädels Bescheid«, flüsterte sie noch, ohne die Augen zu öffnen.

Edmund stand auf und nahm mich fest in den Arm. Es gab nichts zu sagen, was nicht bereits gesagt worden wäre. Jedes Wort war mit einer lähmenden, unterschwelligen Angst besetzt. Ich küsste auch ihn auf die Wange, und nachdem er mich losgelassen hatte, drückte er mir fest die Hand.

Ich sagte noch, dass wir uns bald wieder sprechen würden, dann verließ ich fluchtartig das Zimmer, bevor die Gefühle mich übermannten.

Die Ampel an der Seventh Street zeigte Rot. Nachdem sie grün geworden war, stellte ich meinen Wagen auf dem nächsten freien Parkplatz in der Bryant Street ab und ging mit schnellen Schritten ins Präsidium, brachte die Sicherheitskontrolle hinter mich und fuhr mit dem Fahrstuhl in den dritten Stock. Aber anstatt mich nach links in Richtung Bereitschaftsraum zu wenden, bog ich nach rechts ab. Ich wollte in das Büro mit unserer Kommandozentrale.

Ich schaltete das Licht ein, holte meinen Laptop aus der Schreibtischschublade und steckte das Ladegerät in die Steckdose, als es an der Tür klopfte.

»Boxer. Hast du eine Sekunde?«

Es war Brady.

»Na klar. Was gibt's?«

»Kannst du dich noch an Bud Moskowitz erinnern?«

»Er war beim Sondereinsatzkommando. Ist pensioniert. Moment mal, Brady. Du glaubst doch nicht, dass Moskowitz etwas mit den Attentaten zu tun hat, oder?«

»Nein.« Er lachte. »Aber Bud hat heute Morgen die Nachrichten mit den Tatortfotos gesehen. Und er hat eine Idee.«

»Großartig. Gib mir seine Nummer.«

»Er sitzt in meinem Büro. Ich schicke ihn zu dir.«

48

Ich räumte gerade meinen Schreibtisch auf und sortierte meine Notizen, als Moskowitz hereinkam und sagte: »Hallo, Boxer.«

»Hallo, Bud. Komm und setz dich.«

Ich reichte ihm die Hand. Wir begrüßten uns, und ich bot ihm einen Stuhl an. Bud war über zwanzig Jahr älter als ich. Ich hatte ihn nicht besonders gut gekannt, aber er war mir sympathisch.

»Du hast also einen Tipp für uns, Bud? Den haben wir dringend nötig.« Moskowitz wirkte fit, konzentriert und kompetent.

»Dürfte ich mir vielleicht die Fotos da mal anschauen?«

»Bitte gern.«

Er stellte sich vor die Wand und betrachtete die Tatortfotos, die die Schussopfer aus unterschiedlichen Perspektiven zeigten. Er ließ sich Zeit für jedes einzelne, begutachtete sie sorgfältig und methodisch mit der Lupe, nahm das eine oder andere ab, um es unter das Licht zu halten, und erkundigte sich bei mir nach den Opfern und dem verwendeten Kaliber.

Ich teilte das wenige, das ich wusste, gern mit ihm – dass unterschiedliche Patronen verwendet worden waren, dass wir keine Hülsen gefunden hatten, dass die Spurensicherung mit ihrer Datenbank keine Vergleiche hatte anstellen können, weil die Geschosse auf Knochen, Gips oder Backsteine getroffen und verformt worden waren.

»Kannst du etwas erkennen?«, fragte ich Moskowitz.

»Die Schüsse sind alle aus großer Entfernung abgefeuert worden. Sehr professionelle Arbeit.«

»Das sehen wir auch so.«

»Boxer, ich weiß nicht, ob euch das irgendwie weiterhilft, aber als ich in der Zeitung gelesen habe, dass die Attentate alle zur selben Zeit stattgefunden haben, hat mich das an eine Website erinnert, bei der ich mal Mitglied war.«

»War das zufälligerweise *Moving Targets*?«

»Also ...« Er schlug mit der flachen Hand auf den Tisch. »Du hast mir meinen Tipp geklaut. Ich gehe.«

Ich lachte und bat ihn zu bleiben. »Nein, bleib da. Unser Computertechniker ist auch auf *Moving Targets* gestoßen. Trotzdem tappen wir immer noch im Dunkeln. Also los, was weißt du?«

»Meine Frau wartet unten auf mich, deswegen gebe ich dir jetzt die Kurzfassung. Ich war mal Mitglied dort. Ich habe gespielt, zum *Spaß*. Als Übung. Aber irgendwann hatte ich den Verdacht, dass einige der Typen dort hervorragend ausgebildete Spezialisten waren, außerdem sehr wettkampforientiert ... und durchgeknallt. In den Chats ging es immer wieder ums Töten, als wäre das der größte Kick auf der Welt.

Aber letztendlich war ich mir nicht sicher, ob die nur Blödsinn geredet haben oder ob das ernst gemeint war. Die Seite hat auch virtuelle Wettkämpfe veranstaltet. Da wurden dann für den besten Schuss Punkte verteilt und für Teams auch, wenn sie so und so viele Ziele getroffen hatten. Je schwieriger das Ziel, desto höher die Punktzahl und desto mehr durfte man damit angeben. Das hat zu Anfang zwar alles spielerisch gewirkt, als wäre es nicht ernst gemeint. Aber mit der Zeit war ich mir da nicht mehr so sicher.

Und jetzt diese Zeitungsartikel und dazu noch das Foto, das ich im Internet gefunden habe. Zwei Löcher in einem Fenster im ersten Stock, zwei tödliche Schüsse. Das hat bei mir sofort die Alarmglocken schrillen lassen.«

»Ich finde das sehr interessant, Bud, weil meine Vermutungen nämlich in eine ganz ähnliche Richtung gehen. Ich will mich bei dieser Seite anmelden. Kannst du mir ein Passwort oder so was geben? Dann könnte ich so tun, als wäre ich du.«

»Ich hab mich schon vor zehn Jahren wieder abgemeldet. Meine Zugangsdaten sind abgelaufen. Und, nur damit das klar ist, Boxer, ich hab mich nie auf Wettkämpfe mit irgendwelchen Typen eingelassen, die sich mit angeblich echten Todesschüssen aufgespielt haben. Es gibt da auch Untergruppen, aber zu so einer habe ich nie gehört. Ich bin ja nicht als verdeckter Ermittler dort reingegangen, und ich hab auch nur ab und zu gespielt.«

Noch vor wenigen Minuten war mein Geist von tiefem Schmerz umnebelt gewesen. Aber jetzt sprühte er Funken wie ein abgerissenes Stromkabel.

»Nur, damit ich das alles richtig verstehe. Du sagst also, dass *Moving Targets* zunächst einmal wie ein Sportschützenforum daherkommt. Leute, die sich einen Künstlernamen geben, brüsten sich mit irgendwelchen Taten und spielen ein virtuelles Spiel. Aber anstatt auf Mannschaftsaufstellungen oder Spielergebnisse zu wetten, geben sie damit an, wie viele Menschen sie umgebracht haben?

Warum hast du das die ganze Zeit für dich behalten?«

»Boxer, zunächst mal habe ich nie einen Namen oder ein Foto von einem Getöteten zu sehen bekommen. Das war nichts als Gequatsche, und ab und zu Zeichnungen von Köpfen mit ausgeixten Augen. Peng. Du bist tot. Dazu noch ein Geräusch.

Aber Tracchio, dem habe ich davon erzählt.«

Tracchio war vor Jacobi Polizeichef gewesen. Seither waren viele Jahre vergangen, und Tracchio war schon lange pensioniert.

Moskowitz fuhr fort: »Tracchio hat mir einen direkten Befehl gegeben. Er hat gesagt, dass ich *Moving Targets* sofort verlassen soll, wenn ich keine Realnamen, Leichen oder Fakten liefern kann. Und das habe ich gemacht. Ich war schließlich beim Sondereinsatzkommando. Da gab es im wirklichen Leben jede Menge Schießereien. Ich bin ausgetreten und hab mich nie wieder damit beschäftigt.«

Jetzt wusste ich zwar mehr als vor zehn Minuten, aber trotzdem nichts, was mich direkt weiterbrachte. Noch nicht. Ich bedankte mich bei Bud und fragte ihn, ob er sich unserem Team anschließen wolle.

»Nein, danke. Ich fliege morgen mit Bev auf die Bahamas. Unser Neffe heiratet. Aber ich habe Brenda meine Kontaktdaten gegeben.«

Ich wünschte ihm einen guten Flug, und nachdem er gegangen war, machte ich mich auf den Weg zu Brady, um Bericht zu erstatten. Eine halbe Stunde später verließ ich das Gebäude mit meinem Autoschlüssel in der Hand und den Fakten vor Augen.

Mehrere Drogendealer waren ermordet worden. Die meisten waren kleine Fische gewesen, abgesehen von den Barons, diesem Promi-Paar, das sich bereits einen großen

Lagerbestand zugelegt hatte, aber noch nicht aktiv ins Geschäft eingestiegen war. Diese beiden durch ein Fenster zu erschießen, war sehr viel schwieriger gewesen als die anderen Morde, die auf der Straße passiert waren. Hatte sich ein Scharfschütze damit Zusatzpunkte in einem Onlinespiel gesichert?

Brady war sich mit mir einig gewesen, dass es sich um eine militärische Operation handeln musste, und auch Stempien war der Meinung, dass bei *Moving Targets* überwiegend Soldaten unterwegs waren.

Hatten Moving-Targets-Mitglieder die Attentate auf die Drogendealer organisiert? War Leonard Barkley einer von ihnen?

Die Antworten lagen außerhalb meiner Reichweite.

Die Scheinwerfer waren erloschen, und ich konnte nichts mehr sehen. Gar nichts.

49

Ich wurde von einem Schrei oder einem Schuss oder einem Traum aus dem Schlaf gerissen, aber ich konnte mich an nichts erinnern.

Mein Herz hämmerte wie wild, und meine Augen waren weit aufgerissen. Am grauen Himmel machte sich ein Hauch von Sonne bemerkbar. Ich streckte den Arm über Martha hinweg, um den Wecker besser sehen zu können.

Die Leuchtzeiger standen auf halb sechs.

Dann fiel es mir ein.

Claire lag im Krankenhaus. In wenigen Stunden begann ihre Operation. *Unters Messer.* Ob sie auch wach war? Ich starrte an die Decke, bis ich mir irgendwann ein Kissen aufs Gesicht drückte. Als ich wieder aufwachte, leckte Martha mir das Ohr ab, und die Sonne schob sich über den Fenstersims.

Ich wuschelte Martha durch das Fell und stellte die Füße auf den Boden.

Für einen Anruf bei Edmund war es noch zu früh, aber ich hatte alles Mögliche zu tun. Ich gab Martha etwas zu fressen, kochte Kaffee und sah mir, während ich die Spülmaschine ausräumte, eine Nachrichtensendung an. Danach warf ich einen Blick in Julies Zimmer, stellte mich unter die Dusche, zog mich an und las auf einem schnellen Spaziergang mit Martha meine Textnachrichten. Joe hatte geschrieben und teilte mir mit, dass er noch länger bei Dave bleiben würde.

Der kleine Julie-Käfer schlief immer noch, als wir von unserer Runde zurückkehrten, und ich komponierte kurz entschlossen ein Aufwachlied. Meine Stimme war ein wenig eingerostet, aber für eine spontane Darbietung gar nicht schlecht.

»Die Biene macht brumm, die Biene macht summ
und weckt den Bananenbaum mit Gebrumm.
Bzzz, bzzz, bzzz.«

Julies Augenlider klappten auf, und sie lachte über meinen Gesang. Dann machte sie mich darauf aufmerksam, dass mein Text nicht stimmte.

»Die Bienen wecken gar nicht den Bananenbaum auf.«

Ich widersprach und fragte: »Ja, aber wer weckt ihn dann auf, du Schlaukopf?«

»Die Bienen wecken doch die Blumen, Mommy.«

»Na gut. Aber es reimt sich, und was sich reimt, stimmt.«

Sie kicherte. Ich gab ihr einen Kuss auf den Scheitel, und sie gab nach.

»Wir haben beide gewonnen. Ich hab Hunger.«

Ich machte ihr einen Haferflockenbrei und wandte dabei einen Zaubertrick an, den ich als Kind einmal auf der Rückseite einer Cornflakes-Packung gesehen hatte. Ich durchstach die Schale einer Banane knapp über dem Stiel mit einer Nadel und schnitt die Frucht einmal quer durch. Diesen Vorgang wiederholte ich jeweils im Abstand von einem halben Zentimeter, ohne die Schale zu beschädigen. Die kleinen Löcher waren fast nicht zu sehen, und ich ließ mir nichts anmerken.

Dann sah ich zu, wie Julie die Banane schälte und ungläubig staunend zusah, wie perfekte Bananenschnitze auf ihre Haferflocken fielen.

»Mommy. Schau mal!«

»Das waren die Bienen.« Ich war sehr zufrieden mit mir.

»Neeeiiin. In echt?«

Um Punkt acht Uhr klingelte es an der Haustür. Mrs. Rose betrat unsere Küche und klatschte in die Hände. »Kinder warten auf den Schulbus. Aber der Schulbus wartet nicht auf die Kinder.«

Julie lief zur Tür, und ich war direkt hinter ihr, gab ihr den pink-silbernen Rucksack und bekam dafür ein Küsschen und eine Umarmung. Sobald die Tür sich geschlossen hatte, brachen die ganzen Sorgen, die ich beiseitegeschoben hatte, über mich herein.

Ich rief Edmund an, verwählte mich und versuchte es noch mal.

»Warte kurz, Lindsay. Ich stehe vor dem Krankenhaus. Ich suche mir mal eine ruhigere Stelle. Kannst du mich noch hören?«

»Ja. Wie geht es Claire? Gibt es was Neues?«

Die anschließende Pause dauerte vermutlich nur wenige Sekunden, aber ich war mit meiner gesamten Aufmerksamkeit nur auf diese Telefonverbindung fixiert.

»Sie hat den Umfang der Operation geändert, Linds.«

»Was? Wieso denn das?«

»Sie hat sich mit dem Operationsteam besprochen. Mehr hat sie mir nicht geschrieben. Und jetzt ist sie nicht mehr in ihrem Zimmer.«

Ich sagte: »Ich glaube, das verstehe ich nicht.«

»Die Ärzte haben diesen kleinen Punkt in ihrer Lunge seit Jahren beobachtet. Ich wette, das hat sie dir nicht erzählt.«

»Nein. Ich weiß überhaupt erst seit Kurzem davon.«

»Sie hat die ganze Zeit gesagt: ›Ein Punkt. Ein Punkt, es ist nichts weiter als ein Punkt.‹ Und Dr. Terk war derselben Meinung. Letztes Jahr hat sie dann auf eine Röntgenuntersuchung verzichtet, und jetzt sind es zwei Punkte, und zwar eindeutig bösartig. Terk wollte ursprünglich nur den einen Punkt entfernen, aber jetzt, wo es zwei sind und beide sichtbar, holt er alles raus.«

»Edmund! Der Krebs hat doch keine Metastasen gebildet, oder?«

»Das hat niemand gesagt. Soweit ich weiß, hat Frau Dr. Claire ihre Haltung in Bezug auf den Umfang der Operation geändert. Vielleicht hat sie etwas darüber gelesen oder sie ist von selbst draufgekommen, jedenfalls wollte sie das mit den Operateuren besprechen. Sie hat mir noch eine Nachricht geschickt – *Habe alles im Griff. Ich liebe dich.* –, und dann hat sie ihr Handy ausgeschaltet. Ich kann weder sie noch ihren Arzt erreichen. Die Schwester hat gesagt, dass sie erst in der Radiologie und dann weiter in den OP-Saal gebracht worden ist. Ich rufe dich an, Lindsay, sobald ich weiß, was hier eigentlich los ist.«

Ich erwiderte: »Ich rufe dich an, wenn ich bei der Arbeit bin.«

Das war keine Frage.

»Es wäre mir lieber, wenn ich dich anrufe. Ich vergesse es nicht, versprochen.«

»Also gut, Edmund. Das kann ich nachvollziehen. Ich warte auf deinen Anruf.«

50

Ich schnappte mir die Autoschlüssel vom Kleiderständer im Flur und war schon halb zur Tür hinaus, da klingelte mein Telefon.

Ich nahm sofort ab. »Edmund?«

»Hier ist Brady.«

»Brady. Gerade habe ich mit Edmund Washburn telefoniert.«

»Wie geht es Claire?«

Ich fasste zusammen, was ich von Edmund erfahren hatte, und Brady gab mehrere angebrachte Laute und Bemerkungen von sich, stellte jedoch keine Fragen. Ich hatte deutlich vor Augen, wie er in Jacobis altem Büro stand und ungeduldig den morgendlichen Berufsverkehr auf der Bryant anstarrte. Natürlich. Er hatte etwas auf dem Herzen. Sobald ich aufhörte zu reden, würde ich es erfahren.

Ich holte Luft.

Er sagte: »Bist du schon unterwegs?«

»Was ist denn los?«

»Es hat drei weitere Attentate gegeben, alle mit tödlichem Ausgang. Zwei in Houston und eins in San Antonio. Sieht alles sehr ähnlich aus wie bei den anderen. Die Opfer sind bekannte Drogendealer und wurden alle zur selben Zeit erschossen, jeweils um 8.30 Uhr Ortszeit.«

»Willst du damit sagen, dass es da eine Verbindung zu den Morden an den Barons gibt?«

»Durchaus möglich. Alles andere wäre ein riesiger Zufall.«

»Was kannst du mir sonst noch sagen?«

»Heute Morgen um halb neun haben Zeugen in der Warm Springs Road in Houston, in einem Wohnviertel namens Westbury, einen Schuss gehört. Die Polizei hat einen Notruf bekommen und sofort reagiert. Wenige Minuten später hat sich ein anonymer Anrufer auf der Hinweis-Hotline gemeldet und die Adresse eines der Getöteten sowie den Ort, wo die Tatwaffe zu finden war, gemeldet.«

»Der Anrufer wollte da nicht reingezogen werden …«

»Genau«, meinte Brady. »Der Hinweis war korrekt. Die Kollegen in Houston haben die Waffe rund achthundert Meter vom Opfer entfernt geborgen. Vincent Morris, schwarz, dreiundfünfzig Jahre alt, unbewaffnet. Er war mit seinem Auto unterwegs und hat während der Fahrt eine Kugel in die Schläfe bekommen. Danach hat er natürlich die Kontrolle über seinen Mercedes verloren und ist in einen leeren Lieferwagen gekracht, der vor einer Kreuzung am Straßenrand stand. Morris war auf der Stelle tot.«

»Willst du behaupten, dass das Opfer während der Fahrt aus achthundert Metern Entfernung in den Kopf geschossen wurde? Ist so was überhaupt möglich?«

Brady seufzte. »Es gibt mehrere Zeugen, die gesehen haben, wie der Mercedes in den parkenden Lieferwagen geknallt ist, aber niemand hat den Schützen beobachtet.«

»Ist die Waffe registriert?«, wollte ich wissen.

»Die Seriennummer wurde weggefeilt. Die Kollegen untersuchen das Ding gerade. Mehr weiß ich nicht.«

»Du hast vorhin zwei weitere Opfer erwähnt?«

»Wo bist du gerade, Boxer? Hier stauen sich die Leute vor meinem Büro. Conklin hat alles – Fotos, Ortsangaben, Telefonnummern. Sprich mit ihm, sobald du da bist. Ihr nehmt mit Houston Kontakt auf, ich übernehme San Antonio. Vielleicht kriegen wir ja ein paar neue Puzzleteilchen zusammen.«

Er legte auf.

Meine Gedanken hüpften mir wie Flummis durch den Schädel. Meine beste Freundin war lebensbedrohlich erkrankt und hatte sich dem behandelnden Ärzteteam angeschlossen. Womöglich würde sie ihre Kollegen zu einer spontanen, improvisierten Planänderung überreden.

Und jetzt gab es eine neue Entwicklung in dieser Attentatsserie. Drei Tote in Texas, und mindestens einer der Toten war durch ein Autofenster hindurch erschossen worden. Ich fragte mich zwangsläufig, ob es sich bei diesem Kunstschützen um unseren einzigen Verdächtigen, Leonard Barkley, gehandelt hatte.

Wenn nicht, gehörte er dann vielleicht auch diesem Moving-Targets-Verein an? Oder noch schlimmer: Hatten durchgeknallte Trittbrettfahrer Gefallen an der neuen Idee gefunden? Realistisches Zielschießen auf willkürlich ausgesuchte Opfer?

So viele Fragen, und die einzige Antwort, die ich darauf hatte, lautete: Alles ist möglich.

Wenige Minuten nach meinem Telefonat mit Brady war ich unterwegs zur Hall of Justice. Ich musste mich richtig zusammenreißen, um bei all dem Gedankenchaos nicht von der Straße abzukommen.

51

Brenda folgte mir in die Kommandozentrale, reichte mir einen Stapel mit Nachrichten, setzte Kaffee auf und zeigte auf einen mit Klarsichtfolie umwickelten Teller. »Die Kekse habe ich selbst gebacken. Erdnussbutter und Schokosplitter.«

»Ooooh. Vielen Dank, Brenda.«

»Sehr gern, Lindsay.«

Cappy klebte gerade die neuesten Tatortfotos an die Wand, und Conklin telefonierte.

»Verstanden. Danke«, sagte er, legte auf und drehte sich zu mir um. »Lindsay, klapp deinen Laptop auf. Du hast Post bekommen.«

In Conklins E-Mail fand ich Fotos und die Namen der gestrigen Opfer mit den dazugehörigen Angaben: Alter, Familienstand, Beruf, Strafregister, Geschäftsbeziehungen. Alle wurden genau an dem Ort aufgefunden, wo die tödlichen Kugeln sie niedergestreckt hatten. Sie hatten alle einen Ausweis bei sich gehabt, und bei zweien waren auch Drogen gefunden worden.

»Cindy hat mir den Kontakt zu den Kollegen in Houston gemacht«, berichtete Conklin. Er meinte seine geliebte Mitbewohnerin Cindy Thomas, die gleichzeitig meine stinksaure Freundin Cindy Thomas war. »Sie ist seit sechs Uhr an der Sache dran. Weißt du eigentlich, dass sie den Polizeifunk-Scanner direkt neben dem Bett stehen hat? Und in die Redaktion schleppt sie ihn auch mit. Jetzt sitzt sie auch schon wieder an ihrem Schreibtisch. Sie will diesen Pulitzerpreis haben, unbedingt, und wer sich ihr dabei in den Weg stellt, ist selbst schuld.«

Ich musste gleichzeitig lachen und seufzen.

Conklin machte weiter. »Sie hat gesagt, dass es sich bei allen drei Toten um bekannte Dealer handelt. Opfer Nummer eins wurde mit einem Schuss aus großer Entfernung getötet.«

»Brady hat erfahren, dass es rund achthundert Meter waren.«

»Wow. Wow. Wow«, meinte Conklin. »Achthundert Meter? Das dürfte so was wie ein Rekord sein.«

Er stand auf, stellte sich vor die Wand und nahm sich das vergrößerte Foto mit dem zerknautschten Unfallwagen vor. Morris' Mercedes hatte sich bis zur Hälfte in den Laderaum des Lieferwagens gebohrt.

Conklin wechselte zum nächsten Foto.

»Die Identität des zweiten Toten – das ist der aus San Antonio – steht noch nicht endgültig fest. Er wurde auch in seinem Auto erschossen«, sagte Conklin. »Die Ampel war gerade auf Grün gesprungen, und er war auf der San Pedro Avenue Richtung Süden unterwegs, da hat er mehrere Kugeln in den linken Arm, die Brust und den Kopf bekommen. Zur selben Zeit wie der in Houston, um halb neun Uhr vormittags.«

Ich stand auf und sah mir das Foto gründlich an, versuchte, mir die Geschehnisse zu erschließen. In einem der Autos saß der Tote. Er war von hinten in ein zweites Fahrzeug gekracht, sodass die Karambolage die ganze Kreuzung blockiert hatte. Die Urheberangabe in der Ecke des Fotos zeigte, dass das Bild aus einem Kamerahubschrauber von Channel 7 stammte.

»Das erinnert mich irgendwie an diesen Testlauf bei Taco King. Das könnte was Persönliches gewesen sein«, sagte ich.

»Das hier vielleicht auch«, meinte Cappy. Er klebte gerade das letzte Foto an die Wand – Opfer Nummer drei, wieder aus Houston. Es zeigte einen Leichnam, der mit ausgebreiteten Armen und Beinen vor einem Café auf dem Bürgersteig lag.

Cappy fuhr fort: »Das ist in einer ganz anderen Gegend der Stadt passiert als das mit dem Mann, der in den Lieferwagen gerast ist. Es kann also unmöglich derselbe Täter gewesen sein. Das Opfer ist eine gewisse Linda Blatt.«

»Sie hat tagsüber im Café gearbeitet und abends Drogen vertickt«, ergänzte Conklin. »In ihrem BH wurden etliche Dutzend Crack-Päckchen gefunden.«

Mein Handy dudelte. Eine Nachricht von Brady.

Boxer, Detective Sergeant Carl Kennedy aus Houston wartet auf deinen Anruf.

Ich gab die Nummer ein und durchbrach dank meiner befehlsgewohnten Stimme, die Dringlichkeit und größte Eile signalisierte, die erste Verteidigungslinie in der Telefonzentrale.

Ein Mann meldete sich.

»Hallo? Sergeant Kennedy?«

»Ja. Oh, Sergeant Boxer, gut, dass wir uns endlich mal sprechen. Vor zehn Jahren habe ich in Las Vegas in der Mordkommission gearbeitet. Charlie Clapper und ich waren damals Kollegen und sind immer noch gut befreundet.«

Wir versicherten uns gegenseitig unserer Wertschätzung für den Leiter unseres Kriminaltechnischen Labors, aber dann musste ich zur Sache kommen.

»Kennedy, ich bearbeite den Fall jetzt seit einer Woche. Ich weiß viel über die Opfer hier in San Francisco, vor allem über Paul und Ramona Baron. Aber was den Täter angeht, tappen wir immer noch im Dunkeln. Es muss sich um einen wirklich außergewöhnlich guten Scharfschützen handeln. Unser einziger Verdächtiger ist untergetaucht. Aber es gibt so was wie eine Spur.«

Ich berichtete Kennedy von *Moving Targets* und dass unser Verdächtiger, Leonard Barkley, dort Mitglied war. Und ich sagte ihm, dass unser FBI-Techniker die Seite in einem versteckten Winkel des Darknets entdeckt hatte.

»Aber bis jetzt ist es uns beim besten Willen nicht gelungen, Zugang zu *Moving Targets* zu bekommen. Wir versuchen es weiter. Zufällig hat ein ehemaliger Kollege von uns dort schon mal mitgespielt. Aber er hatte den Eindruck, dass die Website auch Wettbewerbe für echte Attentate im realen Leben veranstaltet.«

»Tatsächlich? Dann hätte ich da was für Sie, Boxer«, erwiderte Kennedy. »In einem kleinen Einkaufszentrum im North Shepherd Drive in Houston haust in einem ziemlich heruntergekommenen Loch ein kleines Unternehmen. Und der Name dieses Unternehmens lautet … *Moving Targets*.«

»Sie machen Witze.«

»Es liegt gleich neben einem Autoteilehandel. Die Tür ist immer abgeschlossen, und sie haben ein Schild aufgehängt, darauf steht »Keine Laufkundschaft«. Ich habe mal durch die Scheibe gelinst. Ein dunkler Raum mit einem halben Dutzend Leuten vor ihren Computern. Dann habe ich mir die Steuerunterlagen angesehen, weil das Ganze so einen dubiosen Eindruck macht. Die heißen *Moving Targets*, aber was machen die? In der Unternehmensbeschreibung heißt es ›Computerreparaturen. Nur mit Voranmeldung‹, und eine Telefonnummer haben sie auch nicht angegeben.

Aber dann hatte ich so viel zu tun, dass mein Interesse an diesem kleinen Computerladen eingeschlafen ist. Jetzt ist es wieder erwacht. Vielleicht schaue ich einfach mal dort vorbei.«

»Das wäre großartig, Kennedy.«

Wir verabschiedeten uns, und ich gab Cappy, Chi und Conklin eine kurze Zusammenfassung des Gesprächs. Brenda brachte uns eine frische Kanne Kaffee, und ich erhielt eine Nachricht von Edmund.

Zum ersten Mal seit meinen wunderschönen zweiten Flitterwochen vor nicht einmal vierzehn Tagen hatte ich ein gutes Gefühl.

52

In einem Radius von anderthalb Kilometern um das Saint John's Hospital in Napa befanden sich mehrere zweigeschossige Praxisgebäude aus Glas und Backstein.

In einem dieser Gebäude saß Joe jetzt auf einem kleinen Stuhl in einem L-förmigen Wartezimmer, das zu zwei Arztpraxen gehörte – einem Kinderarzt sowie dem Herzchirurgen Dr. Daniel Perkins, dem Mann, den Dave Channing für den Mörder seines Vaters hielt.

Die Kinderarzt-Hälfte des Wartezimmers wirkte sehr bunt und lebendig. An der längsten Wand hing ein Mitteilungsbrett mit Dutzenden Kinderzeichnungen, der Teppich verbreitete Zirkusatmosphäre, Bauklötze lagen herum, und zwei kleine Jungen ließen ihre Spielzeugautos mit lautem Gebrumme durch die Gegend fahren.

Joe saß auf der Herzpatientenseite. Hier gab es nichts, was den Begriff »Zimmerschmuck« verdient gehabt hätte, lediglich einen Ständer mit Zeitschriften und Broschüren von Arzneimittelherstellern. An den hellbeigen Wänden hingen mehrere Schilder mit der Aufschrift RAUCHEN VERBOTEN.

Zwischen den beiden Wartebereichen, hinter einem Schiebefenster, befand sich der gemeinsame Empfangstresen.

Joe blätterte in einer einen Monat alten Ausgabe der *Newsweek*, ohne zu lesen. Er kam sich wie ein Betrüger vor:

ein ehemaliger FBI-Mitarbeiter, der Privatdetektiv spielte, um einem Freund zu helfen, den er kaum kannte, ein Unterfangen, hinter dem er inzwischen selbst nicht mehr stand.

Er hatte die nötigen Vorbereitungen absolviert, hatte die Berichte des Gerichtsmediziners gelesen, mit den Angehörigen derjenigen gesprochen, die im vergangenen Jahr Patienten von Dr. Daniel Perkins gewesen und im Saint John's an einem unvorhergesehenen Herzinfarkt verstorben waren.

Mit Ausnahme von Johann Archer, dem Schriftsteller, dessen achtunddreißigjährige Verlobte Langstreckenläuferin gewesen war, hatte niemand auch nur angedeutet, dass Dr. Perkins Schuld am Tod ihrer geliebten Angehörigen haben könnte. Joe hatte also etliche Trauernde aufgeschreckt, und das ohne den geringsten Hinweis auf eine andere Todesursache als die diagnostizierte.

Und warum das alles? Weil Dave Channing, je länger Joes Besuch dauerte, immer überdrehter und paranoider geworden war, und Joe ihm versprochen hatte, alles in seiner Macht Stehende zu tun, um die Sache aufzuklären, seinen Verdacht entweder zu bestätigen oder aber zu entkräften.

Bevor er heute Morgen das Weingut der Channings verlassen hatte, hatte er sich mit Dave darauf geeinigt, dass er am Abend wieder nach Hause fahren würde, ganz egal, ob Dave mit Joes Schlussfolgerungen einverstanden war oder nicht.

Jetzt fragte er sich gerade, ob er mit dieser willkürlichen Frist seinen Freund womöglich im Stich gelassen hatte. Ein guter Ermittler machte so etwas nicht.

Vor einer Stunde hatte er mit Lindsay telefoniert. Sie war auf dem Weg zur Arbeit gewesen. Dabei hatte sie sich sehr gestresst angehört, hatte ihm von Claire erzählt und wie hilflos sie sich fühlte. Er hatte ihr Gesicht deutlich vor Augen, angespannt, voller Angst und erschöpft.

Er hatte sein Möglichstes getan, um sie zu trösten, aber Lindsay war viel zu aufgewühlt gewesen, um etwas anderes zu hören als: »Heute Abend bin ich zu Hause.«

»Gut. Das wäre toll«, hatte sie gesagt. »Versprich es mir.«

»Ich verspreche dir, dass ich alles daransetzen werde.«

Joe warf die Zeitschrift auf den Stuhl neben sich und hoffte, dass er sein kompliziertes Gefühlsleben, hin- und hergerissen zwischen Illoyalität und Misstrauen, bald schon entwirren konnte, indem er sich für eine von zwei möglichen Wahrheiten entschied: entweder, dass Dave psychisch angeschlagen war … oder dass Dr. Perkins schuld war an Ray Channings Tod.

53

Eine Krankenschwester um die fünfzig mit ergrauenden, zimtbraun gefärbten Haaren und in grüner Operationskleidung stand in der Tür des Wartezimmers.

»Mr. Molinari, wenn Sie mitkommen möchten? Dr. Perkins ist gleich bei Ihnen.«

Joe folgte ihr den Flur entlang in ein kleines Sprechzimmer und nahm auf dem Stuhl vor dem fein säuberlich aufgeräumten Schreibtisch Platz. Zu den wenigen Dingen, die dort zu sehen waren, gehörte auch ein Plastikherz, das in seine Einzelteile – Herzklappen, Herzkammern und Arterien – zerlegt werden konnte. An der Wand hinter Joe befanden sich zwei Bücherregale, und zwischen den Bücherregalen hing ein Gemälde mit Weinbergen im Sonnenuntergang. Joe erkannte den Stil. Dieses Bild hatte Nancy Channing gemalt.

»Ich bin Carolee Atkins«, sagte die Krankenschwester. »Wir haben gestern telefoniert.«

»Ich erinnere mich. Vielen Dank, dass Sie mich noch reingeschoben haben«, erwiderte Joe.

»Wo Sie schon mal hier sind, soll ich Sie vielleicht wiegen und den Blutdruck messen?«

Joe grinste. »Nein, danke, ich kenne meine Werte. Eins fünfundachtzig groß, einundachtzig Kilo schwer, hundertsiebenundzwanzig zu siebzig.«

Atkins lächelte. »Sehr gut, Mr. Molinari. Wie geht es Dave?«

Joe antwortete mit der universalen Geste für so lala und fügte hinzu: »Er kann einfach nicht verstehen, dass sein quicklebendiger Vater so schnell gestorben ist.«

Atkins erwiderte: »Das ist bei einem Aneurysma im Brustraum nichts Ungewöhnliches, aber das ist meine persönliche Meinung. Ray war über fünf Jahre lang Patient bei Dr. Perkins. Außerdem waren die beiden befreundet. Ich nehme an, ich verrate Ihnen kein Geheimnis, wenn ich sage, dass der Doktor untröstlich wegen dieser Sache ist. Er betrachtet schließlich auch Dave als seinen Freund. Warten Sie, ich sehe mal nach, wie lange es noch dauert.«

Joe sagte: »Moment noch. Was meinen Sie mit ›dieser Sache‹?«

Nach kurzem Zögern trat die Krankenschwester noch einmal in das Sprechzimmer.

»Dr. Perkins hat Ray Channing sehr gerngehabt, und er mag auch Dave sehr gern. Aber Dave lässt seine ganze Trauer an dem Doktor aus, und das ist sehr ungerecht, wenn nicht sogar unglaublich.«

»Tatsächlich?«

»Warten Sie's ab. Ich weiß zwar nicht genau, was der Ausdruck *Salz der Erde* bedeutet, aber ich bin mir ziemlich sicher, dass er auf Dr. Perkins zutrifft. Ich sage ihm, dass Sie hier sind.«

Fünf Minuten später betrat Dr. Perkins das Zimmer, ein weißhaariger Mann Mitte sechzig mit rund zehn Kilo Übergewicht, einer Metallbrille und einer leuchtend roten Krawatte unter dem Arztkittel.

Lächelnd stellte er sich vor und gab Joe die Hand. Dann sagte er: »Sie kommen mir bekannt vor. Kennen wir uns?«

Joe erwiderte: »Vielleicht haben Sie mich vor Jahren ab und zu in den Nachrichten gesehen. Ich habe während der Bush-Präsidentschaft für das Heimatschutzministerium gearbeitet.«

»Vielleicht war's das.« Dr. Perkins setzte sich an seinen Schreibtisch, suchte in seinen Manteltaschen nach seiner Brille und fand sie schließlich auf seiner Nase.

»Die Dinger sind inzwischen so leicht, dass man sie gar nicht spürt.« Er lächelte und sagte: »Sie sind ein Freund von Dave Channing. Ich habe einen Brief von ihm erhalten. Darin gestattet er mir, mit Ihnen über Rays Gesundheitszustand und über die Umstände seines Todes zu sprechen.«

»Ich versuche, Dave zu helfen. Er tut sich sehr schwer damit, dass sein Vater kurz vor seinem Tod noch so fit und gesund gewirkt hat.«

»Das verstehe ich. Ich weiß, dass Sie Dave sehr nahestehen. Ray hat mir Fotos von Ihnen beiden im Footballdress gezeigt. Er hat über Sie gesprochen wie über einen Sohn.«

»Er war bei jedem unserer Spiele dabei. Und wir haben immer genau gewusst, wo er saß. Von dort kamen immer die lautesten Anfeuerungen.«

»Zurück in die Zukunft … Darf ich fragen, in welcher Funktion Sie zu mir gekommen sind?«

»Als Freund der Familie. Nichts anderes.«

»Also gut, Joe. In einer Viertelstunde habe ich den nächsten Patienten, also was kann ich für Sie tun?«

54

Joe fixierte Dr. Perkins mit durchdringendem Blick – *Wage es ja nicht, mich anzulügen* – und sagte: »Dave hat das Gefühl, dass der Tod seines Vaters nicht auf natürliche Ursachen zurückzuführen ist.«

»Das hat er mir unmissverständlich deutlich gemacht«, erwiderte der Doktor. »Letzte Woche kam er in mein Wartezimmer gestürmt und hat behauptet, dass ich Ray umgebracht hätte. Ich. Ein Mörder. In einem ganzen Zimmer voller Menschen.«

Er schüttelte den Kopf. »Vielleicht sollte eher *ich* Sie um Hilfe bitten. Ich will ihn nicht anzeigen. Das Leben hatte dem Jungen die wunderbarsten Karten gegeben, nur um sie ihm alle wieder wegzunehmen. Er gibt sich selbst die Schuld daran. Dann stirbt auch noch seine Mutter. Und jetzt sein Vater. Er tut mir wirklich unendlich leid. Aber wenn er sich nicht wieder in den Griff bekommt, dann muss er sich professionelle Hilfe suchen.«

»Ich würde Ihnen gern ein paar Fragen stellen, Dr. Perkins. Dave hat mir Rays Krankenakte zur Verfügung gestellt. Dort bin ich unter anderem auf den Bericht des Gerichtsmediziners gestoßen, und darin heißt es, er sei an Komplikationen im Zusammenhang mit seinem Aneurysma verstorben. Sehen Sie das auch so?«

»Ohne jeden Zweifel.«

Perkins legte seine Stifte parallel nebeneinander und rückte das Plastikherz und die Papiere auf seinem Schreibtisch gerade. Seine Hand zitterte leicht.

Er fuhr fort. »Ray wollte seine Krankheit einfach nicht akzeptieren. Er war zweiundsiebzig Jahre alt und hatte die Arterien eines Zweiundachtzigjährigen. Ich habe ihn mehrfach aufgefordert, seine Prostata untersuchen zu lassen. Seinen Kalziumspiegel. Eine Darmspiegelung machen zu lassen. Eine Angiografie. Er wollte keine Cholesterinsenker nehmen. Hat seine blutdrucksenkenden Medikamente abgesetzt. Bei der Aufnahme in die Klinik hat er über Müdigkeit und Schwächesymptome geklagt. Er hatte viel gearbeitet und wenig geschlafen. Mr. Molinari, das alles sind Symptome für fünfzig verschiedene Erkrankungen. Wissen Sie, wie ich das nenne? Er hatte einen Unverwundbarkeitskomplex.«

Perkins richtete den Blick über Joes Kopf hinweg auf das Wandgemälde.

Als er weitersprach, hatte seine Empörung sich gelegt. »Das Saint John's ist nicht der Nabel der Medizin. Es ist ein Krankenhaus auf dem Land, und wir tun unser Bestes, verstehen Sie? Ray hatte einen zu hohen Blutdruck. Zu hohe Cholesterinwerte. Aber er war stabil. Wenn ich richtig informiert bin, dann haben Sie ihn am Tag nach seiner Einlieferung besucht?«

»Ja, das stimmt. Ich fand, dass er gut aussah und sich auch gut angehört hat, aber ich bin kein Experte auf dem Gebiet.«

»Ich schon. Am Samstag habe ich ihn untersucht und ihm gesagt, dass wir ihn entlassen würden, vorausgesetzt, das MRT am Montag ergibt keine Auffälligkeiten. Und ich habe mehrere Bedingungen genannt: dass er mich regelmäßiger aufsuchen muss, dass er meine ärztlichen Anweisungen befolgen soll, bla, bla, bla.

Am Montag hat er das MRT dann einfach verweigert. ›Das brauch ich nicht, Doc‹, hat er gesagt. ›Alles bestens.‹ Am Montagnachmittag war ich noch mal bei ihm und habe mir seine Werte angeschaut, um wirklich sicherzugehen, dass wir ihn am nächsten Tag entlassen können. Er war in keinem guten Zustand, aber immerhin stabil. Ich habe ihm ein mildes Schlafmittel verschrieben.

Als ich am Dienstag den Anruf bekommen habe, dass er verstorben sei, bin ich aus allen Wolken gefallen.«

Schwester Atkins streckte den Kopf zur Tür herein.

»Herr Doktor, Ihr Zehn-Uhr-Termin ist da.«

Perkins klopfte sich auf die Jackentasche, fasste sich an die Brille, die immer noch auf seiner Nase saß, und blickte auf seine Armbanduhr.

»Die Zeit rast.« Er wandte sich an Atkins. »Nur noch eine Minute.«

Als sie wieder weg war, sagte er: »Nein, die fünf Milligramm Valium waren nicht der Grund für seinen Tod. Das war sein Herz. Komplikationen im Zusammenhang mit seinem Aneurysma. Es ist schrecklich, dass Ray uns verlassen hat. Ich vermisse ihn. Aber Daves Vorwürfe sind wirklich sehr ungerecht. Ich rette Menschenleben, Mr. Molinari. Ich nehme sie nicht.«

»Vielen Dank, dass Sie sich die Zeit genommen haben, Dr. Perkins. Wenn ich wieder zu Hause bin, lasse ich ein Belastungs-EKG machen.«

»Kluge Entscheidung. Passen Sie auf sich auf.«

55

Die beiden ehemaligen Zimmergenossen trafen sich zu einem späten Mittagessen am Dielentisch in Daves Wohnzimmer mit der hohen Decke und dem wunderbaren Panoramablick auf den Weinberg.

»Raus mit der Sprache«, sagte Dave. »Was hat der Drecksack zu seiner Verteidigung zu sagen?«

Joe erwiderte: »Dave, du weißt doch, dass ich damals beim FBI in der Abteilung für Verhaltensanalyse gearbeitet habe, richtig?«

»Ja, genau. Ich habe die Fernsehserie gesehen. Da warst du so eine Art Profiler.«

Joe überhörte Daves bissige Bemerkung und fuhr fort: »Ich kann gewisse psychologische Hinweise ziemlich gut deuten.«

»*The Mentalist* habe ich auch gesehen.«

»Ich nicht, Dave. Also halt mal für einen Moment die Klappe, okay?«

Dave seufzte, trank einen Schluck Wein und sagte: »Bitte. Ich bin ganz Ohr.«

»Folgende Erkenntnisse habe ich bei meinem Treffen mit Daniel Perkins gewonnen. Er wirkt ein wenig unkonzentriert. Seine eine Hand zittert leicht, was entweder neurologische Ursachen haben kann oder auf Stress hindeutet. Er hat viel zu tun. Und er ist stinksauer auf dich, weil du ihn vor seinen Patienten einen Mörder genannt hast. Deswegen könntest du im Übrigen sogar vor Gericht landen.«

»Jederzeit. Sag ihm, dass er mich ruhig verklagen soll. Bloß braucht er sich dann über meine Gegenklage nicht zu wundern.«

Joe warf Dave einen warnenden Blick zu und fuhr fort: »Das mit Ray tut ihm sehr leid, aber er hat eben auch seinen Standpunkt verteidigt.«

»Das arrogante Arschloch.« Dave leerte sein Glas.

»Weißt du, was er gesagt hat, Dave? Sinngemäß etwa: ›Ich wünschte, ich wäre strenger zu Ray gewesen. Aber mir ist klar, dass das auch nichts genützt hätte. Wer nicht will, den kann man nicht zwingen. Ich hab's versucht. Ich habe ihm gesagt, er soll seine Blutdruckmedikamente nehmen, aber er hat mich einfach ignoriert.‹«

»Das heißt also, er hat dich auf seine Seite gezogen«, warf Dave ein. »Alle Zweifel beseitigt.«

»Er hat mir erzählt, dass dein Vater seine Medikamente nicht nehmen wollte, und das ist die Wahrheit, Dave. Ich habe mir Rays Arzneischrank angesehen, und da liegen jede Menge Tabletten für Bluthochdruck- und Cholesterinpatienten, alle ungeöffnet, alle schon längst abgelaufen.«

Dave schob seinen Rollstuhl zurück und holte noch etwas Brot und Käse aus der Küche. Als er wieder am Tisch saß, sah er Joe an: »Ich möchte dich etwas fragen.«

»Schieß los.«

»Kann ein starrsinniger Patient nicht auch zum Mordopfer werden? Oder schließt sich das gegenseitig aus?«

»Du fragst mich«, erwiderte Joe, »ob er nicht trotzdem von seinem Arzt ermordet worden sein könnte, auch wenn er seine Medizin nicht genommen hat?«

»Ganz genau. Vielleicht hat er ja die Nebenwirkungen nicht länger ertragen und das Zeug deshalb nicht mehr genommen. Aber trotzdem hätte sein Arzt ihn umbringen können, und dazu noch ein paar andere im Lauf des Jahres.«

»Nehmen wir mal an, dass du recht hast, Dave. Was könnte sein Motiv sein? Mir fällt nämlich keines ein, außer dass Perkins womöglich das Weingut erbt.«

»Wie wär's mit einer Zwangsstörung? Mit einer Psychose? Einem Gotteskomplex?«

»Denkbar«, entgegnete Joe. »Aber was ist mit Ockhams Rasiermesser?«

»Soweit ich weiß, war da kein Rasiermesser mit im Spiel.«

»Unter Ockhams Rasiermesser versteht man …«

»Ich weiß, was damit gemeint ist. Ich war schließlich auf einer guten Schule. Das Forschungsprinzip des Wilhelm von Ockham: Die einfachste Erklärung ist in der Regel die richtige.«

»Genau.«

»Aus deiner Sicht ist es also einfacher zu glauben, dass Ray und drei weitere von Perkins' Patienten an einer Herzerkrankung gestorben sind, als dass ihr Arzt sie ermordet hat.«

»Dave, in Rays Krankenakte vom Tag vor seinem Tod ist vermerkt: ›Patient verweigert das MRT.‹ Der Bericht des Gerichtsmediziners gibt als Todesursache Komplikationen nach einem Aortenaneurysma an. Die anderen drei Patienten, die du mir genannt hast, sind auch an einem Herzleiden gestorben. Ich bin bloß ein ganz gewöhnlicher Durchschnittsbürger ohne Dienstmarke, darum bin ich auf Hinweise und diese Unterlagen hier angewiesen.«

»Du hast aber jede Menge Charme, Joe. Schon immer.«

»Danke. Weißt du noch, dass du auch jede Menge Charme hattest?«

Die beiden Männer grinsten einander an, dann sagte Joe: »Nachher fahre ich nach Hause, Dave. Trotzdem bin ich bloß eine Textnachricht und anderthalb Stunden Fahrt entfernt. Ruf an, wenn du mich brauchst. Wenn du Beweise findest, dass Ray ermordet wurde, rate ich dir dringend, die Polizei zu verständigen, damit die dann entsprechende Ermittlungen einleiten kann.«

»Danke für alles, was du getan hast, Joe. Ich weiß, dass ich mich wie ein undankbarer Kerl anhöre, vielleicht sogar wie ein Spinner, aber ich weiß, dass ich recht habe. Und ich weiß deine Hilfe wirklich sehr zu schätzen.«

»Ich weiß. Kein Problem.«

56

Ich war sehr erleichtert, als ich Joes Wagen vor unserem Apartmenthaus stehen sah.

Kaum hatte ich die Wohnungstür aufgemacht und gerufen: »Ich bin zu Hause!«, da kam Joe in den Flur, nahm mich in die Arme, wiegte mich, küsste mich, tanzte mit mir und umarmte mich noch einmal. Es war, als wären wir nicht Tage, sondern Monate getrennt gewesen.

Der kleine Eingangsbereich wurde immer voller, als Julie an mir zerrte und Joes Beine umklammerte, Martha kläffte und Mrs. Rose neben uns auftauchte. Sie strahlte über das ganze Gesicht und sagte: »Das ist ja wie im Film.«

Ich musste lachen, und Joe bedankte sich bei ihr, dass sie ihn in den letzten Tagen ersetzt hatte.

»Gloria, Sie sind die absolut Beste«, lobte er und fügte hinzu, dass er ihr ein Souvenir aus dem Weingut Channing mitgebracht hatte.

»Bin gleich wieder da«, sagte er zu mir und trug die Weinkiste in ihre Wohnung gegenüber. Ich schnallte meine Pistole ab und legte sie in den antiken Waffenschrank, den Dave Channing uns zur Hochzeit geschenkt hatte. Anschließend nahm ich Julie auf den Arm und fragte sie, ob sie Lust hätte, mit Martha und mir eine kleine Runde zu drehen.

»Haben wir doch schon gemacht, Mommy. Schau mal, was Daddy mir mitgebracht hat.«

Ich bewunderte die Stoffkuh, die noch keinen Namen hatte, und als Joe wieder zu uns stieß, klappte er unsere Weinkiste auf und entkorkte eine Flasche Private Reserve Cabernet. Ich schenkte Julie ein Glas Saft ein, und dann bereiteten wir das Abendessen zu. Die Weingläser blieben immer in Reichweite.

Während Joe die Pizza aus dem Weingut in den Ofen schob, brachte ich ihn auf den neuesten Stand.

»Claire ist frisch operiert und liegt schon wieder in ihrem Einzelzimmer. Ich durfte sie nicht besuchen. Ob du's glaubst oder nicht, aber ich gehöre nicht zu ihren engsten Angehörigen.«

Er grinste. »Woher wissen die das?«

»Sie haben eine Liste. Edmund hat gesagt, dass sie sich schnell erholt, wenn man bedenkt, dass sie ihr die halbe Lunge herausgenommen haben.«

»Die Hälfte? Die Hälfte ihrer Lunge?«

»Edmund hat erzählt, dass sie unbedingt eine möglichst umfassende Behandlung haben wollte … und die hat sie bekommen. Anscheinend wollte sie so wenig Risiko wie möglich eingehen.«

Julie kam zusammen mit Martha zu uns und wollte wissen, worüber wir gerade gesprochen hatten. Joe lenkte sie ab.

»Wenn du eine Kuh hast, dann bedeutet das ja, dass du ein Cowgirl bist.«

»In echt?«

»Und auch Cowgirls müssen zu Abend essen.«

Joes aufgewärmte Channig-Pizza schmeckte köstlich, genau wie der Rucolasalat mit geriebenem Parmesan und frischem Obst aus Napa. Auch der Channing-Wein mundete uns vorzüglich.

So früh, wie es vertretbar war, wurden der Julie-Käfer und die neue Kuh ins Bett gesteckt. Die Geschirrspülmaschine spülte das Geschirr, und Joe und ich schlüpften in Jogginghosen und T-Shirts und streckten uns gemeinsam auf dem langen Ledersofa aus.

Natürlich schliefen wir sofort ein.

Ich hörte sein Handy klingeln und wollte es aus seiner Hosentasche holen. Nachdem ich ihn dabei logischerweise aufgeweckt hatte, sagte ich: »Das ist schon der zweite Anruf, Joe.«

Er warf einen Blick auf das Display. »Der kommt aus Perkins' Praxis.« Er drückte die grüne Taste, aber die Verbindung war schon unterbrochen.

Er schaltete den Lautsprecher ein und hörte die Nachricht auf der Mailbox ab. Sie stammte von einer Frau.

»Mr. Molinari, ich konnte Ihnen das heute nicht sagen, weil ich nicht wollte, dass es jemand mitbekommt. Aber einmal habe ich gesehen, wie Dave Channing eine Topfpflanze nach seinem Vater geworfen hat. Einen von diesen schweren Terrakottakübeln. Und geschlagen hat er ihn auch. Ich dachte, das sollten Sie wissen.«

Der Anruf brach abrupt ab.

Joe sagte zu mir: »Das war Miss Atkins, Dr. Perkins' Sprechstundenhilfe. Sie hat gesagt, dass Dave Ray körperlich angegangen hat.«

»Er hat ihn geschlagen?«

»Ja. Und er hat Sachen nach ihm geworfen. Aber mein Gehirn hat für heute Feierabend. Wie sieht's aus, Blondie? Bett?«

»Das lasse ich mir nicht zweimal sagen.«

57

Joe hatte behauptet, dass sein Gehirn für heute Feierabend hatte, aber das war eher Ausdruck einer Hoffnung als eine Tatsache gewesen.

Der späte Anruf von Dr. Perkins' Arzthelferin hatte ihn stark aufgewühlt, und dass Dave Ray gegenüber gewalttätig geworden war, ließ Joes schlimmste Ängste aufflackern.

Ich hielt ihn fest, hatte den Arm auf seine Brust und ein Bein über seine Oberschenkel gelegt und hörte zu, wie er die ersten drei Punkte seiner Checkliste für Mordverdächtige abarbeitete.

»Dave hatte die Mittel«, sagte Joe. »Er bewahrt in seinem Arzneischrank Schlafmittel auf. Er hätte ohne Weiteres eine Überdosis Schlaftabletten zermahlen und in ein Glas Saft mischen können. ›Hier, Dad. Trink das.‹

Und die Gelegenheit hatte er auch. Er hat Ray mehrfach im Krankenhaus besucht. Aber jetzt kommst natürlich du, Blondie, und fragst mich nach dem Motiv. Das ist das Schwierigste. Warum sollte er seinem einzigen noch lebenden Angehörigen nach dem Leben trachten?«

Joe drehte sich auf die Seite und umschlang mich mit beiden Armen.

»Ganz genau«, erwiderte ich. »Ray war doch alles für Dave. Ohne die Liebe und die Unterstützung seines Vaters ist sein Leben so viel ärmer. Wer ist denn jetzt noch für ihn da?

Seine nach Stunden bezahlten, heißen Dates? Die Saisonarbeiter? Seine Online-Freunde? Das hört sich ganz schön einsam an.«

Joe meinte: »Na ja, ich kann es mir auch anders vorstellen. Ray hat alles allein entschieden. Dave hat für Ray gearbeitet. Er hat Anweisungen bekommen, das habe ich selbst mitgekriegt, Lindsay. ›Hol mir schnell was aus der Cafeteria, Junge. Gib mir mein Tablet. Lass uns mal kurz allein, Dave.‹«

»Und du glaubst, dass Dave das gestunken hat.«

»Ich glaube, dass es in seinem Alter mehr als nervig sein kann, vom eigenen Vater rumkommandiert zu werden. Und ich glaube, dass das ein Mordmotiv sein könnte. Ray war der Besitzer des Weinguts, und Dave hat dort gegessen, gewohnt, gearbeitet. Dave war mit seinem Einkommen und mit seinem Lebensstil voll und ganz von seinem Vater abhängig, der außerdem noch krank war. Anspruchsvoll und krank. Vielleicht betrachtet er das Leben anderer Mittvierziger, die sich eine Karriere aufgebaut haben, die Häuser, Frauen, Kinder, ja sogar Enkelkinder haben. Wenn sein Vater tot wäre, vielleicht könnte er dann, mit einer ansehnlichen Erbschaft in der Tasche, dem Kleinstadtmief des Napa Valley den Rücken kehren. Umziehen. Sich neu erfinden. Kannst du das nachvollziehen?«

Das konnte ich.

»Aber hat er seinen Vater auch ermordet, Lindsay? Oder war es Dr. Perkins? Außerdem muss ich auch in Bezug auf den Doktor meine drei Fragen stellen. Hatte er die *Mittel*? Ja. Er ist Arzt. Hatte er die *Gelegenheit*? Ja. Selbe Begründung. Aber was könnte sein *Motiv* gewesen sein? Warum sollte er seinen Patienten ermorden?«

Ich schaltete mich ein: »Ist nicht die wahrscheinlichste aller Erklärungen, dass Ray gar nicht ermordet wurde, höchstens von sich selbst? Perkins hat dir doch erzählt, dass er nicht auf seine Gesundheit geachtet hat.«

Seufzend drehte Joe sich auf den Rücken. »Ich wüsste zu gern, ob Rays Tod wirklich eine natürliche Ursache gehabt hat.«

»Ich auch. Ich mag Dave. Sag mal, kannst du mir folgende Frage beantworten? Wenn Dave seinen Vater ermordet hat, warum hat er dich dann zu Hilfe geholt? Wenn er der Täter war und du das rauskriegst, dann müsstest du ihn ja der Polizei übergeben.«

Joe dachte eine ganze Weile darüber nach. Dann sagte er: »Vielleicht aus schlechtem Gewissen? Wenn er Ray getötet hat, dann könnten seine Schuldgefühle so übermächtig sein, wie wir uns das nicht einmal vorstellen können. Vielleicht will er hundertprozentig sichergehen, dass er keinen Fehler gemacht hat, und hat mich deshalb mit ins Boot geholt. Oder es ist etwas Unterbewusstes.«

»Was könnte das sein?«

»Womöglich *will* er erwischt werden.«

58

Joe schlief schnell ein und lag still und regungslos da. Er hatte sich lange genug mit seinen Sorgen und seiner Schlaflosigkeit herumgeplagt. Jetzt schöpften Körper und Geist neue Kraft.

Ich hingegen konnte nicht einschlafen, sondern wälzte Joes Theorie hin und her. Hatte Dave seinen Vater aus Verbitterung ermordet und anschließend so viel Reue, Scham und Schuld empfunden, dass er dafür bestraft werden wollte?

Irgendwann überkam mich dann doch der Schlaf – ein leichter, von Träumen durchzogener Zustand, in dem irgendwelche Gewehrschützen auf bewegliche Ziele schossen. Ich sah Paul und Ramona Baron in ihrem Arbeitszimmer beim morgendlichen Small Talk. Dann das Klirren von zerborstenem Glas, Paul mit ausgebreiteten Armen auf dem Schreibtisch, Blut fließt über die Tischplatte, tropft auf den Teppich. Ramona steht auf, noch ein Schuss. Ich schlug die Augen auf und hatte die Goldkette mit dem Cabochon-Rubin-Anhänger vor mir, nur wenige Zentimeter über dem Einschussloch in ihrer Brust.

Ich musste wieder eingeschlafen sein, denn als ich das nächste Mal die Augen aufschlug, dachte ich an Claire. Hatte die Betäubung ihr einen traumlosen Schlaf beschert? Hatte sie Schmerzen? Starrte sie an die Decke und dachte an ihre so sehr geliebte kleine Tochter? Hatte der Arzt ihr gute oder schlechte Neuigkeiten überbracht? Ich musste es wissen.

Es war noch nicht einmal sechs Uhr, als ich aus dem Bett schlüpfte, ohne meinen Mann zu wecken. Leise tapste ich ins Wohnzimmer und warf einen Blick ins Zimmer unseres schlafenden Cowgirls mit dem Lockenkopf. Ich betrachtete sie eine ganze Weile. Was für ein Mensch würde sie später sein?

Martha schob die Schnauze in meine Hand. Ich versicherte ihr, dass ich gleich so weit sei, und schlüpfte schnell in eine Jeans und ein Sweatshirt, um mit meiner braven Hündin eine Runde zu drehen. Dabei musste ich an eine Begegnung mit einer fremden Frau in der Bahn denken. Sie hatte ihr Baby im Arm gehabt und an der Leine ihres Hundes gezerrt, damit der sich unter den Sitz verkroch.

Dann hatte sie meinen Blick bemerkt und vermutlich auch meine Missbilligung gespürt. »Bevor Sie ein Kind bekommen, ist der Hund Ihr Baby. Aber wenn Sie dann ein Baby haben, dann ist der Hund nur noch der Hund.«

Ich bückte mich und sah Martha in die Augen.

»Du weißt genau, dass ich dich immer noch lieb hab, stimmt's?«

Sie wedelte mit dem Schwanz, fiepte und leckte mir übers Gesicht. Ich nahm meine alte Gefährtin an die Leine, und dann fuhren wir mit dem Fahrstuhl ins Erdgeschoss.

Es war immer noch früh am Morgen. Andere Leute führten ihre Hunde aus und überquerten bei Rot die fast ausgestorbene Straße. Martha wollte spielen, aber ich entschied mich für die zweitbeste Lösung: einen Sprint zur Ecke Lake Street / Eleventh Street und wieder zurück.

Mein Geist war die ganze Nacht hin und her gezuckt wie ein gestrandeter Thunfisch. Claire. Dave Channing. Leichname in Kühlfächern, die auf ihre Bestattung und auf Gerechtigkeit warteten. Meine Arbeit.

Wir fuhren mit dem Fahrstuhl nach oben. Kaum hatten wir unsere Wohnung betreten, legte Martha den Kopf schief und fiepte. *Gib mir was zu essen.*

Ich machte eine Schale voll, kochte mir meinen Morgentee und schaltete den kleinen Küchenfernseher ein, um etwas Gesellschaft zu haben. Die »Morning Show« war in vollem Gang, als ein knallrotes Schriftband mit einer Sondermeldung über den unteren Bildschirmrand lief.

Was war denn das? Was ist denn jetzt schon wieder los?

59

Cindy war früh an ihrem Arbeitsplatz und las gerade die neuesten Meldungen der Nachrichtenagenturen an der Ostküste, da klingelte ihr Handy.

Das war Lori Hines, eine alte Freundin aus ihrer Studienzeit an der University of Michigan. Lori war erst kürzlich von Chicago nach San Francisco gezogen, um als Fernsehreporterin bei KRON4 anzufangen.

»Cin, gerade habe ich erfahren, dass einer der Attentäter eine Presseerklärung rausgegeben hat«, sagte sie. »Schau mal in deine Mails.«

Während Lori wartete, durchsuchte Cindy ihren Posteingang und klickte eine Mail mit dem Betreff *Zur sofortigen Veröffentlichung* an.

Jedes einzelne Wort in diesen vier Absätzen war der Hammer.

Sie las Lori das Ganze vor, und diese erwiderte: »Mach dich startklar. Wir gehen auf Sendung. Ich sitze in einem Übertragungswagen keine zehn Minuten vom *Chronicle* entfernt.«

Cindy sagte: »Ich rufe dich gleich zurück.«

Dann las sie die E-Mail noch einmal durch.

Nach dem zweiten Mal war sie genauso erschüttert wie nach dem ersten. Das erfüllte alle Voraussetzungen für eine Sensationsmeldung – roh, blutig und für jeden Bildschirm auf der ganzen Welt geeignet. Falls diese E-Mail großflächig verbreitet worden war, dann tickte die Uhr, und der Abgabetermin war *jetzt*.

Sie druckte die E-Mail aus und rief Tyler an, um ihn auf den neuesten Stand zu bringen. Aber es war erst 7.00 Uhr, sodass ihr Anruf auf der Mailbox landete.

Was tun?

Es war riskant, mit einer Geschichte, die nur auf einer blinden Spur basierte, an die Öffentlichkeit zu gehen. Trotzdem wurde es oft genug gemacht. *Momentan noch nicht bestätigt. Aus vertraulicher Quelle haben wir erfahren.* Man denke nur an die atemberaubenden Enthüllungen eines gewissen »Deep Throat«, wenige Tage vor Nixons Sturz.

Cindy spielte ihre Optionen durch: einen Schuss ins Blaue wagen oder einen vorsichtigeren Weg wählen. Wenn sie als Erste damit herauskam, dann war es ihre Geschichte. Wenn sie abwartete …

Sie rief Lori an. »Gib mir zehn Minuten.«

Cindy schrieb eine E-Mail an Tyler und teilte ihm mit, dass demnächst eine Nachrichtenbombe platzen würde, dass sie das Ganze für authentisch hielt und dass ihr nur wenige Augenblicke blieben, bis die Konkurrenz die Geschichte veröffentlichte.

Dann verfasste sie in groben Zügen einen Artikel, überarbeitete ihn in null Komma nichts, verpasste ihm eine Schlagzeile, fügte die nicht bestätigte E-Mail als Anhang hinzu, schrieb *DRINGEND* in die Betreffzeile und schickte das Ganze in das Eingangsfach ihres Herausgebers und Chefredakteurs.

Sie steckte sich einen Ausdruck der Mail in die Jackentasche, hastete zum Fahrstuhl und fuhr nach unten.

Lori erwartete sie in der Mission Street. Sie hatte alles für ein Interview vorbereitet.

Der Glockenturm auf dem Redaktionsgebäude des *Chronicle* warf seinen Schatten auf die beiden Freundinnen und Kolleginnen, während sie die Vor- und Nachteile ihres Vorhabens abwogen. Das Risiko war es allemal wert. In ihrer Branche ging man entweder aufs Ganze oder man ging nach Hause.

Sie setzten sich auf die beiden hohen Regiestühle vor der Kamera, hinter sich das Redaktionsgebäude. Ein Schirm schützte sie vor der Morgensonne, und eine leichte Brise zerzauste ihnen die Haare.

Der Toningenieur machte einen Mikrofontest. Der Kameramann zählte mit den Fingern rückwärts, beginnend bei fünf, dann lief die Kamera. Lori stellte Cindy als Starjournalistin und leitende Polizeireporterin des *San Francisco Chronicle* vor.

Sie sagte: »Cindy, Sie haben uns heute früh eine Sensation mitgebracht, eine *explosive* E-Mail, die Sie gerade eben auf Ihrem Blog veröffentlicht haben. Der Absender behauptet, über Insiderkenntnisse bezüglich der Scharfschützenattentate in insgesamt fünf US-amerikanischen Städten zu verfügen, die in den vergangenen Tagen viele Menschen in Angst und Schrecken versetzt haben.«

»Das ist richtig, Lori. Erst vor wenigen Minuten habe ich eine E-Mail erhalten, in der der Absender die Attentate begründet und außerdem vor weiteren Hinrichtungen warnt. Ich halte diese E-Mail für glaubwürdig. Aber die Zuschauer müssen wissen, dass diese Botschaft – wie vor Jahrzehnten die Briefe des Zodiac-Killers an die Redaktion des *Chronicle* – nicht namentlich gekennzeichnet ist.

Ich habe die Vor- und Nachteile sorgfältig abgewogen und bin zu dem Entschluss gekommen, dass es das Beste ist, diese E-Mail nicht unter den Teppich zu kehren, sondern sie zu veröffentlichen.«

»Können Sie uns sagen, wann die Nachricht verfasst wurde?«

»Sie ist heute am frühen Morgen bei mir eingegangen, mit dem Betreff ›Zur sofortigen Veröffentlichung‹.«

»Würden Sie unseren Zuschauern die E-Mail jetzt vorlesen?«

Cindy nahm das Blatt Papier, das in ihrem Schoß lag, und las die wichtigsten Passagen vor.

»Ich zitiere: ›Dies ist eine Warnung an alle, die mit Drogen handeln, die Gras, Koks, Meth und Molly verkaufen, an die Perversen, die Oxy, Heroin, Fentanyl, Designer-Drogen oder was auch immer unter die Leute bringen. Inzwischen sterben jedes Jahr hundert Tausend Amerikaner an einer Überdosis, ungefähr die Hälfte von ihnen an Opioiden wie Fentanyl. Das ist nicht richtig. Das ist ein unhaltbarer Zustand. Aber es hört nicht auf. Es wird immer schlimmer.

Ein Bündnis von Bürgern aus dem ganzen Land hat jetzt die Schnauze voll von wirkungslosen Werbekampagnen und politischen Slogans. Wir haben einen neuen Krieg gegen die Drogen begonnen. Einen echten Krieg. Bis jetzt sind neun widerliche Dealer tot, und wir haben gerade erst angefangen. Wir haben eine Liste. Falls du ein Teil des Problems bist und dir dein Leben lieb ist, dann hör sofort auf, mit Drogen zu handeln, ganz egal, was es dich kostet. Vernichte deine Ware und lass die Finger davon.

Aber du kannst natürlich auch das Glücksrad drehen. Du weißt schließlich nie, wann deine Zahl gewinnt.‹«

Lori stellte die nächste Frage: »Cindy, korrigieren Sie mich, wenn ich falschliege, aber bis jetzt hatten wir keine Ahnung, welches Motiv hinter den Attentaten hier, in Chicago, Los Angeles und seit gestern auch in Houston und San Antonio steckt. Ist das richtig?«

Cindy erwiderte: »Es gab schon eine Theorie, dass es irgendeine Drogenverbindung geben könnte, aber nach meinem Kenntnisstand ist diese E-Mail die erste öffentliche Wortmeldung, die behauptet, Kontakt zu dem oder den Schützen zu haben, und deutlich macht, dass sie den Drogenhandel endgültig beenden wollen.

Wir müssen das ernst nehmen.«

60

Cindy schlängelte sich durch das überfüllte Durcheinander des Redaktionssaals mit seinem Labyrinth aus Schreibtischabteilen.

Artie Martini aus der Sportredaktion rief ihr über eine Trennwand hinweg zu: »Super Interview, Cindy. Ich hab dir den Clip zugeschickt.«

»Das ging aber schnell, Martini. Danke.«

Während sie ihren Schlüsselbund aus der Jackentasche kramte, warf sie einen Blick durch die Glaswand ins Innere ihres Büros. Vor dem Interview hatte sie sämtliche Anrufe auf ihrer Mailbox abgehört. Aber jetzt, es war gerade mal Viertel vor acht und das Interview noch keine zwanzig Minuten her, blinkten alle Lämpchen wie verrückt. Hoffentlich war darunter auch ein Anruf von einem ihrer Kontakte bei der Polizei – von denen es eine Menge gab – und bestätigte das, was sie gerade eben in die ganze verdammte Welt hinausposaunt hatte.

Und dann war da noch etwas. Der anonyme Verfasser der E-Mail hatte von *neun* Todesopfern gesprochen.

Sie zählte aber nur *acht*. Falls die Angaben des Verfassers zutrafen, dann hatten sie ein Attentat übersehen. Oder sie hatten es nicht erkannt und keinen Zusammenhang zu den anderen hergestellt.

Wie dem auch sei, Opfer Nummer neun war jedenfalls eine Neuigkeit.

Cindy holte ihr Handy aus der Jackentasche, ließ sich auf ihrem Stuhl nieder und schaltete den Whistler TRX-1 auf ihrem Fensterbrett ein.

Dann lauschte sie dem Polizeifunk und ging nebenbei auf ihrem Laptop die Meldungen der verschiedenen Nachrichtenagenturen und Fernsehsender durch. Nachdem sie beruhigt festgestellt hatte, dass es an der Westküste weder ein großes Erdbeben noch eine Feuersbrunst noch eine Flugzeugentführung durch Terroristen gegeben hatte, nahm sie sich ihren Posteingang vor.

Das Interview mit Lori Hines hatte ein vielfältiges Echo hervorgerufen.

Google und Yahoo! hatten eigene Meldungen dazu verfasst. Die *New York Times* bat um mehr Informationen, und auch andere Journalisten überall auf der Welt, die dieselbe E-Mail wie sie empfangen hatten, waren damit an die Öffentlichkeit gegangen – nur eben nicht als Erste.

Zu ihrer großen Erleichterung gab es keinerlei Hinweise darauf, dass die E-Mail eine Ente war.

Cindy zog das Festnetztelefon näher und fing an, auf die Tasten zu drücken.

Sie hörte Brittney Hall, Henry Tylers Sekretärin, sagen: »Cindy, Henry will Sie um acht in seinem Büro haben.«

Wieso? Um ihr auf die Schulter zu klopfen? Oder bedeutete ihr Spontaninterview für Lori Hines womöglich, dass sie sich nach einem neuen Job umsehen musste?

Der nächste Anruf stammte von Lindsay: »Cindy, ich habe gerade mit Claire gesprochen. Sie liegt nicht mehr auf der Intensivstation, sondern in ihrem Zimmer, Nummer 1409. Sie ist ziemlich benommen von den ganzen Schmerzmitteln, aber für zwei Stunden pro Tag darf sie Besuch empfangen.

Sie hört sich ganz gut an, den Umständen entsprechend. Ach ja. Ich habe dein Interview gesehen. Du warst großartig.«

Noch ein Dutzend weiterer Nachrichten folgten – Komplimente für das Interview, eine Frage aus der Kunstabteilung, ein Herausgeber, der um Rückruf bat, aber nichts Weltbewegendes.

Sie rief im Johnson Hughes Cancer Treatment Center an und wurde von der Zentrale an die Station und von dort weiter mit Claires Zimmer verbunden, wo sie mit einer Pflegehelferin sprach, die ihr mitteilte, dass Claire gerade untersucht wurde, und sich Cindys Nummer geben ließ.

Sie wandte sich wieder ihrer Arbeit zu und googelte gerade *Warnung an Drogendealer*, als ihr Telefon klingelte. Die Nummer, die im Display angezeigt wurde, kam aus dem Raum San Francisco, aber sie kannte sie nicht. Sie nahm ab, in der Hoffnung, gleich Claires Stimme zu hören.

»Cindy Thomas?«

Die Stimme am anderen Ende der Leitung gehörte einem Mann. Dann wurde Cindy klar, dass er sie mithilfe eines digitalen Verzerrers unkenntlich gemacht hatte, und ihr lief ein Schauer den Rücken hinunter.

»Am Apparat.«

»Sie haben meine E-Mail gelesen. Ich habe Ihr Interview gesehen, und Sie haben sich eine Anerkennung verdient. Wir haben soeben noch einen Schweinehund in Chicago umgelegt. Ein perfekter Treffer. Ich wünsche Ihnen einen guten Tag.«

»Warten Sie. Nur eine Minute.«

Die Leitung war tot.

Sie rief die angezeigte Nummer zurück, doch der unbekannte Anrufer nahm nicht ab. Scheiße. Sie suchte nach der

Nummer, aber sie war nirgendwo verzeichnet. Der Kerl hatte natürlich ein Prepaidhandy benutzt.

Cindy machte sich Notizen und schrieb alles, was der Anrufer gesagt hatte, wortgetreu auf. Das neunte Opfer war in Chicago erschossen worden. Sie schickte Tyler eine Nachricht und ging währenddessen die Meldungen des Chicago Police Department durch. Nirgendwo war von einem Attentat durch einen Scharfschützen die Rede. Es war noch früh. Für den Augenblick hatte sie genau das, was der Anrufer beabsichtigt hatte: eine exklusive Anerkennung.

Sie hinterließ Lori eine Nachricht mit der Bitte um Rückruf und ging auf die Website der *Chicago Tribune*. Kein Wort über die neuerliche Tat eines Scharfschützen. Nichts, nada, niente. Falls ihr anonymer Anrufer die Wahrheit gesagt hatte, dann war ein Drogendealer in Chicago nicht mehr am Leben und der Einzige, der davon wusste, war der *Chronicle*.

Die digitale Zeitanzeige in der unteren rechten Ecke ihres Bildschirms stand auf 07:57. Cindy holte einen Spiegel aus ihrer Bleistiftschublade, schüttelte ihre Haare und trug Lipgloss auf. Dann, nachdem sie sich ihr Handy und ihr Tablet geschnappt hatte, machte sie sich auf den Weg in Henry Tylers Büro.

Tylers Sekretärin Brittney ließ nicht die kleinste Gefühlsregung erkennen und winkte sie weiter ins Zimmer ihres Herausgebers und Chefredakteurs.

Dort saß Tyler. Und auch Jeb McGowan.

61

Ich kippte meinen Stuhl etwas nach hinten, damit ich den Fernseher über meinem Schreibtisch im Bereitschaftsraum besser sehen konnte.

Aus dem Studio von ABC7 Chicago berichtete der Sprecher Jason Kroner.

»Nach Angaben aus Polizeikreisen wurde am heutigen Morgen gegen 7.00 Uhr ein nicht identifizierter Mann erschossen auf dem Asphalt des Chicago Riverwalk entdeckt. Eine Stunde später wurde auf der Michigan Avenue Bridge eine Person festgenommen, die im Zusammenhang mit der Tat befragt werden soll. In der unmittelbaren Umgebung wurde ein SUV mit laufendem Motor sichergestellt. Auf dem Beifahrersitz hatte ein Gewehr gelegen, eine Remington .308.

Mehrere Standorte auf der Brücke bieten freie Sicht auf den Riverwalk und die Stelle, wo das Opfer entdeckt wurde. Der Schuss könnte aus einem Fahrzeug abgegeben worden sein.«

Ich seufzte, während der Sprecher kurz auf die anderen Attentate einging, die allesamt noch ungeklärt waren, angefangen bei unseren. Es folgte ein Schnitt, und dann war dreißig Sekunden lang Cindy im Bild und las aus diesem Manifest für einen Krieg gegen die Drogen vor.

Cindy konnte ziemlich nervtötend sein, gar keine Frage, aber für diesen Auftritt hatte sie sich jede Menge Anerkennung verdient. Sie wirkte klug, professionell und sah, das muss ich zugeben, absolut hinreißend aus. Rich strahlte übers ganze Gesicht, und wir grinsten uns an. Dann war wieder Kroner im Bild, der den Beitrag mit den Worten abschloss, dass der Sender seine Zuschauer informieren werde, sobald neue Informationen verfügbar wären.

»Das könnte der Durchbruch sein«, sagte ich. »Wie war die Formulierung noch mal? ›Hör auf, mit Drogen zu handeln … Aber du kannst natürlich auch das Glücksrad drehen.‹ Wer redet denn so? Man sagt: ›Du kannst das Risiko eingehen‹ oder ›mit dem Feuer spielen‹.«

»Das ist ein Hinweis auf *Moving Targets*, ganz eindeutig.«

»Mein Gott. Und dann der Kerl, den die Kollegen in Chicago festgenommen haben. Ob er auch durch ein Zielfernrohr geschaut hat?«

»Meinst du, wir haben Glück?«

»Nur, wenn es Weihnachten ist, der Verdächtige einen Bart trägt und Leonard Barkley heißt.«

Wir genehmigten uns im Pausenraum einen Kaffee, gingen die wenigen Meter durch den Flur, vorbei an den Verhörzimmern, den Fahrstühlen und dem praktisch menschenleeren Raubdezernat, bis wir vor unserer Kommandozentrale standen. Wir schlossen die Tür auf.

Ich setzte mich ans Telefon und drückte eine der Kurzwahltasten. Als drüben in Chicago jemand den Hörer abnahm, ließ ich mich mit Detective Richards verbinden.

Er nahm ab und sagte: »Boxer, stalken Sie mich?«

»Ich schätze schon. Haben Sie bereits mit dem unbekannten Gewehrbesitzer gesprochen?«

»Ich habe ihn erkennungsdienstlich behandelt. Sein Name lautet Jacob Stoll, ein ehemaliger Marinelieutenant.

Hat zwei Afghanistan-Einsätze mitgemacht. Die Fingerabdruckdatenbank hat seine Angaben bestätigt. Er arbeitet momentan in Teilzeit als Schulbusfahrer. Die Waffe ist auf seinen Namen registriert und wurde in letzter Zeit nicht benutzt. Wir halten Stoll fest, weil er im Zusammenhang mit der Tat befragt werden soll, aber falls er den Mann am Ufer erschossen hat, dann nicht mit dem Gewehr in seinem Auto.«

»Nein?«

»Wie gesagt, *das* wurde schon länger nicht mehr benutzt. Wir halten ihn so lange fest wie möglich. Es ist denkbar, dass er mit einer anderen Waffe geschossen hat. Vielleicht hat er sie anschließend von der Brücke geworfen.«

Conklin meinte: »Könnte sein, dass er zum Tatort zurückgekehrt ist, um zu beobachten, was die Polizei macht.«

»Gut möglich«, erwiderte Richards. »Wir hören uns gleich an, was er zu sagen hat.«

»Noch mal zu diesem sogenannten Videospiel, *Moving Targets*«, schaltete ich mich ein. »Die Person, die diese Presseerklärung formuliert hat, hat den Ausdruck ›am Glücksrad drehen‹ verwendet.«

»Ja. Ich habe Ihre E-Mail gelesen und mir auch den Screenshot von der Seite angeschaut. Ich versuche, das aufzunehmen, wenn wir gleich Stoll vernehmen. Wollen Sie vielleicht zuschauen? Wir könnten einen Livestream aufsetzen.«

»Auf gar keinen Fall!«

»Wie bitte?«

»War nur Spaß, Richards. Das wäre fantastisch. Was muss ich dafür tun?«

»Ich schicke Ihnen gleich das Passwort. Ach, und noch was, Boxer.«

»Was denn?«

»Sie sind mir was schuldig.«

62

Conklin und ich saßen nebeneinander an dem alten Schreibtisch in unserer Kommandozentrale und starrten auf einen Computerbildschirm, der uns als Fenster in ein Verhörzimmer der Abteilung für Gewaltverbrechen des Chicago Police Department diente.

Zum ersten Mal bekamen wir Sergeant Stanley Richards zu sehen. Er war um die vierzig, durchschnittlich groß, durchschnittlich schwer, ein ruheloser Mann, der die Hände in die Hosentaschen gesteckt hatte, pausenlos mit irgendwelchen Münzen klimperte und schon um zehn Uhr vormittags einen Bartschatten aufwies.

Jetzt nahm er die Hände aus seinen Chinos und ließ sich ungefähr dreieinhalbtausend Kilometer von unserem Schreibtisch entfernt auf einen Stuhl plumpsen. Neben ihm saß seine Partnerin, Detective Suzanne Waltz. Sie trug ein weißes Männerhemd, einen marineblauen Blazer, der meinem ziemlich ähnlich sah, und dazu ein leises Lächeln, um das ich sie vom ersten Moment an beneidete. Sie machte auf mich einen ausgesprochen ruhigen Eindruck, entspannt und undurchschaubar.

Auf der anderen Tischseite saß der Verdächtige, Jacob Stoll, so breitbeinig, dass er beide Stühle auf seiner Seite in Beschlag nahm. Dazu hatte er die überkreuzten Unterarme auf der Tischplatte abgelegt. Seine Körpersprache drückte aus, dass er der Herrscher dieses Tisches, dieses Zimmers und der Geschichte war, die er gleich zum Besten geben würde.

Meine Hoffnung, dass Stoll und Leonard Barkley ein und dieselbe Person waren, löste sich in Luft auf. Im Gegensatz zu Barkley, der als Doppelgänger von Fidel Castro hätte auftreten können, hatte Stoll ein eher fleischiges Gesicht. Er war vermutlich knapp eins neunzig groß – Barkley dagegen nur eins fünfundsiebzig – und zeigte ein breites Grinsen. Vielleicht hatte das Detective Waltz veranlasst, ihr Mona-Lisa-Lächeln aufzusetzen.

Er sagte zu ihr: »Sie sind eine echt attraktive Frau, Detective, ist Ihnen das klar?«

Waltz erwiderte freundlich: »Jacob? Ist es okay, wenn ich Sie Jacob nennen? Würden Sie sich das hier bitte mal anschauen?«

Sie streckte ihm ihr Handy entgegen und zeigte ihm ein Foto, das Richards auch uns zugeschickt hatte. Darauf war der Mann zu sehen, der vorhin erst erschossen worden war. Laut Polizeibericht hatte er eine Kugel mitten ins Herz bekommen. Von Richards wussten wir, dass der Ermordete außerdem einen Rucksack mit einer großen Menge Heroin bei sich gehabt hatte.

Stoll sagte: »Darf ich?« Ohne eine Antwort abzuwarten, nahm er Waltz das Handy aus der Hand und sah sich das Foto ausführlich an. Dann gab er es wieder zurück.

»Den erkenne ich nicht, zumindest nicht aus dieser Perspektive. Ich kann natürlich auch nicht beschwören, dass er keiner von den dreitausend Männern war, mit denen ich in der Ausbildung war und meinen Dienst geleistet habe. Aber das eine weiß ich genau: Sobald Sie mein Gewehr untersucht haben, werden Sie feststellen, dass ich nicht damit geschossen habe. Sie haben auch meine Hände auf Schmauchspuren untersucht, also dürften Sie auch wissen, dass ich überhaupt keine Waffe abgefeuert habe. Sonst noch was?«

»Ja«, sagte Richards. »Wo waren Sie heute Morgen um 6.30 Uhr?«

»Um die Zeit hat der Typ am Fluss ins Gras gebissen?«

»Wo waren Sie, Lieutenant Stoll?«

»Im Busdepot in der South Blue Island Avenue. Da habe ich einen Kaffee getrunken und mit drei anderen Busfahrern und meinem Chef, Jesse Kruse, ein bisschen rumgealbert. Wir haben die Busse sauber gemacht, und um Punkt sieben Uhr habe ich mit meiner Tour angefangen. Ich hab sechsunddreißig kleine Kinder eingesammelt und zur Schule gebracht. War nicht mal in der Nähe des Riverwalk. Und dafür habe ich mehr Augenzeugen, als Sie in einer ganzen Woche befragen können.

Aber jetzt möchte ich *Ihnen* mal eine Frage stellen. Sind wir hier fertig? Falls nicht, dann rede ich nur weiter, wenn ich einen Anwalt bekomme. Falls doch, dann nehme ich jetzt mein Gewehr und kümmere mich um meine Angelegenheiten.«

Richards erwiderte: »Wissen Sie noch, wie ich Ihnen Ihre Rechte vorgelesen habe?«

»Ja, klar. Aber das ist doch lächerlich. Sie haben mich nicht festgenommen. Ich dachte, ich soll Ihnen bloß erzählen, was ich von der Brücke aus alles *gesehen* habe.«

Von der selbstbewussten Körpersprache war jetzt nichts mehr übrig. Stoll bekam allmählich Bedenken, und das wirkte sich nicht positiv für ihn aus. Mein Partner und ich sahen einander an und wandten uns wieder dem Bildschirm zu, als Richards sagte: »Stoll, Sie werden im Zusammenhang mit einem Mord befragt. Wir halten Sie hier so lange fest, bis wir Ihr Alibi überprüft haben, und wenn Sie die Wahrheit gesagt haben, lassen wir Sie gehen. Verstanden? Wir sind verpflichtet, so vorzugehen, und wenn es eine Woche oder noch länger dauert.

Außerdem dürfen wir jetzt, wo Sie nach einem Anwalt verlangt haben, gar nicht mehr mit Ihnen reden.«

»Scheiß drauf. Ich verzichte auf meine Rechte.«

»Eine kluge Entscheidung«, sagte Richards beinahe freundlich. Er schob einen Block und einen Stift über den Tisch.

»Sobald Sie die Verzichtserklärung unterzeichnet haben, brauchen wir die Namen all der Personen, die sich für Ihren Aufenthaltsort in den Stunden, bevor wir Sie hierhergebracht haben, verbürgen können.«

63

Conklin, der neben mir saß, stieß vernehmlich den Atem aus und fuhr sich mit den Fingern durch die Haare.

Er sagte: »Ist dieser Stoll jetzt unschuldig, arrogant oder dümmer, als die Polizei erlaubt? Schwer zu sagen.«

Stoll unterschrieb die Verzichtserklärung. Richards unterzeichnete ebenfalls, schließlich auch Waltz. Dann blieb sie bei Stoll sitzen, während Richards den Zettel wegbrachte. Eine Minute später war er wieder da und fragte Stoll, ob er etwas zu trinken haben wollte. Softdrink? Kaffee?

Stoll schüttelte nur den Kopf.

»Erklären Sie mir doch mal, warum Sie das Gewehr dabeihatten«, sagte Richards dann.

»Ich war auf dem Weg ins DeKalb County. Da wollte ich ein bisschen auf Blechbüchsen schießen. Das Land gehört meinen Bruder, und ich hab eine Genehmigung.«

»Dann verstehe ich nicht, was Sie auf der Brücke zu suchen hatten.«

»Ich habe die Aussicht genossen. Es hat ja ausgesehen, als würde es ein herrlicher Tag werden. Mannomann, da habe ich mich aber schwer getäuscht.«

Detective Waltz erkundigte sich nach dem Namen seines Bruders, den Kontaktdaten und der genauen Lage des Grundstücks. Außerdem notierte sie sich die Telefonnummer von Stolls Vorgesetztem. Anschließend ging sie nach draußen, um die Alibis zu überprüfen.

Richards sagte: »Stoll, haben Sie schon mal was von einer Website mit dem Titel *Moving Targets* gehört?«

»Nein. Obwohl, das ist ein Videospiel, oder? Ein Kumpel von mir hat das früher mal gespielt. Wettkampfmäßig, verstehen Sie? Für mich war das aber keine große Herausforderung. Nicht mit meiner Ausbildung.«

»Ist es vielleicht mehr als ein Spiel? Könnte *Moving Targets* Ihrer Ansicht nach auch ein Deckmäntelchen für reale Mordanschläge auf Drogendealer sein?«

»Was? Wie kommen Sie denn darauf? Das ist verrückt. Falls wir wirklich dasselbe meinen, dann ist das was für Kinder. Und wer was anderes behauptet, hat echt keine Ahnung.«

Richards ließ nicht locker, stellte dieselbe Frage immer wieder auf unterschiedliche Art und Weise, ließ sich Zeit, schmeichelte Stoll mit seinem militärischen Fachwissen, bat ihn um seine Meinung, versuchte, ihn in Widersprüche zu verwickeln.

Aber Stoll tat ihm den Gefallen nicht.

Richards wandte sich wieder dem Thema *Moving Targets* zu: »Wir sind im Lauf unserer Ermittlungen auf diese Website gestoßen. Ich würde mich gern mit Ihrem Kumpel darüber unterhalten, ihn fragen, wie das Spiel funktioniert.«

»Ich würde auch zu gern mal wieder mit ihm reden. Sein Name war Sid Bernadine. Er ist tot, seit zwei, drei Jahren. Er fehlt mir verdammt noch mal sehr.«

Stoll wirkte leer. Als hätte er alles gegeben, was er zu geben hatte. Richards hatte sehr gute Arbeit geleistet. Ich glaube nicht, dass irgendjemand, den ich kenne, mehr aus

Stoll herausgeholt hätte – nicht ich, nicht Conklin, nicht Brady oder Jacobi.

Jetzt kam Waltz zusammen mit einem weiteren Polizeibeamten wieder zurück.

Stoll sagte: »Und was soll das jetzt?«

»Wie gesagt, Stoll«, erwiderte Richards. »Wir stellen Ihnen hier ein gemütliches Plätzchen zur Verfügung, während wir Ihr Alibi und Ihre Waffe überprüfen. Sie haben einen Telefonanruf frei. Wollen Sie das Ganze anständig über die Bühne bringen? Oder sollen wir Ihnen lieber Handschellen anlegen?«

Richards steckte die Hände in die Hosentaschen, sodass sein Jackett sich öffnete. Darunter sah ich etwas Gelbes aufblitzen, den Griff eines Tasers.

»Ich will jemanden anrufen.«

Der Raum leerte sich, und unser Bildschirm wurde schwarz.

64

Henry Tyler war ein Urgestein des *Chronicle*. Schon in längst vergangenen Zeiten, noch bevor Willie Brown Bürgermeister von San Francisco geworden war, hatte er hier brandheiße Neuigkeiten unters Volk gebracht.

Cindy mochte ihn, respektierte ihn und wollte unbedingt erfahren, was er von dieser anonymen E-Mail und ihrem Verfasser, der einen »neuen Krieg gegen Drogen« ausgerufen hatte, hielt.

Aber als sie Tylers Büro betrat und McGowan dort sitzen sah, machte sich sofort eine instinktive Ablehnung bemerkbar. Was hatte dieser nervtötende Rüpel hier zu suchen?

Was sollte das für eine Besprechung werden, wenn er auch mit dabei war? Sie malte sich aus, wie er um sie herumschlich, ihre Rechercheergebnisse an die Konkurrenz weitergab und regelmäßig seine Duftmarken in ihrem Territorium setzte, nur um es später einmal übernehmen zu können.

Sie begrüßte McGowan mit einem »Hey«, ihren Chef mit »Morgen, Henry« und setzte sich neben McGowan auf die äußerste Kante des Ledersofas. Hoffentlich stauchte Tyler sie nicht in Gegenwart dieses Typen zusammen, weil sie diese unbestätigte Geschichte veröffentlicht hatte.

Tyler begann: »Cindy, ich habe mir gerade Ihr Interview angesehen. Gut gemacht. Trotzdem muss ich Sie fragen:

Gibt es einen belastbaren Beweis für eine Verbindung zwischen Ihrem Tippgeber und den Attentätern?«

»Noch nicht. Aber er hat mich vor wenigen Minuten angerufen, Henry. Seine Stimme war verzerrt, und er hat ein Prepaidhandy benutzt, aber er hat mir verraten, dass es in Chicago schon wieder einen Anschlag gegeben hat. Das gleiche Vorgehen wie bei den anderen. Ein tödlicher Schuss aus großer Entfernung. Ich habe Ihnen eine Notiz geschickt.«

»Die habe ich nicht gesehen. Tut mir leid.«

»Den Artikel habe ich auf meinem Blog veröffentlicht. Wir waren die Ersten.«

Tyler erwiderte: »Also eine belastbare Verifizierung, und zwar in dieser Reihenfolge? Jemand wird erschossen. Ein Anruf von ihrem Informanten und damit die Betätigung des Attentats?«

Sie nickte, und Tyler erwiderte. »Okay. Sehr gut. Zwei Exklusivmeldungen in einer Stunde. Gute Arbeit, Cindy. Sie haben offensichtlich einen Lauf.«

Er lächelte sie von seinem Platz hinter dem Schreibtisch aus an und fuhr fort: »Ich habe Sie beide hierhergebeten, weil das SFPD bei dem Mord an Jennings kein Stück vorangekommen ist und auch der Fall Baron allmählich kälter wird. Was die Todesopfer in Houston und San Antonio angeht, gibt es ebenfalls nichts Neues. Ich möchte, dass Sie beide zusammenarbeiten. Vielleicht kommen Sie dieser augenscheinlichen Verschwörung von militärisch ausgebildeten Todesschützen ja irgendwie gemeinsam auf die Spur.

McGowan, Sie unterstützen Cindy, so gut Sie können. Machen Sie sich nützlich.«

»Ja, Sir«, erwiderte McGowan.

»Cindy, haben Sie meine Handynummer?«
»Ist in meine Handfläche tätowiert.«
Tyler grinste.
»Also dann, schnappt sie euch«, sagte er.

65

McGowan hielt Cindy die Tür auf. Während sie sich durch den Redaktionssaal schlängelten, sprudelte McGowan fast über vor Begeisterung.

»Wow, Cindy, Wahnsinn. Hör zu. Ich unterstütze dich, so gut ich nur kann. Ich bin zu allem bereit.«

»Du hast Henry darum gebeten, dich mit ins Boot zu holen, stimmt's?«

»Ach, komm schon, Cindy. Er hat gesagt, dass wir zusammenarbeiten sollen, oder nicht? So wie ich das sehe, sind wir auf dem besten Weg, die Story des Jahres abzuliefern.«

Er hatte ein sehr gewinnendes Lächeln, das war nicht zu bestreiten, aber Cindy erwiderte es nicht. Sie dachte: *Wir, hmm?*, sagte aber: »Also gut.«

Sobald sie an ihrem Schreibtisch saß, machte sie die Bürotür zu und rief Richie an.

»Das ist ein rein beruflicher, offizieller Anruf«, sagte sie zu dem Mann, den sie liebte. »Kannst du mir etwas über den Mann sagen, der im Morgengrauen auf dem Riverwalk in Chicago erschossen worden ist? Irgendwas?«

Er erwiderte: »Wir stehen im Kontakt mit dem Chicago Police Department. Aber das darf ich dir nur als meine Freundin und Geliebte sagen. Vertraulich, Cindy. Okay?«

»Verdammt. Ich meine … okay.«

»Die Kollegen haben einen Verdächtigen in Gewahrsam genommen. Sobald ich etwas erfahre, über das ich auch reden darf, rufe ich dich an.«

»Oh Gott, Richie, ich weiß gar nicht, wie ich dir danken soll.«

Er lachte. »Immer schön artig bleiben.«

Sie legte auf und drehte ihren Schreibtischstuhl so, dass sie nach draußen auf die Mission Street blickte und nicht auf McGowans Büroabteil, das gerade mal sechs Meter von ihr entfernt war. Noch nicht einmal vier Stunden waren vergangen, seit der – oder die – Killer in Chicago zugeschlagen hatte.

Die Geschichte war brutzelnd heiß.

Alles zusammengenommen, summierten sich diese Attentate zu einer nie da gewesenen Mordserie, sowohl was die Ausführung als auch was die geografischen Dimensionen anging. Und hier in San Francisco hatte alles angefangen. In ihrem Revier.

Mittlerweile hatten die Furcht und die Faszination, die von dieser umherziehenden Schießbude ausgingen, das ganze Land erfasst.

Wer war der Nächste?

Alle Nachrichtensender und sogar der Präsident persönlich hatten sich zu dieser Anschlagsserie geäußert. »Wir sind eine Nation, die sich auf Gesetze stützt«, hatte ein Sprecher des Weißen Hauses geäußert. »Wir missbilligen Selbstjustiz. Dabei werden unschuldige Menschen getötet, denn schließlich gelten *alle* als unschuldig, solange sie nicht vor einem ordentlichen Gericht schuldig gesprochen werden.«

Im Prinzip war Cindy ganz seiner Meinung, aber sie hatte auch einen Job zu erledigen.

Sie musste dieser Geschichte auf den Grund gehen.

Sie trat an ihre Tür und rief McGowan zu sich.

»Jeb, du nimmst dir das Opfer von heute früh aus Chicago vor. Wer, was, wann, wo, und falls du auf ein neues, hübsches Weshalb stößt, dann wäre das die Krönung des Ganzen. Außerdem möchte ich, dass du eine Chronik erstellst, angefangen mit Jennings. Als Nächstes dann die Barons, Roccio, Peavey. Die drei Toten in Texas. Der Kerl von heute. Wir brauchen von jedem einzelnen Opfer ein Porträt. Die Chronik können wir dann als Randspalte laufen lassen und fortlaufend aktualisieren …«

McGowan streckte ihr sein Handy entgegen.

»Der Tote aus Chicago hieß Patrick Mason.«

»Gut. Mach weiter. Ich telefoniere mit Houston. Mal sehen, ob die Täter dort mit derselbe Methode vorgegangen sind.«

McGowan grinste und sagte: »Also dann, schnappt sie euch.« Es war eine ziemlich gute Henry-Tyler-Imitation.

66

Als Cindy sich wieder an ihren Schreibtisch setzte, schäumte sie vor Wut.

Jeb hatte sich über Henry lustig gemacht. Dieser Rotzlöffel.

Sie öffnete die E-Mail ihres anonymen Informanten, dem sie den Hinweis auf diesen neuen Krieg gegen die Drogen und ihre heutige Schlagzeile zu verdanken hatte: *Drogendealer in Chicago erschossen.*

Es machte ganz den Anschein, als hätte sie es mit einem neuen Zodiac oder Son of Sam zu tun, beides Serienkiller, die sich ebenfalls bei der Presse angebiedert hatten. Nur dass es sich dieses Mal um mehrere Serienkiller handelte. Aber wer waren sie, und wie wurde diese Anschlagsserie im Detail organisiert? Wie funktionierte die Kommunikation? Wie wurden welche Schützen auf welche Opfer angesetzt? Sie wollte die E-Mail noch einmal durchlesen und ganz genau auf versteckte Hinweise und Fingerzeige achten, die sie beim ersten Mal möglicherweise übersehen hatte.

Er hatte geschrieben: »Falls du ein Teil des Problems bist und dir dein Leben lieb ist, dann hör sofort auf, mit Drogen zu handeln, ganz egal, was es dich kostet. Vernichte deine Ware und lass die Finger davon.

Aber du kannst natürlich auch das Glücksrad drehen. Du weißt schließlich nie, wann deine Zahl gewinnt.«

Am Glücksrad drehen war ein seltsamer Ausdruck. War es nur eine Redewendung? Oder hatte es etwas zu bedeuten? Das hätte sie zu gern gewusst.

Und dann wurde sie von der Erkenntnis getroffen.

Ihr Informant hatte sie angeschrieben. Und er hatte sie angerufen.

Ihr Versuch, ihn zurückzurufen, war gescheitert, aber *sie konnte ihm schließlich auch schreiben.*

Das musste sie sofort nachholen. Falls sie den richtigen Ton traf, vielleicht schrieb er dann zurück. Vielleicht konnte sie ihm die Idee schmackhaft machen, sein Sprachrohr in die Öffentlichkeit zu sein. Sie war bekannt. Der *Chronicle* besaß eine ordentliche Reichweite. Tyler war ihr Freund und Mentor. Es war eine gute Idee.

Doch bevor sie ihre Antwort abschickte, wollte sie noch ein bisschen darüber nachdenken.

Sie öffnete ihren Blog und ihr Mailprogramm, überprüfte sämtliche Nachrichtenkanäle in den USA und anderswo und stellte fest, dass die Attentatsserie inzwischen eine Menge Aufmerksamkeit erregt hatte.

Zu ihrer Verwunderung stellte sie aber noch etwas anderes fest. Die Öffentlichkeit jubelte den Tätern zu. Dasselbe Phänomen begegnete ihr auch bei einem Blick in die Kommentarspalte ihres Blogs. Viele ihrer Leserinnen und Leser hielten diese Scharfschützen, die einen Drogendealer nach dem anderen ermordeten, für die Guten.

Tief in Gedanken versunken, machte sie sich auf den Weg in die Kaffeeküche. McGowan stand gerade vor seinem Abteil. Er hatte ihr den Rücken zugekehrt und plauderte mit einer hübschen, jungen Praktikantin.

Über *sie*.

»Cindy liefert wirklich solide Arbeit ab«, sagte McGowan. »Sie hat hier schon zehn Jahre auf dem Buckel, das heißt, sie weiß, wie der Hase läuft. Aber sie hat keine Klasse. Von ihren Texten bleibt nichts hängen, wenn du verstehst, was ich meine.«

»Ach, wow, findest du echt?«, erwiderte die Praktikantin.

McGowan lachte. »Hundertpro.«

Cindy musste schnell entscheiden.

Sollte sie McGowan zeigen, dass sie mitgehört hatte? Oder sollte sie sich das lieber für einen späteren, besseren Zeitpunkt aufsparen? Sie ging an ihm vorbei in die Kaffeeküche, goss sich einen Pappbecher löslichen Kaffee mit Haselnussgeschmack auf und spürte, wie ihr Nacken immer heißer wurde.

Sie hörte, wie McGowan über das Gemurmel im Redaktionssaal ihren Namen rief. »Cindy. *Cindy*. Ich möchte dir jemanden vorstellen. Das ist Robin Boyd. Sie macht hier ein Praktikum, hat gerade angefangen. Ihr Vater arbeitet bei …«

»Sehr angenehm, Robin. McGowan, mach dich an die Arbeit. Ich will die Porträts noch vor zwölf haben, und zwar alle. Zeig mir, wie du schreiben kannst. Wir sind ein Team, also enttäusch mich nicht.«

67

Claires Zimmer war voller Blumen. In allen Größen und Farben standen sie auf dem Fenstersims und aufgereiht vor der Fußleiste neben ihrem Bett, während zwischen den Lamellen der Jalousien unzählige Postkarten mit Genesungswünschen steckten.

Ich war so froh, sie zu sehen. Sie lächelte mich an und streckte mir eine Hand entgegen. Ich nahm sie lange und sehr sanft in den Arm.

»Pass auf meine Lebensadern auf.« Sie zeigte auf die Schläuche, die aus unterschiedlichen Infusionsbeuteln gespeist wurden und kreuz und quer unter ihrem dünnen Krankenhausleibchen verschwanden.

»Sogar jetzt noch musst du andere rumschikanieren.« Ich nahm mir einen großen Stuhl und schob ihn neben das Bett. »Wie fühlst du dich?«

»Als wäre eine Horde Pferde über mich hinweggetrampelt. Die aus der Budweiser-Werbung. Clyde-irgendwas oder wie die heißen.«

Ich lachte mit ihr gemeinsam und stellte mir das Ganze bildlich vor.

»Na, jedenfalls haben sie deinen Humor noch nicht niedergetrampelt.«

»Gott sei Dank nicht. Den brauche ich noch, aber soll ich dir vielleicht ein kleines Geheimnis verraten?«

»Welches denn?«

Sie bedeutete mir, näher zu kommen. Ich beugte mein Ohr direkt vor ihre Lippen.

»Du kannst mich alles fragen«, sagte sie. »Ich bin so dermaßen gedopt, dass ich dir alles verraten würde.«

Ich hielt kurz inne. Ob sie wirklich noch Geheimnisse hatte, die sie mir dreißig Jahre lang vorenthalten hatte?

»Wie wär's damit: Was haben die Ärzte gesagt?«

»Das 's all's?«, lallte sie. »Das is' ja, wie wenn du eine von diesen Lampen mit drei Wünschen hast, und du wünschst dir eine Wurst auf der Nasenspitze.«

Ich konnte nicht anders, als laut loszuprusten, während ich mir dieses alte Märchen oder diese Sage oder was immer das war, bildlich vorstellte. Aber dann riss ich mich zusammen. So einfach wollte ich mich nicht ablenken lassen.

»Was hat Dr. Terk gesagt?«

»Ach, du weiß' schon. Sieht so aus, als hätten sie all's rausgeholt, aber sie könn'n es nich' garantier'n, noch nich'.«

»Wann lassen sie dich nach Hause?«

»Was is' heute für'n Tag?«

»Dienstag?«

»Welches Jahr?«

»Wann, Claire? Wann kannst du nach Hause gehen?«

»Sobald die Docs sicher sind, dass meine Lunge nicht leckt.«

»Hast du Schmerzen?«

»Im Moment nich'. Maaaann, ich merke erst jetzt, wie laaaaaangweilig du bis'.«

Ich musste laut lachen. Mir war klar, dass das die Medikamente waren, aber trotzdem war ich unglaublich froh, jetzt hier bei ihr zu sein und ihr tierisch auf die Nerven gehen zu können.

»Und was ist mit der Arbeit? Haben sie auch gesagt, wann du wieder arbeiten kannst?«

»Wieso? Is' jemand gestorb'n?«

Ich lachte erneut. »Nicht mehr als sonst. Viele. Und jetzt lasse ich mir nicht mehr auf der Nase rumtanzen. Der Arzt hat gesagt, dass du spazieren gehen sollst, also gehen wir jetzt bis zum Ende des Flurs.«

»Hat er gar nich' gesagt. Du lüüügst.«

Ich klingelte nach der Krankenschwester. Sie kam kurz darauf herein, klemmte ein paar Schläuche ab und half Claire beim Aufstehen. Ich musste schon wieder lachen, als sie im Gang ihren dicken Hintern aufblitzen ließ, und sie lachte auch, wenn auch begleitet von leisem Pfeifen. Dann drohte sie mir, dass ich das noch büßen würde. Ich schlang meiner besten Freundin einen Arm um die Hüfte und gab ihr den guten Rat, endlich die Klappe zu halten.

»Habt ihr den Scharfschützen – oder die Scharfschützen – schon geschnappt?«, wollte sie als Nächstes wissen.

»Wir sind dran.«

Und dann fing sie an zu singen. Genau. Während einer meiner Arme um ihre Hüfte lag und ich mit der anderen Hand den Infusionsständer schob.

»Links, zwo, drei vier, stets voran marschieren wir. Links, links!«

Ich starrte sie an.

»Lindsay. Du muss' ›links, links‹ sagen.«

»Links, links.«

»So isses. Links, links, links, zwo, drei, vier«, sang sie.

Ich schüttelte den Kopf und war ihr bei einer Hundertachtzig-Grad-Wende behilflich.

»Was denn? Was denks'u gerade, Lindsay?«

»Dass ich genau das haben will, was sie dir gegeben haben.«

Sie lachte ungestüm, während sie so unsicher auf den Beinen stand, dass ich mir wirklich Sorgen um sie machte. Es kostete die Schwester und mich eine Menge Kraft, sie in ihr Zimmer zu bugsieren, und dann bekamen wir sie nur gemeinsam wieder ins Bett.

Ich versprach, dass ich sie am nächsten Tag wieder besuchen würde, und kurz darauf nahm ich sie zum Abschied in den Arm.

68

Auf dem Weg zu meinem Auto nahm ich mein Handy aus der Tasche.

Richie hatte zweimal angerufen. Ich setzte mich auf den Fahrersitz und rief zurück. Beim ersten Klingeln nahm er ab.

Ich hatte nicht damit gerechnet, dass er sagen würde: »Schlechte Neuigkeiten.«

»Was ist denn los? Spann mich nicht auf die Folter.«

»Kennedy. Dieser Detective aus Houston. Er wollte sich doch dieses Büro von *Moving Targets* ansehen. Jetzt ist er wenige Querstraßen davon entfernt erschossen worden. Hat eine Kugel in den Hinterkopf bekommen. Das kann kein Zufall sein.«

Ich war erschüttert. Kennedy hatte auf mich einen sympathischen Eindruck gemacht. Er war aufmerksam gewesen. Neugierig. Offen. Proaktiv. Ich hatte das Gefühl gehabt, als würde ich ihn kennen.

Ich sagte kein Wort, bis Rich mehrfach hintereinander meinen Namen nannte.

»Ich bin noch da.«

»Ich weiß genau, was du denkst«, sagte er. »Das ist doch krank. Jetzt knallen sie schon Polizisten ab?«

»Woher hätten sie wissen sollen, dass er Polizist war? Hat er ihnen das gesagt? Oder haben sie es gemerkt, als er zu ihnen gekommen ist? Und was ist dann passiert? Sie sind ihm gefolgt, haben ihn ein paar Häuserblocks weit verfolgt und schließlich erschossen?«

»Die Kollegen in Houston sind dran. Sie haben *Moving Targets* durchsucht, aber da war nichts mehr. Keine Computer. Keine Nerds. Keine Fingerabdrücke. Keine Kameras. Die Hintertür stand offen. Sie führt direkt auf eine Laderampe, aber bis auf ein paar Wollmäuse und einen Zettel auf der Innenseite der Tür gab es da nichts mehr zu sehen.«

»Was stand auf dem Zettel?«, wollte ich wissen.

»Bin beim Angeln.«

»Das könnte auch eine ironische Umschreibung für ›Bin beim Jagen‹ sein.«

»Ganz genau.«

Ich sagte Rich, dass ich mich sofort auf den Weg ins Präsidium machen wollte, aber ehrlich gesagt war ich noch nicht so weit.

Nachdem wir aufgelegt hatten, blieb ich erst einmal in meinem Wagen sitzen und starrte hinaus auf den Krankenhausparkplatz. Dabei dachte ich an Carl Kennedy. Er war lebhaft gewesen, ein schneller Denker, und jetzt war er tot. Er und Clapper hatten in der Mordkommission in Las Vegas eng zusammengearbeitet. Ich wollte nicht, dass Clapper das aus dem Fernsehen oder dem Internet erfuhr.

Ich wählte seine Büronummer und wartete, bis seine Sekretärin ihn gefunden hatte. Als er sich schließlich meldete, sagte er: »Boxer, hast du das mit Kennedy schon mitgekriegt? Er hat mir erzählt, dass ihr euch zusammengetan habt.«

»Ich hab's gerade gehört, Charlie. Tut mir wirklich leid.«

»Danke«, sagte er, aber seine Stimme klang irgendwie seltsam.

Distanziert.

»Charlie?«

»Lindsay, hast du kurz Zeit? Ich gehe mal eben in mein Büro.«

Ich stellte das Funkgerät leise, drückte mir das Handy ans Ohr und wartete, bis er sich wieder meldete.

»Boxer, was weißt du über die Sache?«

Ich schilderte Clapper in groben Zügen, was wir über *Moving Targets* wussten und dass Kennedy eine Firma gekannt hatte, die möglicherweise die Zentrale von *Moving Targets* gewesen war.

»Er wollte das überprüfen. Und dann ist er nur wenige Querstraßen von deren Büro entfernt erschossen worden. Als die Kollegen schließlich dort angekommen sind, waren alle ausgeflogen.«

»Den Teil der Geschichte kannte ich noch nicht. Aber allmählich komme ich zu einer Theorie.«

»Und die wäre?«

»Was, wenn Kennedy dieses *Moving Targets* gekannt hat? Vielleicht solltest du noch wissen, dass er es mit den Vorschriften nicht immer so genau genommen hat.«

»Zum Beispiel?«

»Na ja, so was wie Bargeld abzuzweigen. Drogen einzustecken. Eine Pistole zu bunkern. Meine frisch entwickelte Theorie basiert einzig und allein auf seinem Charakter, Boxer, nicht auf Indizien. Vielleicht hat er *Moving Targets* ja ein Angebot gemacht? Sie geben ihm ein bisschen Geld, und er hält ihnen dafür seine Kollegen vom Hals, so was in der Art.«

»Und dann haben sie ihn erschossen.«

»Die Ermittlungen werden es ans Licht bringen, Boxer. Schöne Grüße an Richie.«

Dann legte er auf.

69

Cindy entwarf eine E-Mail an den geheimnisvollen Unbekannten, der ihr den Tipp ihres Lebens gegeben hatte: das Motiv für neun Morde, ohne dass ein Ende in Sicht war, dazu ein Manifest über einen »neuen Krieg gegen die Drogen« sowie eine Spur zu einem weiteren Mord in Chicago.

Dieser Mann wollte an die Öffentlichkeit. Er hatte bewiesen, dass er über Insiderwissen verfügte. Er wollte der ganzen Welt verkünden, dass er und/oder andere gerade dabei waren, Drogendealer zu eliminieren, immer einen Scheißkerl nach dem anderen.

Er hielt zwar seine Identität geheim, aber er versteckte sich nicht.

Seine Botschaft an die Drogendealer enthielt zwei Fragen: Willst du leben? Oder willst du »das Glücksrad drehen«?

Ihre finale Fassung war kurz und knapp: »Ich kann mich mit Ihrer Sache durchaus identifizieren und habe eine Idee, wie wir Ihre Botschaft noch weiter verbreiten könnten. Bitte melden Sie sich schriftlich oder telefonisch bei mir, damit wir darüber sprechen können.«

Ehrlich gesagt verabscheute sie Selbstjustiz, aber wenn sie gegenüber der Weltpresse tatsächlich zum Sprachrohr dieses Mannes werden konnte, dann hielt sie vielleicht irgendwann den Schlüssel zu diesem ganzen Schießwettbewerb in der Hand. Sie würde zu gern die Mörder aus ihren Schlupflöchern locken und der Polizei übergeben.

Aber sie war ungeduldig. Sie spürte einen Luftzug. Das war die verstreichende Zeit. Die Uhr auf ihrem Bildschirm zeigte kurz nach zwölf an. Wo war der geheimnisvolle Unbekannte gerade? Saß er vor seinem Computer, las die Meldungen und sonnte sich im zunehmenden öffentlichen Lob für seinen »neuen Krieg gegen die Drogen«?

Schließlich schickte sie ihre beiden Sätze ab. Sah, dass ihre Mail im Fach mit den gesendeten Nachrichten auftauchte. Und hing am Haken: Ab sofort wartete sie auf seine Antwort.

Darum wandte sie sich anderen Dingen zu. Telefonierte mit Claire, die ihr sagte, dass ihr in ihrem ganzen Leben noch nie so langweilig gewesen war. Cindy erwiderte: »Lieber gelangweilt als tot«, und sie hatten beide darüber gelacht.

Sie schrieb Richie eine Nachricht: *Kannst du mir nicht IRGENDWAS verraten?*

Ah, nein.

Scheißkerl, lautete ihre Antwort, doch dann zwang sie sich, noch ein *War nur Spaß!* hinterherzujagen. Sie stand auf, drehte eine Runde durch den Redaktionssaal, und zwar gegen den Uhrzeigersinn, sodass sie weder bei McGowan noch bei Tyler vorbeikam. Der Imbisswagen stand im äußeren Flur bei den Fahrstühlen. Sie kaufte sich ein Eiersalat-Sandwich und eine Tüte Salzbrezeln und kehrte auf dem langen Weg wieder an ihren Schreibtisch zurück.

Sie sah in ihrem Posteingang nach und hoffte, dass der Mann des Glückrads in den zehn Minuten, seit sie ihm angeboten hatte, ihr vertraulicher Informant zu werden, geantwortet hatte.

Nein. Hatte er nicht. Und angerufen hatte er sie auch nicht.

Also öffnete sie ihren Blog und überflog die neuesten Kommentare. Dabei stieß sie auf einen Beitrag, mit dem sie überhaupt nicht gerechnet hatte. Darin ging es um die Liebe zum Töten, den Rausch, den man beim Abfeuern eines Schusses, beim Aufschlitzen von Arterien, beim Abhacken von Körperteilen oder beim Erobern von Trophäen erlebt.

Oh mein Gott. Welches Höllentor hatte sie da geöffnet?

70

Cindy überflog die neuesten Kommentare in ihrem Blog, verarbeitete sie und fing noch einmal von vorn an. Die Texte drehten sich um die Lust an der Gewalt und waren, soweit sie das beurteilen konnte, von lupenreinen Psychopathen verfasst worden.

Zum Beispiel dieser hier: »Der Alltag ist grau. Als Soldat wird man zum Töten ausgebildet, befolgt die direkten Befehle seines vorgesetzten Offiziers und wird dafür mit einer Erfahrung entschädigt, die einem das größte Glücksgefühl beschert, das diese Welt zu bieten hat. Und zwar ohne jedes schlechte Gewissen. Dann kommt man nach Hause, und alles ist wieder grau. Aber für jemanden wie mich ist grau nicht mehr gut genug.«

Der Kommentar war mit einem Alias unterschrieben, und der Schreiber hatte sich auch nicht zu einer bestimmten Tat bekannt. Aber sein Beitrag hatte interessanterweise Dutzende von Likes bekommen.

Andere hatten sich ähnlich geäußert, hatten Anekdoten über ihren Blutdurst, den nur der Krieg stillen konnte, gepostet. Ein paar Veteranen schilderten in allen Einzelheiten, wie sie bei ihren Auslandseinsätzen Trophäen – Ohren, Hände oder Finger – erbeutet hatten, und ergingen sich in liebevoll-detaillierten Beschreibungen der großen Freude, die sie beim Abtrennen diverser Körperteile oder beim

Fotografieren von Leichenbergen empfunden hatten. Die Sprache, mit der sie diese Abscheulichkeiten schilderten, war viel zu anschaulich und zu grausam für den *Chronicle.*

Aber um genau zu sein: In allen diesen Texten ging es um das Töten im Krieg.

Nirgendwo in dieser Lawine der Blutgier gab es eine Anspielung auf die Scharfschützenattentate und ihre Opfer in mehreren US-amerikanischen Städten. Cindy las weiter und entdeckte schließlich am unteren Ende der vierten Seite einen Eintrag in einem völlig anderen Stil. Es war eine Deklaration.

Alles andere trat in den Hintergrund. Sie wusste, wer das geschrieben hatte. Sie las sich den Text zunächst schnell und dann noch einmal langsamer durch.

Es gibt Mörder, die ihre Opfer quälen, die es genießen, ein Leben zu nehmen, manchmal aus Zorn, manchmal nur zum Vergnügen. Das ist nicht mein Stil. Wenn ich einen Drogendealer ermorde, dann habe ich mich völlig unter Kontrolle. Meine Gefährten und ich machen uns mit unseren Zielen vertraut, und zwar lange bevor wir abdrücken. Sie sind schuldig. Sie zerstören Leben, sie vernichten Leben, zehntausendfach, durch das, was sie tun.

Ich bin stolz auf das, was wir in jüngster Vergangenheit geleistet haben. Wir haben zahllose Leben gerettet, indem wir einige wenige beendet haben. Ich empfinde kein Vergnügen, wenn ich jemanden erschieße. Aber ich bin stolz auf das Ergebnis. Ich tue ein gutes Werk. Und dazu stehe ich.

Unterschrieben war der Eintrag mit *Kill Shot*, und durch den Rhythmus und die Struktur des Textes war Cindy klar, dass er von dem Mann stammte, der einen »neuen Krieg gegen die Drogen« ausgerufen hatte.

Gerade als sie Tyler anrufen wollte, stand McGowan in ihrer Tür. Sie legte den Hörer wieder aus der Hand.

»Was gibt's denn, Jeb? Was brauchst du?«

71

Cindy starrte den Vollidioten an, den Tyler ihr aufgezwungen hatte, und wünschte sich, sie könnte ihn allein durch ihre Blicke vom Erdboden verschwinden lassen.

»Ich würde gern mal deine Meinung hören«, erwiderte McGowan. »Ich habe eine Rohfassung für das erste Porträt geschrieben.«

Cindy wusste eine ganze Menge über Roger Jennings, den Baseballspieler, der beim Taco King erschossen worden war. Sie und Jeb hatten das Auto gesehen, dazu Jennings' schwangere Frau, die verschont geblieben war, und das Loch, das die Kugel in der Windschutzscheibe hinterlassen hatte, bevor sie dem Catcher der San Francisco Giants das Leben genommen hatte. Dank Richies Freundin Kay Kendall besaß sie auch ein Foto von dem Wort *Testlauf*, das in die Staubschicht auf der Heckscheibe des Porsche geschrieben worden war.

Inzwischen stand fest, dass der altgediente Profisportler Partydrogen an seine Mannschaftskameraden verkauft hatte. Das war schon gar keine Nachricht mehr. Sie hatte Jeb gebeten, Porträts der Opfer zu verfassen, und jetzt behauptete er, dass das erste fertig war.

Jetzt musste er liefern oder für immer die Klappe halten.

»Dann lass mal sehen«, sagte Cindy.

McGowan legte ein Blatt Papier auf ihren Schreibtisch und ließ sie nicht aus den Augen.

»Das ist nur der erste Entwurf«, sagte er, »aber ich hätte gern deine Meinung, vor allem in Bezug auf den Ton.«

»Sei still und lass mich lesen.«

Ganz oben stand Jennings' Name.

Und dann folgte der Text:

Wir kennen mehr als nur eine Bedeutung für das Wort Schuss.

Fotografen beispielsweise schießen Fotos, und manchmal sind es gerade die spontan entstandenen Schnappschüsse, die beim Betrachter die größte Wirkung erzielen. Fußballer schießen Tore und versetzen damit riesige Menschenmengen entweder in Jubelstürme oder stürzen sie in abgrundtiefe Verzweiflung. Und beim Baseball spricht man bei manchen Würfen sogar von »Kopfschüssen«.

Roger Jennings kannte sich mit diesen harten, hohen Würfen aus. Er wusste, wann er einen zu erwarten hatte, weil er sie regelrecht forderte. Nicht, dass er das oft gemacht hätte – so etwas war eigentlich nicht sein Stil. Nur wenn er die Notwendigkeit sah, den Werfer ein wenig aus dem Konzept zu bringen.

Mit dem Schläger in der Hand konnte er sehr schnell reagieren. Dann duckte er sich oder warf sich auf den Boden. Nur selten wurde er zum Ziel eines Wurfs, und noch viel seltener zum Ziel eines »Kopfschusses«.

Und doch wurde er von einem Kopfschuss getötet. Aber nicht mit einem Baseball, sondern mit einer Gewehrkugel. Er hat sie nicht kommen sehen.

Cindy hob den Kopf und begegnete Jebs nervösen Blicken.

Er sagte: »Und dann noch die biografischen Daten, achtunddreißig Jahre alt, hinterlässt Witwe Maria, neunundzwanzig, bla, bla, bla …«

»Das ist gut, Jeb. Das ist sehr gut. Poetisch. Dicht. Mitreißend. Und der Ton gefällt mir auch.«

»Wirklich? Danke, Cindy.«

»Gern geschehen. Weiter so. Vergiss nicht zu erwähnen, dass Jennings nach Angaben von Zeugen mit Drogen gehandelt hat. Das könnte vielleicht der Clou zum Schluss sein. Oder auch so was wie der Refrain oder die Zusammenfassung. Du kannst ja mal unterschiedliche Sachen ausprobieren.«

»Geht klar.«

»Gut. Wir brauchen noch acht weitere Porträts, mindestens.«

»Stimmt«, erwiderte Jeb. »Die bekommst du heute noch.«

»Also dann, schnapp sie dir«, sagte Cindy.

Nachdem er gegangen war, wählte sie Tylers interne Nummer.

Er nahm den Hörer ab.

»Hier ist Cindy«, sagte sie. »Ich brauche einen Platz auf der Titelseite: ›Das Geständnis des anonymen Attentäters.‹ Ich schicke Ihnen einen Entwurf. Fünf Minuten.«

72

Joe saß zu Hause in seinem Arbeitszimmer und arbeitete am ersten Entwurf einer Sicherheitsanalyse für die Transportation Security Administration. Sie ist im Heimatschutzministerium angesiedelt und für die öffentliche Sicherheit im Auto-, Schiffs-, Bahn- und Flugverkehr zuständig.

Die Arbeit machte ihm Spaß. In seiner Zeit beim Heimatschutzministerium hatte er den ersten Leitfaden für die TSA geschrieben, und dass er sich jetzt mit den neuesten Entwicklungen und Anforderungen befassen konnte, machte ihm keine große Mühe. Alles, was er dafür brauchte, lag in greifbarer Nähe.

Julie hatte ihm ihre Stoffkuh, Mrs. Mooey Milkington, dagelassen, damit er nicht so allein war. Martha lag schlafend zu seinen Füßen. In seinen Ohrstöpseln erklang Bill Evans' beruhigendes »Peace Piece«, und in etwa einer Stunde würde er eine Pause einlegen und sich dem Hackbraten-Sandwich widmen, das im Kühlschrank auf ihn wartete.

Dann klingelte sein Telefon und ließ diese ganze fein abgestimmte, kontemplative Stimmung in tausend Scherben zersplittern.

Als Anruferkennung wurde *GEFÄNGNIS NAPA COUNTY* angezeigt.

Er ließ das Telefon klingeln und überlegte, ob er überhaupt rangehen sollte, aber nach dem dritten Klingeln hielt er es nicht mehr aus.

»Molinari.«

»Joe. Gott sei Dank.«

»Dave. Bitte sag nicht, dass du im Gefängnis sitzt und das dein einziger Anruf ist.«

»Wieso? Soll ich dich etwa anlügen?« Das war ein Witz, aber leider kein guter.

»Was ist denn passiert? In aller Kürze, damit das Geld für den Anruf auch reicht.«

»Okay. Heute Morgen habe ich zuerst mein Frühstück zu mir genommen und bin anschließend zu Perkins in die Praxis gefahren, um ihn zur Rede zu stellen. Seine zickige Helferin ...«

»Atkins?«

»Genau. Die. Sie hat die Tür zu seinem Sprechzimmer verrammelt. Also habe ich im Wartezimmer eine Ansage gemacht, dass Perkins meinen Vater umgebracht hat. Da haben sie mich rausgeworfen. Auf dem Parkplatz habe ich Perkins' BMW gesehen, bin daran vorbeigerollt und habe ihm die Flanke zerkratzt. Dann war auch schon die Polizei da. Die haben mich aus meinem Rollstuhl gehoben und in den Streifenwagen gesetzt.«

»Wie lautet die Anklage, Dave?«

»Sachbeschädigung und Verleumdung.«

»Wie schlimm ist der Kratzer?«

»Von den Scheinwerfern bis zur Heckleuchte. Ich brauche keinen Anwalt. Ich weiß auch so, dass der Schaden größer ist als vierhundert Dollar. Dafür kann ich bis zu drei Jahren Gefängnis kriegen.«

Das erstickte Geräusch, das jetzt durch den Hörer drang, war Daves Schluchzen. Nur mit Mühe konnte Joe den Wärter hören: »Ihre Zeit ist um. Verabschieden Sie sich.« Dave bat den Wärter um etwas Geduld, sagte, dass er mit seinem Anwalt sprach und es schließlich um seine Freilassung auf Kaution ging.

»Dreißig Sekunden«, erwiderte der Wärter. »Überlegen Sie sich jedes Wort.«

»Wie hoch ist die Kaution?«, wollte Joe wissen.

»Zehntausend. Hör zu, Joe, ich weiß, dass das sehr viel verlangt ist, aber kannst du vielleicht herkommen und die Kaution bezahlen? Ich gebe dir das Geld zurück, sobald wir bei mir sind. Außerdem habe ich noch ein paar Papiere zusammengetragen, die du dir ansehen musst. Und noch was: Um ganz ehrlich zu sein, es macht mich wahnsinnig, dass du mir das mit Perkins nicht glaubst.«

Joe musste an die vielen Schlaftabletten denken, die in Daves Medizinschrank lagerten. Wenn er nicht den Rest seines Lebens von Schuldgefühlen wegen Daves Selbstmord geplagt werden wollte, musste er jetzt zu ihm fahren und ihn davon überzeugen, eine Therapie zu beginnen. Oder ihm zumindest sämtliche Tabletten wegnehmen, die er in die Finger bekommen konnte.

»Dein Bett ist vorbereitet«, sagte Dave. »Ich habe zwei Steaks im Kühlschrank und dazu eine Flasche Private Reserve Cabernet, die Ray zehn Jahre lang hat reifen lassen.«

Joe entgegnete, dass er noch ein paar Dinge regeln musste, dass er aber versuchen würde, um 16.00 Uhr bei der Kautionsagentur zu sein.

»Danke, Joe.«

»Mach's gut«, wollte Joe noch sagen, aber die Leitung war bereits unterbrochen, und er hörte nur noch das Freizeichen.

Im Lauf der nächsten zwei Stunden telefonierte Joe mit Lindsay, sprach mit Mrs. Rose, ordnete seine Notizen und schrieb ein paar E-Mails. Anschließend ging er zur Bank und schließlich machte er sich auf den Weg ins Napa Valley.

Während der Fahrt empfand Joe eine zunehmende, fast vorfreudige Spannung. Er wollte sich die neuen Unterlagen ansehen, von denen Dave gesprochen hatte, und unbedingt ein offenes Gespräch mit seinem Freund führen.

Es gab da eine Frage, die er ihm bis jetzt noch nicht gestellt hatte, und er wollte Daves Miene sehen, wenn es endlich dazu kam.

73

Dave saß in einem schäbigen Rollstuhl, der seit Jahrzehnten im Bezirksgefängnis des Napa County in Benutzung war.

Daves eigener Rollstuhl war spurlos verschwunden.

»Das macht nichts, Joe«, sagte er. »Ich hab noch einen zu Hause.«

Ein Wärter war ihm beim Umstieg vom Rollstuhl auf Joes Beifahrersitz behilflich, und Joe setzte sich hinters Steuer. Er überprüfte Daves Sicherheitsgurt, fuhr los und nahm die erste Abfahrt auf den Highway. Dave bedankte sich überschwänglich für alles, was Joe für ihn getan hatte, bevor er kraftlos gegen die Seitentür sank.

Als sie die Ortsgrenze hinter sich gelassen hatten, erkundigte sich Joe: »Müde?«

»Ja. Müde und ausgelaugt. Das war verdammt brutal. Ein richtiges Gefängnis. Ganz üble Typen. Ich hatte solche Angst, dass ich mich nicht mal getraut habe zu schlafen, ohne Witz.«

Joe verzog das Gesicht und sagte: »Du ersetzt den Schaden. Du versprichst, dass das nie wieder vorkommen wird, hältst dich daran, besorgst dir einen guten Anwalt ...«

»Kennst du einen?«

»Ich hör mich mal um.«

Es wurde wieder still. Joe schaltete das Radio ein und suchte so lange, bis er einen stabilen Klassiksender gefunden hatte. Er versuchte, sich zu entspannen. Beethoven und eine freie Landstraße, mehr brauchte er nicht. Aber es war schon halb acht. Er hatte Hunger, und er musste nachdenken. Nicht zum ersten Mal fragte er sich, was zum Teufel er hier eigentlich machte.

Fast eine Stunde nachdem sie losgefahren waren, bog Joe auf den Feldweg ein, der den Hügel hinauf zum Weingut führte. Ein, zwei Minuten später hatte er den Wagen vor Daves Häuschen abgestellt, den Schlüssel auf Daves Bitte hin unter einem steinernen Hasen hervorgeholt und das dunkle Haus betreten. Nachdem er den Lichtschalter gefunden hatte, holte er den zusammengefalteten Ersatzrollstuhl aus dem Flurschrank.

Wieder zurück beim Auto hatte Dave die Beifahrertür geöffnet und die Beine nach draußen gestreckt. Auf seiner Miene spiegelte sich reinstes Entsetzen.

»Dave? Was ist denn?«

Er wies mit der Hand auf seinen Schoß, bis Joe begriffen hatte. Dave hatte sich in die Hose gemacht.

Joe empfand tiefes Mitleid für seinen Freund und schämte sich gleichzeitig seiner eigenen egoistischen Gefühle.

Wenn er Daves Worte ernst nahm, dann hatte sein Freund einen unfassbaren Verlust erlitten. Sein Vater war tot. Außerdem drohten ihm wegen seiner kindischen Zerstörungswut vom heutigen Vormittag ein bis drei Jahre Gefängnis. Ein guter Rechtsanwalt konnte ihm das vielleicht ersparen, vielleicht aber auch nicht. Joe wurde immer klarer, dass Dave das Weingut auch im Fall eines Freispruchs auf keinen Fall weiterführen konnte.

Das alles summierte sich zu einer ziemlich grauenhaften und ausweglosen Situation.

Joe half Dave in den Rollstuhl und schob ihn zur Rampe. Dave sagte: »Ich muss das noch sauber machen.«

»Brauchst du Hilfe?«

»Nein, nein. Das schaffe ich allein. Und dann muss ich noch kurz auf meine Website gehen. Nur um sicherzustellen, dass von den anderen niemand an Selbstmord denkt. Das mache ich immer mindestens ein Mal am Tag.«

Joe wusste, dass er von seiner Selbsthilfegruppe für Querschnittsgelähmte sprach.

»Ich bin so weit, Joe. Halt mir nur die Tür auf.«

»Gern.«

»Irgendwo müsste auch noch eine Flasche Wein rumstehen.«

Joe grinste.

»Fünfzehn oder zwanzig Minuten noch, dann müssten die Steaks auf dem Grill liegen.«

»Lass dir Zeit«, erwiderte Joe. »Kein Problem.«

Während Dave in den hinteren Teil des Hauses rollte, drängte sich ein Gedanke in Joes Bewusstsein, der ihn schon oft, schon sehr oft beschäftigt hatte. Was genau war Ray zugestoßen? War er einfach nur gestorben? Hatte Perkins ihn ermordet, so wie Dave es standhaft behauptete?

Oder steckte doch Dave hinter alldem, versuchte ein Täuschungsmanöver, spielte das arme Opfer und wollte nur seine eigene verbrecherische Tat vertuschen?

74

Joe saß an Daves langem Dielentisch und rief Lindsay an.

»Ich muss über Nacht hierbleiben«, sagte er. »Dave ist total am Boden.«

»Ruf mich an, wenn ihr fertig seid«, erwiderte sie. »Ich will mir Daves Geschichte anhören und muss dir auch einiges erzählen.«

»Er duscht gerade. Schieß los.«

Lindsay brachte ihn mit einigen schnellen Sätzen auf den neuesten Stand in Bezug auf Carl Kennedy, den Detective Sergeant aus Houston, der Teil ihrer Sondereinheit gewesen war. Mit hörbar angestrengter Stimme berichtete sie ihm, dass Kennedy von hinten erschossen worden war und dass *Moving Targets* möglicherweise etwas damit zu tun hatte.

»Die hatten ein Büro in Houston«, fuhr sie fort. »Aber als das Police Department schließlich dort aufgetaucht ist, war der Raum komplett leer geräumt. Und natürlich gibt es keine Zeugen für den Mord.«

»Und? Hast du schon eine Vermutung, wer das gewesen sein könnte?«

»Moment«, entgegnete Lindsay. »Da kommt noch was. Clapper hat gerade mit dem Labor in Houston gesprochen. Als Kennedy erschossen wurde, hatte er eine Waffe dabei, und das Labor hat festgestellt, dass vor Kurzem erst damit geschossen worden war. Die dazugehörige Hülse hatte er in der Tasche.«

»Ich verstehe nicht.«

»Folgendes, Joe. Gestern ist in Houston eine Drogendealerin ermordet worden. Sie hatte Crack-Päckchen in ihrem BH versteckt. Das Labor hat festgestellt, dass die Kugel, die die Gerichtsmediziner aus ihrem Hals geholt haben …«

»… zu Kennedys Waffe passt?«

»Genau.«

»Also wer hat dann Kennedy erschossen? Was glaubst du, Linds? Ich kann heute Abend nicht mehr klar denken.«

»Ich kann nur spekulieren. Nehmen wir mal an, dass Kennedy zu *Moving Targets* gehört hat. Das ist eine wilde Vermutung, aber von Bud Moskowitz, der früher beim Sondereinsatzkommando war, jetzt aber schon pensioniert ist und ehemaliges Mitglied bei *Moving Targets* war, wissen wir, dass viele Mitglieder des inneren Zirkels ehemalige Militärs oder Polizisten sind. Nehmen wir also einfach mal an, dass *Moving Targets* sich aus irgendeinem Grund gegen Kennedy gewandt hat. Weil er zu viel wusste? Weil er sie bedroht hat? Hat er, kurz nachdem er diese Drogendealerin erschossen hatte, plötzlich zu Gott gefunden und wollte sich stellen?

Joe, ich weiß es nicht. Hör zu, das, was ich dir jetzt sage, habe ich bisher noch nie laut ausgesprochen. Aber diese Rächergruppe ist uns überlegen. Sie sind mehr als wir, sind besser organisiert und wahrscheinlich auch schlauer.«

Joe lauschte Lindsays Atem. Sie war verzweifelt und womöglich den Tränen nah.

Er sagte: »Okay. Ich verstehe. Aber jetzt, wo du dir das von der Seele geredet hast, wie sieht dein nächster Zug aus?«

Sie stöhnte hörbar, aber Joe ließ nicht locker.

»Komm schon, Blondie. Aus dem Bauch. Raus damit.«

»Also gut. Eine Idee habe ich.«

»Und die wäre?«

»Am Samstag ist die Beerdigung von Paul und Ramona Baron. Da sollten wir hingehen, Rich und ich. Um zu sehen, wer sonst noch alles da ist. Um ein paar Fotos zu machen. Und zu hoffen, dass sich ein Verdächtiger mit einem langen Gewehr blicken lässt.«

75

Die Häftlingsstation im Metropolitan Hospital war ein finsterer Ort, aber auch nicht finsterer als der Rest des Ladens. Dieselbe blassgrüne Wandfarbe, dieselben staubverkrusteten Fenster und grau gesprenkelten Linoleumböden. Die Station hatte sechs Betten, von denen zwei belegt waren. Gleich bei der Tür lag ein tätowierter Mann. Er war groß wie eine Eiche, an Händen und Füßen gefesselt und verlangte laut brüllend nach Schmerzmitteln.

In der hintersten Ecke lag Clay Warren, der achtzehn Jahre alte Unglücksrabe, den Yuki wegen Drogenbesitzes, mutmaßlich zum Verkauf, Autodiebstahls sowie Beihilfe zum Mord an einem Polizeibeamten anklagen würde. Dabei war allen Beteiligten klar, dass er einfach bloß der Fahrer gewesen war. Es war außerdem allgemein bekannt, aber aus juristischer Sicht eben nur eine Vermutung, dass es sich bei dem eigentlichen Täter um einen mächtigen Drogendealer handelte, der den Jungen und das Auto im Stich gelassen hatte und entkommen war.

Der besagte Drogendealer bewohnte höchstwahrscheinlich eine niedliche, kleine Hazienda mit Meerblick auf einer hübschen Klippe, während sein Laufbursche mehrere potenziell tödliche Stiche in Brust und Unterleib bekommen hatte.

Kein Wunder, dass er nicht reden wollte, nicht einmal mit der Aussicht auf eine verkürzte Strafe und die Chance, irgendwann im Verlauf seiner Zwanzigerjahre wieder ungefilterte Luft atmen zu können.

Yuki klopfte an den Türrahmen und ging an der tobenden Eiche vorbei auf Clay Warren zu.

»Clay?«, rief sie. »Ich habe Ihnen etwas mitgebracht. Hoffentlich mögen Sie Süßigkeiten.«

Der junge Mann drehte sich zu ihr um und wandte sich fast im selben Moment wieder ab.

Sie sah die Plastikfesseln, mit denen er an den seitlich verlaufenden Metallschienen festgemacht war. Seine Füße lagen unter einer Decke, aber Clay Warren würde nirgendwohin gehen. Zahlreiche Kabel und Schläuche führten unter seiner Decke hervor, von seiner Brust und von den Infusionsbeuteln über seinem Kopf zu den medizinischen Geräten hinter ihm.

Erst jetzt bemerkte Yuki die ältere Frau. Sie saß auf einem Stuhl auf der anderen Seite des Betts und leistete dem Patienten Gesellschaft. Das war vermutlich Clays Mutter. Jetzt erhob sie sich. Sie war etwa so groß wie Yuki, um die vierzig, und trug ein trostloses, graues knöchellanges Kleid. Und sie war stinksauer.

Yuki sagte: »Guten Tag. Ich bin Yuki Castellano von der Bezirksstaatsanwaltschaft …«

»Ich weiß, wer Sie sind. Ich habe Sie vor Gericht gesehen. Wie konnten Sie meinem Jungen das bloß antun. Sehen Sie hin. Sehen Sie *hin*!«

Clay, der nur halb bei Bewusstsein war, brachte ein »Mom, hör auf« zustande.

»Mrs. Warren?«

Die Frau gab keine Antwort. Sie stand mit zu Fäusten geballten Händen da und starrte Yuki wütend an.

»Mrs. Warren, ich möchte Clay doch nur helfen. Bitte verstehen Sie, dass ich seine Unterstützung brauche, wenn ich den Mann erwischen will, für den er gearbeitet hat. Dann habe ich etwas, was ich meinem Chef anbieten kann.«

»Sie lügen, Frau Staatsanwältin. Sie sind eine unbarmherzige und eiskalte Karrierefrau. Sie wollen Clay nicht *helfen*. Sie wollen *gewinnen*. Welche Strafe steht eigentlich auf das Anlügen einer Mutter?«

Yuki blickte zu Boden, aber nicht aus Scham oder um dem Zorn dieser Frau zu entgehen, sondern um sich zu sammeln. Sie musste Mrs. Warren ihre eigene Situation begreiflich machen. Wenn sie ihren Sohn dazu bringen konnte, gegen Antoine Castro auszusagen, dann konnte Yuki die Anklage erheblich abschwächen.

»Wollen wir uns in die Cafeteria setzen und uns ein bisschen unterhalten?«, schlug Yuki vor. »Vielleicht können wir uns ja gemeinsam etwas überlegen.«

»Ich finde, Sie sollten jetzt gehen. Nichts anderes. Lassen Sie meinen Sohn in Ruhe.«

»Bitte verraten Sie mir wenigstens, was da passiert ist.«

»Brauchen Sie eine Brille?«

Yuki *trug* eine Brille, durch die sie sah, wie Clays Mutter mit zitterndem Fingern auf Clays bandagierten Brust- und Bauchraum zeigte. Er musste zahlreiche Stiche abbekommen haben.

»Sie haben ihn in der Dusche überfallen«, sagte Mrs. Warren so laut, dass auch der Riese im ersten Bett aufmerksam wurde.

»Tatsächlich?«, sagte er.

Clays Mutter beachtete ihn nicht. »Haben Sie Kinder, Frau Staatsanwältin Castellano? Versuchen Sie mal, sich das vorzustellen. Als sie meinen Sohn endlich hierhergebracht haben, da hatte er literweise Blut verloren. Sein Herz hatte ausgesetzt. Nur die Gnade Gottes hat ihm das Leben gerettet. Er müsste eigentlich auf Kaution freikommen, anstatt in so einem Loch zu hocken, eingesperrt mit diesen *Tieren.*«

Die Eiche lachte. »Sie meinen aber nicht mich, oder? Weil ich war's nicht.«

»Mrs. Warren, solange Clay sich nicht selbst helfen will, kann ich überhaupt nichts für ihn tun. Er hat einen gestohlenen Wagen mit einem Kofferraum voller Drogen gefahren. Dann ist ein Polizist erschossen worden. Die Waffe wurde auch in dem Fahrzeug gefunden. Wenn Clay nicht gegen den wahren Täter aussagen will, dann bleibt mir nichts anderes übrig, als ihn anzuklagen.«

»Wenn er redet, dann ist er tot, bevor er das nächste Mal Geburtstag hat.«

Nachdem sie Yuki noch einen vernichtenden Blick zugeworfen hatte, kehrte Clays Mutter, die bereits jetzt Trauerkleidung trug, an die Seite ihres bleichen und regungslos daliegenden Sohnes zurück. Schluchzend beugte sie sich über die Metallschienen und schmiegte sich an den Kopf ihres Sohnes. Yuki trat zu ihr und legte ihr eine Hand auf den Arm, wurde jedoch rüde abgeschüttelt.

Yuki wusste sehr gut, dass sie hier eigentlich nichts zu suchen hatte, dass sie mit Clay gar nicht sprechen durfte, wenn sein Anwalt nicht dabei war, aber der Junge tat ihr wahnsinnig leid. Seine Mutter schien den Zusammenhang gar nicht zu begreifen. Höchstwahrscheinlich war *sie* der Grund dafür, dass Clay so beharrlich schwieg.

Wenn Yuki ihn nicht vom Gegenteil überzeugen konnte, dann war er verraten und verkauft.

Ob er sie hören konnte?

»Clay. Ich gebe Ihnen noch einmal meine Karte. Gute Besserung.«

Sie legte ihre Visitenkarte und eine Tüte mit kleinen Schokoriegeln auf den Nachttisch, sagte »Machen Sie's gut« zu Clays Mutter und ging zur Tür.

Mrs. Warren rief ihr hinterher: »Lassen Sie Ihre Beziehungen spielen, verdammt noch mal. Unternehmen Sie was. Zeigen Sie ein bisschen Menschlichkeit. Oder denken Sie an jedem einzelnen Tag, an dem Clay im Gefängnis sitzt, an ihn. Und wenn die ihn dann umgebracht haben, dann werden Sie diese Gedanken *nie wieder* los. Willkommen in der Hölle, Frau Staatsanwältin Castellano.«

Yuki rief sich ein Taxi, das schon auf sie wartete, als sie auf die Straße trat.

»Hall of Justice«, sagte sie zum Fahrer.

Auf der Fahrt zurück an ihren Arbeitsplatz starrte sie zum Fenster hinaus. Parisi musste ihr zuhören. Das war doch keine Gerechtigkeit. Es konnte doch nicht nur darum gehen, einen Fall abzuschließen, auch wenn man dazu den Falschen vor Gericht stellen musste.

76

Ich sah, wie Yuki durch die Schwingtüren des Bereitschaftsraums stürmte. Sie war offensichtlich in größter Eile.

Ohne anzuhalten, winkte sie Brenda zu und stand dann vor meinem Schreibtisch. »Lindsay, du musst sofort mitkommen.«

»Wohin denn?«

Sie zeigte ans hintere Ende des Raums, packte mich am Handgelenk und zerrte mich in Bradys Büro. Er saß über seine Arbeit gebeugt da, aber als Yuki ihn von der Tür her ansprach, hob er den Kopf.

»Ich kann jetzt nicht nach unten«, sagte sie. »Können wir dein Büro haben, nur für ein paar Minuten?«

Sein Blick fragte: *Wieso?*

»Wir brauchen ein bisschen Privatsphäre.«

»Okay. Klar. Viel Spaß, Liebling.«

Er ging ans andere Ende des Raums und setzte sich an meinen Schreibtisch. Yuki ließ sich auf Bradys abgewetzten Schreibtischstuhl plumpsen. Ich machte die Tür hinter mir zu und zog mir einen Stuhl heran. Wir machten es uns gemütlich, aber ich ging nicht davon aus, dass das eine Spaßveranstaltung werden würde.

Ich war total überdreht. Drei Tassen Kaffee, schwarz mit Zucker, und dazu meine aktuelle Obsession mit diesem sogenannten »neuen Krieg gegen die Drogen« sorgten für jede

Menge Funkenflug in meinem Gehirn. Ich hatte die Wand der Kommandozentrale mit den Fotos der Getöteten vor Augen, angefangen bei Paul Baron, der ausgestreckt auf seinem Schreibtisch lag, und seiner Frau Ramona mit ihren leblosen, starren Augen und dem Cabochon-Rubin über dem Einschussloch in ihrer Brust. Dann folgten die Opfer in Los Angeles, Chicago, San Antonio und Houston, eines nach dem anderen. Zum Schluss landete ich bei Detective Sergeant Carl Kennedy, dem ermordeten Kriminalpolizisten, der uns nur noch mehr Unklarheiten in Bezug auf *Moving Targets* beschert hatte.

Es ist vollkommen normal, dass wir Detectives bei so verworrenen Fällen anfangen, uns zwanghaft damit zu befassen – wobei ich es eher als intensive Suche nach einem übersehenen Hinweis, einer Anomalie oder einem Muster hinter dem einen, offensichtlichen Zusammenhang bezeichnen würde. Die Opfer hatten jedenfalls alle mit Drogen gehandelt.

War Kennedy ermordet worden, weil er zur Bedrohung für *Moving Targets* geworden war? Oder weil auch er mit Drogen gedealt hatte? Ich wusste es nicht, genauso wenig wie die Kollegen in Houston. Aber wir wussten, dass die Attentäter in vielen verschiedenen Städten und Bundesstaaten aktiv waren. Es handelte sich entweder um mehrere Gruppen oder um eine einzelne Gruppe, die nach der Tat sofort den Standort wechselte und neue Opfer ins Visier nahm.

Mittlerweile befasste sich die Polizei in fünf verschiedenen Großstädten mit diesen Morden, aber niemand hatte eine Ahnung, wo die Attentäter als Nächstes zuschlagen würden. Nur in einem waren wir uns einig: Es würde ein nächstes Mal geben.

Yuki war ebenfalls aufgedreht, aber das lag nicht an einer Überdosis Koffein oder an irgendwelchen Heckenschützen.

»Ich komme gerade von der Gefangenenstation im Krankenhaus«, sagte sie. »Du weißt doch, dieser Junge, den ich anklagen soll …«

»Clay Warren.«

»Genau. Er ist in der Dusche mit einem spitzen Gegenstand angegriffen worden. Im Himmel muss es jemanden geben, der ihn sehr gern mag, weil es nämlich ein Wunder ist, dass er noch lebt. Ich habe ihn besucht, weil ich ihn überreden wollte, uns diesen Drogendealer und Polizistenmörder auszuliefern. Er steckt in einem Ganzkörperverband, von hier bis hier …« Sie zeigte auf den ganzen Bereich vom Unterleib bis zum Schlüsselbein.

»Aber neeeeiin. Dafür hat seine Mutter mir ununterbrochen gegen das Schienbein getreten, weil ich gefälligst was unternehmen soll. Weil er sonst umgebracht wird. Sie hat mir die Hölle heißgemacht, Linds. Und zwar zu Recht.«

Ich nickte. »Sprich weiter.«

»Also bin ich direkt zu Red Dog ins Büro gestürmt«, fuhr sie fort. »Er hatte gerade eine Besprechung mit ein paar Anzugtypen. Ich kannte die nicht, und es war mir auch egal. Ich habe Red Dog aus voller Kehle angebrüllt: ›Wir können doch keinen Unschuldigen anklagen. Clay Warren ist noch ein Kind. Er hat bloß am Steuer eines Autos gesessen, und jetzt liegt er im Krankenhaus, mit einem Dutzend Löchern in den Eingeweiden und einem dauerhaften Nierenschaden. Soll ich diesen Jungen ernsthaft ins Gefängnis schicken, für Taten, die er gar nicht begangen haben kann? Kommen Sie schon, Len. Sie haben doch ein Herz. Das kann doch nicht unser Ernst sein.‹«

Ich schlug die Hände an die Wangen und beugte mich nach vorn.

»Wie hat er reagiert?«

»Er ist aufgestanden, hat seine ganzen eins einundneunzig ausgefahren und mich angeblafft: ›Werden Sie erwachsen, Castellano. Hier geht es um einen ermordeten Polizisten. Entweder hat dieses sogenannte Kind am Steuer ihn erschossen oder die Tat beobachtet, verdammt noch mal. Für diesen Weicheier-Schwachsinn sind Sie doch schon viel zu lange hier. Ein guter Staatsanwalt kann jeden anklagen, das wissen Sie.‹«

Yuki stützte die Ellbogen auf Bradys Schreibtisch und barg den Kopf in den Händen. Dadurch – und weil ihre glatt geschnittenen Haare jetzt einen dichten Vorhang bildeten – konnte ich ihre nächsten Worte nicht verstehen. Sie schüttelte den Kopf, dann hob sie den Blick und sah mich an.

»Ich bin nicht eingeknickt, aber er ist auf mich losgegangen. Und dann hat er gesagt: ›Es passt mir nicht, dass Sie einfach so hier reingestürmt kommen. Wir sind fertig miteinander.‹«

»Autsch.«

»Am liebsten würde ich im Erdboden versinken«, fuhr Yuki fort. »Es hat nicht viel gefehlt, und ich hätte gesagt: ›Ist mir scheißegal, was Ihnen passt und was nicht.‹ Was sollte denn das? Will ich wirklich, dass er mich rausschmeißt?«

»Willst du das?«

»Nach meiner letzten Kündigung ist es mir ja nicht gut gegangen. Und Len hat mich angebettelt, dass ich zurückkommen soll.«

»Ich kann mich erinnern.«

»Gerade habe ich ihm eine E-Mail geschrieben und mich bei ihm entschuldigt. Aber ich bin nicht zu Kreuze gekrochen.«

»Gut so. Beides. Und jetzt?«

»Wenn möglich, dann gehe ich ihm ein paar Tage lang aus dem Weg. Ich muss Zac sagen, dass ich seinen Mandanten besucht habe und was da vorgefallen ist, und dann muss er Aufschub bis zum allerletzten möglichen Termin beantragen.«

»Vielleicht ändert die Mutter ihre Meinung, wenn Clay wieder ins Gefängnis verlegt wird. Vielleicht verpfeift er seinen Boss ja doch noch, wenn die beiden Zeugenschutz bekommen.«

»Ja, klar, weißt du, ich hab auch ein paarmal *Good Fellas* gesehen.«

Ich lächelte, und dann klingelte mein Handy. Ich warf einen Blick auf den Bildschirm.

»Das ist dein Liebster«, sagte ich zu ihr. »Da muss ich rangehen.«

Kaum hatte ich das Gespräch mit Lieutenant Brady beendet, klingelte Yukis Telefon. Sie reichte es mir. »Das ist Conklin.«

Ich drehte mich um und sah ihn durch die Glaswand an. Er winkte mir zu und sagte gleichzeitig: »Ich brauche dich hier, Lindsay. Wir müssen planen.«

»Ich komme.« Dann brachte ich Yuki zum Fahrstuhl, nahm sie zum Abschied in die Arme und ging zu Conklin. »Wir müssen uns auf die Beerdigung morgen vorbereiten«, sagte er. »Und bitte Lindsay, mach keinen Stress deswegen, aber ich bringe Cindy mit. Um den häuslichen Frieden zu wahren.«

77

Conklin und ich besuchten die Beerdigung der Barons, weil die Chance bestand, dass auch ihr Mörder sich dort sehen ließ.

So etwas kommt vor. Manchmal kehren Täter aus Gehässigkeit oder um in ihren Erinnerungen zu baden an den Ort ihrer Tat zurück. Und Beerdigungen sind so etwas wie die After-Show-Party, wo sie sich nicht nur in Triumphgefühlen suhlen und all die blutigen Ereignisse Revue passieren lassen, sondern auch die Trauer der Hinterbliebenen genießen können.

Wir befanden uns in Bolinas, einem Ort an der Pazifikküste mit sechzehnhundert Einwohnern. Falls der Mörder der Barons beschloss vorbeizuschauen, dann würde er sehen, dass es ein herrlicher Tag für eine Beerdigung war. Sanftes Sonnenlicht wärmte die klaren Linien der alten Presbyterianerkirche. Der Friedhof befand sich auf der gegenüberliegenden Straßenseite, viertausend Quadratmeter, Hanglage, alte Grabsteine zwischen kurz gemähtem Gras, umgeben von einer Steinmauer, dazu ein imposantes gusseisernes Tor.

Dutzende Trauergäste wurden erwartet, dazu Hunderte von unerwünschten Fans, Presseleuten, Touristen und Schaulustigen.

Warren Jacobi, ehemaliger Polizeichef und ein sehr guter Freund, hatte sich als mein Begleiter zur Verfügung gestellt.

Mit ihm an meiner Seite kam ich mir vor wie in alten Zeiten, und auch das übrige Team hatte sich geschlossen vor Ort eingefunden. Wir hegten die leise Hoffnung, dass Leonard Barkley oder Jacob Stoll oder ein anderer, bislang unbekannter Verdächtiger versuchte, die Beerdigung zu sprengen.

Ich trug einen Rock und ein ziemlich weites Jackett, um das Pistolenholster unten am Rücken zu verdecken. Jacobi und Conklin waren auch bewaffnet, und Cindy, die sich für ein tristes graues Kleid entschieden hatte, spielte Conklins Begleitung.

Wir mischten uns unter die anderen Gäste und nahmen unsere Plätze in der ersten und der letzten Reihe ein. Die Kirche war wunderschön von außen und innen, und der Beerdigungsgottesdienst angesichts der Umstände anrührend und voller Zuversicht. Reverend Grandgeorge, ein älterer, freundlicher Mann, meinte, dass die Barons jetzt im Himmel ihren Platz gefunden hätten und dass er sich sicher war, dass wir alle ihnen Ruhe und Frieden wünschten.

Das sah ich anders.

Falls es einen Himmel gab und die beiden sich tatsächlich dort befanden, dann waren sie doch sicherlich wütend und aufgebracht darüber, dass ihr Leben so rüde beendet worden war und dass ihre Kinder jetzt bei anderen Menschen großgezogen wurden.

Die Orgel spielte. Die Gemeinde betete. Und als der Gottesdienst zu Ende war, verließen wir die Kirche durch die breite Doppeltür.

Vor der Kirche hatten sich unsere Kollegen Chi und McNeil, Lemke und Samuels postiert. Gut getarnt von einem kleinen Wäldchen am Rand des Parkplatzes saßen sie bewaffnet mit Kameras und Dienstpistolen in ihren Fahrzeugen, jederzeit bereit, einen fliehenden Verdächtigen zu verfolgen.

Jacobi bot mir seinen Arm an, und ich nahm ihn. Trotzdem geriet ich auf meinen hohen Absätzen kurz ins Stolpern, als wir einen unbefestigten Weg zwischen zwei gelben Absperrbändern entlanggingen. Mit dieser Absperrung versuchte die Ortspolizei, die Presse auf Distanz zu halten. Es würde nicht einfach werden.

Fotografen rangelten um die besten Plätze, und Reporter stellten mit lauter Stimme Fragen zu den laufenden Ermittlungen. Paul Barons Eltern lebten schon lange nicht mehr, aber wir begleiteten Ramonas Angehörige – ihre Eltern Jill und Charles Greeley, ihre Schwester Bea und die beiden Kinder DeeDee und Christopher – durch das Friedhofstor. Wir mischten uns unter die Trauernden, gingen ein paar Hundert Meter quer über den Rasen und gelangten schließlich zu dem weißen Zelt über den beiden offenen Gräbern.

Die Trauergäste fanden sich zusammen. Man tauschte Erinnerungen an Ramonas Kindheit aus. Es wurde gelacht, geweint, und man lag sich in den Armen. Die Kinder klammerten sich an ihre Großmutter.

Ich blickte mich immer wieder um. Dabei fiel mir ein bulliger Mann im Leinenjackett auf. Er stand mit rotem Kopf und geballten Fäusten ein wenig abseits. Ich stupste Jacobi an. Conklin hatte den Mann ebenfalls bemerkt und sah zu, wie er sich dem Zelt näherte.

Als er vor den offenen Gräbern stand, sagte er mit lauter Stimme: »So viel Schwachsinn auf einem Haufen.«

Dann spuckte er einen Schleimklumpen auf Paul Barons Sarg.

78

Die vierzig Menschen unter dem Zelt hielten gleichzeitig den Atem an.

Sogar *ich* war geschockt, aber meine Reflexe machten mich schnell wieder handlungsfähig. Irgendjemand rief: »Du Arschloch!«, und zwei Männer stürzten sich auf den Mann. Sie packten ihn an den Armen und zerrten ihn weg, doch der Mann im Leinenjackett streckte das eine Bein aus und hakte sich mit der Fußspitze in eine Zeltstange ein. Sie fing an, sich zu biegen.

Das Zelt wackelte und dann brach es wie in Zeitlupe, fast hypnotisch, zusammen. Schreie ertönten, Wut flammte auf. Mehrere Männer bildeten einen lockeren Kreis. Jacketts wurden zu Boden geworfen. Provozierende Schimpfwörter flogen hin und her, dann teilte der Männerkreis sich in zwei Hälften. Es sah so aus, als stünden Pauls Freunde und Angehörige auf der einen, Ramonas auf der anderen Seite.

Die hügelige Friedhofswiese hielt zahlreiche Hindernisse bereit: Bäume, Grabsteine, erstarrte Frauen und Kinder. Die Dorfpolizisten standen dreihundert Meter entfernt auf der Straße. Ich konnte nicht abschätzen, wie schlimm das alles werden würde. Ob als Nächstes Pistolen gezückt wurden? Oder Messer? Wir, die verdeckten Ermittler, mussten Gewalt verhindern, aber wenn wir jetzt unsere Waffen hervorholten, dann setzten wir sie womöglich überhaupt erst in Gang.

Ich sah mich nach meinen Kollegen um und bekam Blickkontakt mit Conklin.

Unter meinem Jackett trug ich eine Kette mit meiner Dienstmarke. Ich zog sie heraus und reckte sie in die Luft.

»San Francisco Police Department. Keine Bewegung!«

Der Mann mit dem roten Gesicht war über einen Meter achtzig groß und sehr muskulös. Er beachtete mich überhaupt nicht. Als wäre ich gar nicht da, fuchtelte er mit den Armen und brüllte die Gegenseite an: »Ist euch gar nicht klar, was das für eine *Heuchelei* ist, die beiden *zusammen* zu begraben? Das ist alles seine Schuld. Paul hat sie *verdorben*. Ohne ihn würde sie jetzt niemals in dieser Kiste da liegen. Er hätte sie genauso gut eigenhändig erschießen können.«

Er wurde niedergebrüllt und beschimpft, und das machte ihn nur noch wütender. Er marschierte los, wich aus, riss den Kopf in alle Richtungen und stieß schwerste Anschuldigungen aus.

Kaum war das Zelt zusammengekracht, hatten die Medienvertreter die Absperrung durchbrochen. Sie waren den Ortspolizisten zahlenmäßig weit überlegen und kletterten jetzt über die Friedhofsmauer.

Der rotgesichtige Mann brüllte immer noch: »Es ist Pauls Schuld!«, und wühlte sich durch die inzwischen stark zerfledderte Gruppe der Trauernden.

Charles Greeley war ein sportlicher Typ Ende fünfzig. Bis jetzt hatte er nur zugesehen, aber nun hielt er es nicht mehr aus. Ich sah, wie er sich von seiner Frau – einer zarten Gestalt, die wirkte, als hätte der Tod ihrer Tochter sie gebrochen – losmachte. Greeley näherte sich dem rotgesichtigen Mann und versetzte ihm einen kräftigen Stoß, sodass er rückwärtstaumelte. Dabei zischte er: »Anderson.

Du Drecksack. Reiß dich zusammen. Du bist hier auf der Beerdigung meiner *Tochter*!«

Greeley stieß Anderson noch etliche Male mit den flachen Händen gegen die Brust. Während der Ältere Anderson an die Steinmauer drückte, sagte Anderson: »Lassen Sie mich in Ruhe, Mr. Greeley. Ich will Ihnen nicht wehtun.«

Es fehlte nicht mehr viel, und das Ganze wuchs sich zu einer handfesten Tragödie aus. Ich brüllte: *»Keine Bewegung! Das gilt für alle! Keine Bewegung!«*

Aber niemand hörte mir zu.

Ich näherte mich Anderson, als er endgültig durchdrehte.

»Tut mir leid, Mr. Greeley.«

Eine Schaufel, die gerade noch an der Mauer gelehnt hatte, lag jetzt in Andersons Hand. Er holte mit dem rechten Arm aus, schwang die Schaufel und traf Greeley an der Schulter. Dieser schrie laut auf, prallte gegen einen Grabstein, sackte zu Boden und blieb zunächst liegen.

Jacobi half dem Vater der Toten auf die Beine. Sobald Greeley wieder aufrecht stand, versuchte er, sich von Jacobi loszumachen, und fluchte: »Du beschissenes Arschloch, Anderson. Wie kannst du es wagen?«

Ich zog meine Dienstwaffe und ging auf Anderson zu: »Hände auf den Rücken!«

Er schien zu gehorchen, doch als ich die Handschellen aus meiner Jacketttasche holte, drehte er sich um, packte die Gelegenheit beim Schopf und hieb mir die Faust mitten ins Gesicht.

Damit hatte ich nicht gerechnet. Ich taumelte rückwärts, verdrehte mir in meinen bescheuerten High Heels den Knöchel, geriet aus dem Gleichgewicht und landete auf dem Boden.

Jemand reichte mir die Hand und half mir auf, aber kaum stand ich auf meinen wackeligen Füßen, kam Andersons Faust erneut auf mich zu.

Dieses Mal duckte ich mich, und dann schlug ich ihn k.o.

79

Reporter stolperten über den abschüssigen Friedhof, gefolgt von zahlreichen Schaulustigen, sodass die Ortspolizei sich einer zehnfachen Übermacht gegenübersah.

Reverend Grandgeorge hob die Arme und forderte die Störer im Namen Gottes auf, dem Tumult ein Ende zu machen. Aber er konnte sich weder gegen diejenigen durchsetzen, die Paul Baron für Abschaum hielten, noch gegen die Freunde der Greeleys, die eine Beerdigung aus gutem Grund als unantastbaren, sakralen Akt betrachteten.

Barfuß und blutüberströmt hob ich meine Waffe vom Rasen auf und befahl Anderson, mit dem Gesicht nach unten liegen zu bleiben. Conklin schaltete sich ein. Während ich mir das Kinn rieb und versuchte, den Nebel hinter meinen Augen zu vertreiben, nahm Conklin Anderson wegen tätlichen Angriffs auf eine Polizeibeamtin fest und las ihm seine Rechte vor.

Jacobi half Anderson aufzustehen und führte ihn über die Straße zu unserem Zivilfahrzeug, gefolgt von der lärmenden Menge.

Conklin sagte mit lauter Stimme: »Will sonst noch jemand in eine Zelle?«

Ich stieg auf der Beifahrerseite des Wagens ein, während Jacobi sich ans Steuer setzte. Er fuhr rückwärts vom Friedhof und lenkte den Wagen nach Südosten. San Francisco war ungefähr eine Stunde entfernt, aber es fiel ihm schwer, den Blick auf die Straße zu richten.

»Hast du dir womöglich die Hand gebrochen?«, fragte er. »Ich kann dich in die Notaufnahme bringen.«

»Jacobi. Das ist nichts Ernstes. Wirklich.«

Auch ohne nachzusehen wusste ich, dass ich mir eine dicke Lippe und ein geschwollenes Auge eingehandelt hatte. Meine Wange war zerkratzt, und in meinem rechten Knöchel hatte sich ein pochender Schmerz eingenistet. Ich glaubte zwar nicht, dass etwas gebrochen war, aber ich war stinkwütend.

Meine blutverschmierte rechte Hand lag in meinem Schoß, während ich mit der Linken das Mikrofon packte. Dann meldete ich der Funkzentrale, dass wir auf dem Weg ins Präsidium waren. Begleitet von lautem Knistern bestätigte die diensthabende Beamtin meine Meldung.

Ich stellte das Funkgerät leiser, ließ meinen verstauchten Fuß kreisen und starrte zum Seitenfenster hinaus, ohne auf die Tritte und das Rütteln auf der Rückbank zu achten. Anderson flippte richtiggehend aus, aber er trug Handschellen. Die Türen waren verriegelt, und es gab keine Toten und keine Schwerverletzten.

Eine Stunde später kamen wir in der Hall of Justice an.

Ich reinigte mein Gesicht und kühlte es mit Eiswürfeln. Nachdem Anderson erkennungsdienstlich behandelt worden war, wurde er in den Verhörraum Nummer zwei gebracht. Er trug jetzt einen orangefarbenen Overall und wollte weder etwas zu trinken noch einen Anruf und auch keinen Rechtsanwalt. Das war gut. Jacobi und ich hatten als Team reichlich Erfahrung und unterzogen Anderson einem ausführlichen, dreistündigen Verhör. Jedes Wort wurde aufgezeichnet.

Seit Andersons Faustschlag pochte mein ganzer Körper. Vielleicht wollte ich ja nur, dass das alles möglichst schnell zu Ende ging, aber ich kaufte ihm seine Aussage ab. Über die Drogengeschäfte der Barons wusste er nicht mehr als das, was er aus den Nachrichten erfahren hatte. Seine Geschichte war kurz und bitter. Er hatte zusammen mit Ramona die Highschool besucht und er hatte sie geliebt. Paul hingegen hatte er gehasst. Er ließ den Kopf auf die Tischplatte sinken und fing an zu weinen.

»Stecken Sie mich in den Knast«, heulte er. »Ich hab's verdient. Da gehöre ich hin.«

Inzwischen wusste ich, dass Anderson keine Waffe besaß, nie Soldat gewesen und nicht vorbestraft war. Ein Haftbefehl gegen ihn lag auch nicht vor, ja, wegen des schlechten Internets in seiner Wohngegend besaß er nicht einmal einen Computer. Er gehörte nicht zu den Moving-Targets-Attentätern, aber wir hielten ihn trotzdem fest, während Greeley sich einen Anwalt besorgte und Anderson anzeigte.

Als ein Wärter Anderson in seine Zelle brachte, sagte er zu mir: »Es tut mir leid, dass … ich Sie geschlagen habe. Das alles tut mir leid.«

»Erzählen Sie das dem Haftrichter«, entgegnete Jacobi.

Zurück an meinem Schreibtisch ließ ich mich auf meinen Stuhl plumpsen und sagte zu Conklin: »Es ist immer noch Samstag, oder?«

Mein Partner grinste mich an. »Willst du vielleicht mit mir und Cindy was essen gehen?«

»Danke, nein. Ich bin verabredet.«

80

Als meine Tochter mich sah, rannte sie laut kreischend in ihr Zimmer.

Auch Martha veranstaltete einen ziemlichen Aufstand und stellte sich so lange vor Julies Tür, bis die Kleine sie hereinließ. Und die arme Gloria Rose stand händeringend daneben.

»Was ist denn passiert? Lindsay, was ist denn bloß passiert?«

Ich verstaute meine Dienstwaffe und blickte in den Flurspiegel. Ich sah ja noch schlimmer aus, als ich gedacht hatte. Meine geschwollene Unterlippe war aufgeplatzt und ein Schneidezahn abgebrochen. Rund um meine Augen hatten sich dunkelblaue Ringe gebildet, und allmählich machte ich mir auch Sorgen um meine rechte Hand. Die Finger ließen sich nicht mehr strecken.

Ich sagte zu Mrs. Rose: »Ich musste eine Schlägerei schlichten. Nichts passiert. Aber wenn Sie mich weiter so anschauen, dann fange ich langsam an, mir selbst leidzutun.«

»Ich hole Ihnen etwas Eis. Bin gleich wieder da.«

»Gloria, heute in einer Woche sehe ich wieder aus wie eine Schönheitskönigin.«

Doch anstatt zu lachen, nickte unsere gute Freundin und Kinderbetreuerin nur und erwiderte: »Setzen Sie sich hin, Lindsay. Streifen Sie die Haare aus dem Gesicht, damit ich sehen kann, ob Sie genäht werden müssen.«

»Das Eis bitte zum Mitnehmen.«

»Dafür hat Gott die Plastiktüte geschaffen.«

Ich setzte mich wie befohlen hin und ließ mir das Gesicht mit Alkohol abtupfen. Dabei schrie ich so gut wie gar nicht, aber trotzdem kam Julie vorsichtig aus ihrem Zimmer geschlichen, um nachzusehen, was das ganze Durcheinander zu bedeuten hatte.

»Was ist passiert, Mommy?«

»Das ist eine lange Geschichte, Schätzchen. Aber der böse Mann sitzt jetzt im Gefängnis.«

»Ohhhhh. Und er kommt nie wieder raus?«

»Also, das würde ich nicht sagen. Er ist durchgedreht und hat ein paar Menschen verletzt. Ist eine lange Geschichte. Ich erzähl sie dir später. Möchtest du gern in den Park gehen?«

»Und dann bringen wir Nudeln mit? Zum Abendessen?«

»Da muss ich erst mal Daddy fragen, was er möchte, aber für dich finden wir bestimmt irgendwo ein, zwei Nudeln.«

»Ein, zwei?«

Mrs. Rose führte mich zur Spüle, wickelte meine verbundene Hand aus und machte die Knöchel sauber. Ich bestätigte ihr, dass sie ein guter Mensch war, und sie kippte mir Alkohol über die rechte Hand und meinte, dass ich mich dringend hinlegen musste.

»Nehmen Sie's mir nicht übel, aber Sie sehen aus, als wären Sie gerade aus einem Müllcontainer gekrabbelt. Das war mal ein schöner Anzug, aber das sieht man ihm wirklich nicht mehr an.«

Sie zeigte mir den Riss unter der Achsel, die Grasflecken am Ellbogen und die blutverschmierten Aufschläge am Jackett.

»Das kommt davon, wenn man hochhackige Schuhe anzieht. Das reicht jetzt, Gloria. Martha? Möchtest du in den Park?«

Und *ob* sie wollte. Ich bat sie und Julie, sich noch eine Minute zu gedulden, und sagte zur Betreuerin meiner geliebten Tochter: »Ich muss jetzt in eine Jeans schlüpfen, okay? Und ein bisschen Zeit mit Julie verbringen. Das brauche ich. Und sie braucht das auch.«

»Das kann ich nachvollziehen«, erwiderte sie. »Ziehen Sie sich um. Und nehmen Sie die Wanderstiefel. Sie hinken nämlich.«

Kurz darauf – die Spätnachmittagssonne stand immer noch am Himmel – umarmte ich Gloria Rose zum Abschied, nahm meine gute, alte Border-Collie-Hündin an die Leine und half Julie in ihre Jacke. Abschließend spazierten wir ganz gemütlich die drei Häuserblocks bis zum Mountain Lake Park.

Das Ganze wäre eine richtig gute Idee gewesen, aber leider hatte ich auch das Handy eingesteckt. Brady rief an. Nachdem ich ihm das Wichtigste berichtet hatte, meldete sich Conklin, um sich zu versichern, dass es mir auch wirklich gut ging.

Im Park war viel Betrieb. Die Verwaltung hatte Schilder mit neuen Regeln aufgestellt: Hunde mussten immer an der Leine geführt werden, und es war verboten, die Enten zu füttern. Für die betagte Martha war das kein Problem. Sie war ohnehin eher Hütehund als Jagdhund. Ich setzte mich auf eine Bank, von wo ich alles überblicken konnte. Julie und Martha legten sich ins Gras, und Julie erzählte Martha eine Geschichte von bösen Männern und ihrer großen, starken Mama.

Ich musste unwillkürlich lachen, und dann rief Chi an, ein sehr gewissenhafter Mann, der eine Zeugenliste erstellt hatte. Zwei von ihnen hatten ausgesagt, dass ich als Erste zugeschlagen hatte.

»Und wie viele behaupten das Gegenteil?«

»Mehr als zwei.«

Chi ging die Liste der Trauergäste durch. Etliche von ihnen hatten eine Vermutung geäußert, wer einen Grund gehabt haben könnte, Paul und Ramona Baron zu ermorden.

»Hier die Zusammenfassung«, sagte Chi. »Anderson ist beliebt. Er hat früher Football gespielt. Er kann alles reparieren. Und er hat Freunde. Die sind der Meinung, dass Paul Baron ein Drecksack war und Ramona eine tolle Frau. Anderson, der zwanzig Jahre lang in Ramona verliebt war, hat ihnen allen leidgetan. Aber keiner kann irgendetwas zu den Attentaten sagen. ›*Moving Targets*? Was ist das? Nie gehört.‹ Sie sind aber zuversichtlich, dass wir den Fall lösen. Und niemand hat vor, dich anzuzeigen.«

Ich seufzte ins Telefon, verabschiedete mich von Chi und hatte gerade aufgelegt, als es erneut klingelte.

»Joe! Wann bist du zu Hause?«

»Heute Abend nicht mehr, Liebste. Wenn ich hier wegkönnte, ich würde sofort losfahren.«

»Aber … wieso kannst du nicht? Wegen Dave?«

»Ja, genau. Lange Geschichte.«

Er wollte sich später noch mal melden, wenn die Kleine im Bett war. Julie kam auf die Bank geklettert und fragte, ob ich gerade mit Daddy sprach.

Ich gab ihr das Handy.

»Daddy. Zum Abendessen gibt es chinesische Nudeln, okay?«

Kurzes Schweigen, dann ein mehrfaches »Wieso?«, und dann sagte sie schließlich: »Okay. Tschüs.« Sie gab mir das Telefon. Joe hatte aufgelegt.

»Tut mir leid, Julie, aber seinem Freund Dave geht es gar nicht gut, und nur Daddy kann ihm helfen.«

Julie umschlang mich mit beiden Armen, und Martha legte ihren Kopf auf meine Knie.

»Schon okay, Mommy«, sagte Julie. »Ich bin soooo gern mit meinen beiden Lieblingsmädchen zusammen.«

Das war ein exaktes Zitat ihres Vaters, und ich musste lachen. Dann nahm ich sie in die Arme, streichelte meiner Hündin den Kopf, und kurz darauf gingen wir nach Hause. Unterwegs hielten wir natürlich bei dem chinesischen Nudelladen an und kauften Tan-Tan-Nudeln für zwei zum Mitnehmen.

Nachdem wir zu Hause waren und die Hälfte unserer Nudeln gegessen hatten, summte mein Handy.

Ich warf einen Blick auf das Display. Das war Brady. Verdammt.

Ich griff nach dem Ding und wollte gerade beteuern, dass ich den Tag im Bett verbracht hatte und dass es mir gut ging, aber das ersparte er mir. Jacobi hatte ihm schon erzählt, dass ich einen rechten Haken ans Kinn bekommen hatte und dass der Täter in U-Haft saß.

Aber das war nicht der Grund für seinen Anruf.

»Boxer, wir haben schon wieder ein Attentat.«

»Nein! Wo?«

»In L.A. Ein Kopfschuss. Der Ermordete war ein pensionierter Polizist.«

»Nein, Brady, nein. Was zum Teufel ist denn da los? Hat er gedealt?«

»Das war noch nicht alles. Stempien hat die Fotos von der Beerdigung durch die Gesichtserkennung laufen lassen. Und er hat einen Treffer bekommen. Barkley.«

»Jetzt fällt mir nichts mehr ein.«

»Ich habe dir das Foto schon zugeschickt. Er hat sich rasiert, aber er ist es, eindeutig. Damit hat er für das heutige Attentat ein bombensicheres Alibi. Er kann schließlich nicht in Bolinas und in der Stadt der Engel gleichzeitig gewesen sein.«

Ich sah mir das Foto des durchschnittlich großen Weißen an. Er war glatt rasiert, trug ein schwarzes Sportsakko, ein weißes Hemd und eine Krawatte. Hatte ich ihn gesehen und nicht erkannt?

»Lemke schickt das Foto an alle«, sagte er. »Du nimmst dir den Tag frei.«

Ich lachte. Es war ungefähr 18.30 Uhr.

»Bis morgen«, sagte Lieutenant Brady.

81

Joe hatte in Daves Gästezimmer im ersten Stock geschlafen, als er von quietschenden Bremsen und Geschrei aus dem Schlaf gerissen wurde.

Er spähte zum Fenster hinaus und sah, wie Dave ein paar Männern in Overalls Anweisungen gab. Sie waren gerade dabei, Möbel und Kisten aus Ray und Nancy Channings Haus zu schleppen und in einen großen Lastwagen zu verladen.

Das verwirrte Joe, so wie es jeden Ermittler verwirrt hätte. Gab es in diesem Haus womöglich Indizien, die gegen Dave sprachen? Falls ja, dann gab es nichts, wodurch er irgendetwas verhindern konnte. Das alles stank nach Heimlichtuerei und Irreführung, von Daves auffälliger Nervosität und seiner Paranoia ganz zu schweigen.

Joe duschte, zog sich an, packte seine Tasche und trug sie die Treppe hinunter. Er verließ das Haus durch die Vordertür und sah zu, wie Möbelstücke, Kleidersäcke, Plastikwannen und was noch alles im Laderaum des Lastwagens verschwanden. Dave winkte ihm zu und rief: »Das lasse ich alles versteigern.«

»Kann ich euch behilflich sein?«

»Nicht nötig«, erwiderte Dave.

Joe rief zurück: »Ich mache Frühstück.«

Da er sich in jeder Küche auf Anhieb zu Hause fühlte, fand er ohne Probleme den Kaffee, setzte Wasser auf, holte

Eier aus dem Kühlschrank und schlug sie in eine Schale. In einem Bastkorb fand er einen Laib Brot und schnitt mehrere Scheiben davon ab.

Er legte Speckscheiben in eine Pfanne und ging nach draußen, um Dave zu sagen, dass das Frühstück in fünf Minuten fertig sei.

Kurz darauf kam Dave mit einem Farbkasten, ein paar Männerstiefeln und einem Gewehr auf dem Schoß hereingerollt.

»Oh Mann, es fühlt sich gut an, das ganze Zeug loszuwerden«, sagte er. »Alles, was sich nicht verkaufen lässt, geht an Goodwill. Und für Moms Gemälde und Dads Uhrensammlung habe ich einen Barscheck bekommen.«

»Ich habe Käse und Zwiebeln in die Eier getan«, erwiderte Joe.

»Schau mal.«

Dave holte einen Umschlag aus seiner Brusttasche, klappte ihn auf und zeigte Joe den Scheck. »Ich kann also die Kaution zurückzahlen und deine Rechnung auch. Ist das okay?«

»Na klar. Sehr gut.«

Dave stellte die Stiefel auf den Fußboden, legte den Farbkasten und das Gewehr auf den Stuhl vor dem offenen Kamin und rollte an den Tisch. Es dauerte nicht lange, bis er anfing, immer wieder vor und zurück zu rollen. Er wirkte unkonzentriert und nervös.

»Fehlt dir etwas?«, erkundigte sich Joe.

»Was mir *fehlt*, ist, dass Dr. Daniel Perkins immer noch nicht in *Handschellen* steckt.«

Dave stieß sich ruckartig vom Tisch ab, rollte zum Kühlschrank, holte einen Saftkarton heraus und … ließ ihn fallen.

Joe schnappte sich ein Geschirrhandtuch, aber das reichte bei Weitem nicht aus. Er drehte sich um und blickte Dave an.

»Früher konntest du einen perfekten Spiralball von der Fünfzig-Yard-Linie bis in die Endzone zirkeln.«

»Ja, na ja. Das ist eine Ewigkeit her.«

Während Joe aufwischte, holte Dave Teller und Kaffeebecher aus dem Sideboard und deckte den Tisch. Joe beobachtete ihn dabei. Seine Hände zitterten. Warum?

Der Speck brutzelte, das Rührei war fertig, und nachdem der Toaster das Brot wieder ausgespuckt hatte, bestrich Joe vier Scheiben mit Butter, verteilte das Ganze auf zwei blaue Porzellanteller und brachte alles an den Tisch. Dave hatte die Kaffeekanne übernommen, und dann geschah, was Joe bereits vorausgesehen hatte: In knapp zehn Zentimetern Höhe rutschte sie Dave aus der Hand und landete mit einem heftigen Ruck auf der Tischplatte.

Joe brachte den schwappenden Inhalt wieder zur Ruhe.

»Was ist denn los mit dir, verdammt noch mal, Dave?«, fragte er.

»Du meinst abgesehen davon, dass gerade ein Lastwagen mit den Sachen meiner Eltern vom Hof gerollt ist, mit denen ich mein ganzes Leben verbracht habe? Abgesehen von der Gerichtsverhandlung, die mir bevorsteht? Abgesehen davon, dass ich meinen Vater und besten Freund verloren habe? Und dass du, Joe, mich anschaust, als würdest du mich am liebsten auf dem elektrischen Stuhl sehen?«

Joe setzte sich Dave gegenüber und schob sämtliche Teller beiseite. Dave rollte seinen Stuhl ununterbrochen vor und zurück, vor und zurück und starrte dabei auf die Tischplatte.

»Sieh mich an!«, sagte Joe.

Dave starrte auf die Tischplatte.

Joe wiederholte seine Bitte, diesmal weniger fordernd. Dave hatte schließlich jedes Recht zu fühlen, was er fühlte. Und Joe auch.

»Dave, ich bin nicht die Polizei. Ich arbeite für dich. Aber du benimmst dich wie jemand mit einem schlechten Gewissen. Wenn ich dir helfen soll, dann muss ich die ganze Wahrheit erfahren. Hast du *irgendetwas* mit Rays Tod zu tun?«

Joe war auf alles gefasst. Womöglich warf Dave als Nächstes den Tisch um, schleuderte die Kaffeekanne zu Boden und schlitzte sich mit einem Brotmesser die Pulsadern auf.

»Nein«, lautete Daves Antwort. »Ich habe Ray nichts getan. Ich habe ihn einfach nur geliebt. Ich möchte dich etwas fragen, Joe. Ich kenne deinen Vater. Er ist ein guter Mensch. Konnte manchmal auch ganz schön schwierig sein. Er hatte viel um die Ohren, die Sorge um euch Kinder und dass das Geld womöglich nicht reichen würde. Er hat dich ein paarmal ganz schön runtergemacht, vor den Augen des Trainers, vor mir. Aber hast du je daran gedacht, ihn zu ermorden?«

»Nein.«

»Nein. Was hätte passieren müssen, damit es so weit kommt? Wenn er jemanden verletzt hätte? Wenn er ein Verbrechen begangen hätte? Nicht einmal dann, oder?«

»Stimmt.«

»Du hättest ihn nicht einmal dann umgebracht, wenn er krank gewesen wäre und er dich darum gebeten hätte.«

Nach einer ausgedehnten Stille sprach Dave weiter.

»Ich schwöre bei den Erinnerungen an meine Mutter, meinen Vater und die Liebe meines Lebens, Rebecca, dass ich nichts mit dem Tod meines Vaters zu tun habe. Jemand anderes schon, aber nicht ich.«

Während dieser Sätze hatte Dave Joe fest und ohne jedes Zucken in die Augen gesehen.

Joe erwiderte bewegt: »Es tut mir leid, Dave. Bitte entschuldige.«

»Entschuldigung angenommen. Und wage es nie wieder, mich zu fragen, ob ich Ray umgebracht habe.«

Joe stand auf, stellte sich hinter den Rollstuhl und umarmte Dave von hinten. Dieser nickte und hielt Joes Arm fest. So verharrten sie lange Zeit. Schließlich ergriff Joe das Wort.

»Ich mache uns jetzt ein frisches Rührei, und dann gehen wir an die Arbeit.«

82

Dave und Joe wechselten ins Wohnzimmer. Auf dem Couchtisch hatte Dave verschiedene Papiere bereitgelegt.

»Die habe ich auf den Websites von diversen Bestattungsinstituten gefunden«, sagte er. »Fünf auffällige und vier verdächtige Todesfälle, allesamt Patienten von Doc Perkins.«

»Ich spiele mal für eine Minute den Advocatus Diaboli.«

»Ach Gott. Ich dachte, damit wären wir durch.«

»Menschen sterben, Dave. Besonders ältere Menschen mit Herzbeschwerden. Perkins ist Kardiologe. Alle seine Patienten haben Herzbeschwerden.«

»Das ist richtig, Joe. Genau deshalb werden die Todesfälle auch nicht untersucht. Ein alter Mensch kommt mit Herzbeschwerden in die Klinik und stirbt. Ende. Aber was, wenn Perkins das Ende ein bisschen vorgezogen hat?«

»Lass uns trotzdem mal nachdenken, Dave. Wenn es nicht Perkins war, wer könnte dann der Todesengel sein? Wer hätte die Mittel, die Gelegenheit und ein Motiv?«

Sie überlegten hin und her, während mehrere Fahrzeuge auf den Hof des Weinguts fuhren. Sie legten eine Liste mit Krankenschwestern, Pflegern, Sanitätern und anderen Ärzten an, die Dave namentlich kannte. Da war die Stationsschwester, die nachts für die Intensivstation und die kardiologische Station zuständig war. Ein Sanitäter, der sechzig Prozent der Verstorbenen eingeliefert hatte. Und Perkins'

Lieblings-Anästhesistin, Dr. Quo, die sich auch nach der Operation um die Patienten kümmerte.

Trotzdem blieb Dave bei seiner Meinung. Für ihn war und blieb Perkins der Verdächtige Nummer eins.

»Ray hatte doch einen Zimmergenossen, als wir ihn besucht haben. Ted irgendwas.«

»Scislowski. Ted Scislowski. Er sollte am Tag nach Dads Tod einen dreifachen Bypass bekommen.«

»Was meinst du? Ob er schon wieder zu Hause ist?«, wollte Joe wissen.

»Oder ist er, du weißt schon … *heimgegangen*?«

»War er auch bei Perkins in Behandlung?«

»Das weiß ich nicht genau.«

Joe griff nach seinem Handy, rief im Saint John's an und bat die Rezeptionistin, ihn mit einem Patienten namens Ted Scislowski zu verbinden. Sie stellte ihn durch.

Joe stellte sich dem Mann, den er in der letzten Woche beiläufig kennengelernt hatte, noch einmal vor und sagte, dass er ihn gern besuchen kommen würde.

»Wie schön«, erwiderte Scislowski. »Ray hat viel Gutes über Sie erzählt.«

»Kann ich Ihnen etwas mitbringen?«

»Nein. Aber vielleicht habe ich Ihnen etwas Interessantes zu berichten.«

83

Eine Stunde später betrat Joe Zimmer 419 des Saint John's Hospital.

»Ted, hallo. Wie geht es Ihnen?«

»Ha. Als hätte mir jemand den Brustkorb aufgerissen und das Brustbein gebrochen. Ach ja, meine Arterien haben sie auch neu verlegt, aber noch lebe ich. Wenn Sie einen guten Rat haben wollen: Achten Sie aufs Cholesterin. Bitte, Joe, setzen Sie sich doch.«

»Ich habe Ihnen etwas mitgebracht«, erwiderte Joe. »Aber ich fürchte, das muss warten, bis man sie hier rauslässt.«

»Hui«, sagte Scislowski. »Ein Channing's Private Reserve Cabernet. Den bewahre ich mir für eine besondere Gelegenheit auf. Meinen ersten Abend zu Hause, zum Beispiel. Dann stoße ich mit meiner Frau auf den armen Ray an.«

Joe nahm den angebotenen Stuhl und gestand Scislowski, dass Rays Tod ihn sehr mitgenommen hätte und dass Rays Sohn deswegen untröstlich wäre.

Dann fragte er sein Gegenüber: »Hat Dr. Perkins Sie operiert?«

»Ja, klar. Aber nicht allein. Da waren noch andere mit im OP. Also, was ich Ihnen erzählen wollte: Ich hatte eine außerkörperliche Erfahrung.«

»Tatsächlich«, erwiderte Joe. »Bitte erzählen Sie mir alles.«

»Gern. Es war wirklich unglaublich. Ich liege also im OP, wahrscheinlich bewusstlos. Und dann schwebe ich plötzlich über dem OP-Tisch, mit dem Rücken zur Decke, und sehe bei der Operation zu. Sie haben bestimmt schon öfter solche Geschichten gehört, stimmt's? Der Patient stirbt und hört genau, was die Leute im OP zueinander sagen.«

Joe beugte sich näher zu ihm. »Ted, wollen Sie behaupten, dass Sie tot waren?«

»Das behaupte ich nicht nur. Dr. Perkins hat es mir gesagt. Mein Herz ist stehengeblieben. Ich war offiziell tot. Ja, das glaube ich. Ich habe gesehen, wie die Herz-Lungen-Maschine ihre Arbeit verrichtet hat. Die Ärzte haben klassische Musik gehört und sich so laut unterhalten, dass sie die Geigen übertönt haben.

Ich war … mir fällt kein anderes Wort ein … voller Staunen. Oder voller Gnade. Ich konnte alles hören und sehen, auch diesen durchgehenden Piepton der Herzüberwachung. Und dann setzen mit einem Mal wieder die normalen, kurzen Pieptöne ein. Das Herz in meiner Brust fängt an zu schlagen. Eine Krankenschwester sagt: ›Er ist wieder da.‹ Dann komme ich im Aufwachraum zu mir. Was halten Sie davon?«

»Eine verdammt gute Geschichte, Ted.«

»Und nichts als die Wahrheit.« Scislowski lachte.

Joe lachte ebenfalls. Es fühlte sich großartig an, neben einem Mann zu sitzen, der so froh war, am Leben zu sein. Er sagte: »Das heißt also, dass Dr. Perkins Sie zurück ins Leben geholt hat?«

»Mein Gott, ich liebe diesen Mann. Ich bin ja erst dreiundsechzig. Ich habe noch eine Menge Leben vor mir.«

»Ted, als ich damals mit Dave zusammen zur Schule gegangen bin, da hat Ray mir viel bedeutet. Sein Tod hat mich wirklich erschüttert. Waren Sie dabei, als er gestorben ist?«

»Ganz bestimmt war ich das«, erwiderte Scislowski, »aber ich hatte eine Schlaftablette genommen, damit ich vor meiner Operation genügend Erholung bekomme. Daher kann ich mich nur ganz schwach erinnern, dass eine Schwester immer wieder ›Mr. Channing, Mr. Channing‹ gerufen hat. Ich habe die Augen aufgemacht und Ray angesprochen, aber da hatte sie den Vorhang schon zugezogen. Dahinter war irgendein Getuschel zu hören, als dürfte sie eigentlich gar nicht da sein, und dann ist Ray von der Schwester und einem Pfleger rausgeschoben worden, glaube ich zumindest. Ich habe gesagt: ›Mach's gut, Ray.‹«

Joe hätte zu gern gewusst, wer noch mit im OP gewesen war, als Scislowski gestorben und wieder ins Leben zurückgeholt worden war, und welche Schwester und welcher Pfleger den toten Ray Channing aus seinem Zimmer geschoben hatten, aber das kam ihm falsch vor. Als würde er Scislowskis Erinnerungsvermögen infrage stellen.

Und dann fragte er ihn trotzdem.

Scislowski erwiderte: »Ich habe zwar ihre Stimmen gehört, aber keine Gesichter gesehen. Ich weiß nur noch, dass sie Ray ein Laken übers Gesicht gezogen hatten. Und als ich im OP war, da habe ich mich ganz auf Dr. Perkins konzentriert. Die haben ja alle OP-Kleidung und Schutzmasken getragen, aber ich kenne Daniel. Er ist seit zehn Jahren mein Hausarzt. Warum wollen Sie das alles wissen, Joe?«

»Um Dave einen Gefallen zu tun. Die Trauer bringt ihn fast um.«

Die beiden Männer unterhielten sich noch eine Weile über Teds bevorstehenden Reha-Aufenthalt und darüber, wie lange Joe noch in Napa bleiben wollte. Als sie zu guter Letzt über ihre Familien plauderten, betrat eine Krankenschwester das Zimmer und brachte Teds Medikamente.

Joe merkte sich ihren Namen und legte, nachdem sie wieder gegangen war, seine Visitenkarte auf Teds Nachttisch, bevor er ihm zum Abschied die Hand reichte.

Er stieg in den Fahrstuhl und musste noch einmal an den Satz denken, den Scislowski gerade eben gesagt hatte: »Mein Gott, ich liebe diesen Mann.« Anschließend fiel ihm Teds Bericht über seine Vom-Leben-zum-Tod-zum-Leben-Operation ein.

Dr. Perkins, der nette weißhaarige Doktor mit der Metallgestellbrille und der leuchtend roten Krawatte hatte Ted Scislowskis Brustkorb geöffnet, die Arterien, die seinen Herzinfarkt verursacht hatten, durchtrennt, und seinen Patienten auf wissenschaftlich einwandfreie Weise getötet. Danach hatte er die Arterien fachmännisch wieder verbunden, hatte unter Verwendung einer Herz-Lungen-Maschine, fast wie ein Gott, das Herz seines Patienten kurzzeitig ersetzt und ihn dann ins Leben zurückgeholt.

Joe kam ein neuer Gedanke. Wenn Perkins tatsächlich ein Killer war, dann war er ein sehr, sehr umsichtiger.

84

Ich hatte die ganze Nacht über Bradys Anruf gerätselt. Der Mann, der in L.A. erschossen worden war, war ein ehemaliger Polizist gewesen?

Moving Targets hatte offensichtlich seine Vorgehensweise geändert, aber warum? Das bereitete mir Kopfzerbrechen. Ich schlüpfte in meine Kevlarweste, zog meinen Anorak darüber und gab Julie und Mrs. Rose ein Abschiedsküsschen.

Um 8.00 Uhr war ich in der Hall of Justice. Der Wachmann im Foyer zuckte zusammen, als er mein Halloween-Masken-Gesicht sah.

»Ich habe mich aber gewehrt«, sagte ich.

»Daran habe ich nicht den geringsten Zweifel, Sergeant«, erwiderte der Wachmann.

Ich lachte und hielt mir dabei das Gesicht. Wenn die blauen Flecken sich erst richtig ausgebreitet hatten, bekam ich garantiert noch mehr Bemerkungen von der Sorte zu hören.

Oben im Bereitschaftsraum angekommen, sagte Conklin: »Das wird wieder. Das wird wieder.«

Dass er seinen Satz wiederholt hatte, ließ mich eher das Gegenteil befürchten, aber ich sagte nichts.

»Wer ist denn da bei Brady?«

»Detective Noble aus L.A.«

»Er ist extra eingeflogen? Sollen wir zu Brady gehen oder Noble zu uns in die Kommandozentrale holen?«

»Kommandozentrale«, erwiderte Conklin. »Ich habe Churros mitgebracht. Und erst einen gegessen.«

Er griff zum Telefon und tippte ein paar Zahlen ein. Mit einem Blick ans andere Ende des Raums hatte ich freie Sicht auf Nobles Hinterkopf und auf Brady, der Noble an seinem Schreibtisch gegenüber saß. Jetzt nahm er den Telefonhörer ab. Er und Conklin besprachen kurz ein paar logistische Dinge, dann legten beide auf.

»Ich bereite den Raum vor«, sagte Conklin.

»Lass mich«, bat ich ihn, aber er meinte nur: »Ich mach das schon«, und ging los, um einen Kaffee aufzusetzen. Seufzend machte ich mich auf den Weg in Bradys Büro und richtete mich auf die eine oder andere Bemerkung ein, sobald er mein Gesicht gesehen hatte. Ich stellte mich Detective Noble vor. Er erhob sich, verzog dabei das Gesicht, gab mir die Hand und musterte mich ausgiebig. Brady zuckte nicht einmal mit den Augenlidern.

Noble und ich gingen durch den leeren Bereitschaftsraum in die Kommandozentrale, deren Wände inzwischen mit Fotos der Getöteten gepflastert waren. Conklin spielte Inspektor Mom und bot Erfrischungen an, unter anderem Churros und frisch gebrühten Polizeikaffee mit Kaffeesahne in unterschiedlichen Geschmacksrichtungen. Anschließend brachte Detective Noble uns hinsichtlich des gestrigen Attentats auf den aktuellen Stand.

»In den Zeitungen steht noch nichts darüber«, sagte er, »aber da sind drei Menschen ums Leben gekommen. Und einer war Barry Pratch, ehemaligen Drogenfahnder im Los Angeles Police Department.«

Noble zeigte uns Fotos. Auf dem ersten war Pratch in seiner Ausgehuniform zu sehen – das war vermutlich sein Ausweisfoto. Auf dem zweiten hatte er große Ähnlichkeit mit den anderen Attentatsopfern.

Er lag mit ausgestreckten Gliedmaßen und auf dem Bauch auf einer abgesperrten, von Streifenwagen gesäumten Straße. Er trug zivile Kleidung: eine Jeans, ein Poloshirt, Joggingschuhe, dazu eine kakifarbene Jacke mit Schulterpolstern und Flicken auf den Ellbogen – eine Jacke für die Jagd oder den Besuch einer Schießanlage.

Ich hob den Blick und fragte Noble: »Haben Sie irgendeine Ahnung, wer ihn getötet haben könnte? Warum hat er eine Jägerjacke getragen? Bitte, sagen Sie, dass es Zeugen gibt.«

Noble entgegnete: »Schön wär's. Nein. Das Ganze ist wirklich sehr merkwürdig. Pratch hat zehn Jahre lang für das Los Angeles Police Department gearbeitet, aber er hat mehrfach schlechte Beurteilungen bekommen, wegen unvorschriftsmäßigen Gebrauchs seiner Dienstwaffe. Es gibt zwar keine offizielle Bestätigung, aber Gerüchte, dass er Oxy genommen haben soll. Vermutlich hat er das Zeug irgendwelchen Dealern abgenommen. Vielleicht hat er auch selbst gedealt. Würde mich nicht wundern.«

Über Detective Carl Kennedy hatte Clapper ganz ähnliche Dinge erzählt. Der einzige Unterschied, den ich erkennen konnte, war der, dass Kennedy von Los Angeles nach Houston gezogen und im Dienst erschossen worden war. Vielleicht waren Pratch und Kennedy ja befreundet gewesen.

Noble sagte: »Vor drei Jahren stand Pratch kurz vor der Entlassung, darum hat er sich vorzeitig pensionieren lassen.

Aber jetzt wird es interessant: Er war *hinter den Attentätern her*. Und er hat zwei von ihnen erschossen. Er war auf der Jagd nach Drogendealern, *als wäre er immer noch bei der Polizei*.«

»Wie interpretieren Sie das alles?«, wollte ich von Noble wissen.

»Meine Theorie lautet folgendermaßen: Pratch hat zwei dieser Rächertypen erledigt und war noch lange nicht fertig. Aber dann hat ihn ein dritter Attentäter ins Visier genommen und schließlich umgebracht. Tote Männer schießen nicht mehr.«

Dann beschrieb uns Noble die beiden toten Attentäter.

Einen hatte er wohl auf dem Dach eines zweistöckigen Bürogebäudes mit einem Gewehr entdeckt. Der andere hatte vor einem Wohnhaus gestanden. Bis jetzt war über ihre Identität noch nichts bekannt. Aber das vollkommen überlastete kriminaltechnische Labor in Los Angeles hatte Fotos, Fingerabdrücke und die tödlichen Geschosse erhalten und würde die Erschossenen so bald wie irgend möglich identifizieren.

»Was Wochen dauern könnte«, sagte Noble.

Wir füllten erneut unsere Kaffeebecher und überlegten konzentriert.

Warum hatte ein in Ungnade gefallener Polizeibeamter zwei ausgebildete Attentäter erschossen? Woher hatte er sie gekannt? Und woher hatte er gewusst, wo er sie antreffen würde? War er auch einer von ihnen gewesen? War er wieder auf den Boden des Gesetzes zurückgekehrt und hatte erkannt, dass die Ermordung von Drogendealern durch nichts zu rechtfertigen war? Oder hatte er *Moving Targets* von Anfang an im Visier gehabt und sich ihnen nur angeschlossen, um sie dann zur Strecke zu bringen? Vielleicht hatte er darin eine Möglichkeit gesehen, sich selbst wieder reinzuwaschen.

Alles gute Theorien, aber wo war der Schlüssel zur Wahrheit?

Würden wir sie jemals erfahren?

»Tote Männer schießen nicht mehr«, hatte Noble gesagt.

Stimmt. Und reden tun sie auch nicht.

85

Brady stieß die Tür auf und platzte in unsere Kommandozentrale. »Barkley ist gerade eben im Sleep Well in Portola gesichtet worden.«

Ich kannte das Sleep Well Motel. Es handelte sich um ein blassrosafarbenes Gebäude, ganz traditionell geformt wie ein kantiges Hufeisen, das einen Parkplatz an der San Bruno Avenue umschloss.

Brady bellte uns seine Anweisungen entgegen. »Nehmt Lemke und Samuels mit. Nardone habe ich nicht erreicht. Boxer, du hast die Einsatzleitung. Das SWAT-Team ist schon unterwegs.«

Ich hastete hinter Brady durch den Mittelgang, dicht gefolgt von Conklin. Lemke und Samuels saßen an ihren Schreibtischen. Lemke erinnerte mit seinem vorstehenden Unterkiefer an einen alten Pitbull. Samuels hätte mit den runden Schultern und der Brille auch als Buchhalter durchgehen können. Er wurde oft unterschätzt, aber das war ein Fehler. Die beiden waren gute Polizisten, hingen ununterbrochen zusammen, und jetzt konnte Lemke sich sogar im Glanz seines Ruhms sonnen, weil wir auf einem der Fotos, die er bei der Beerdigung der Barons geschossen hatte, Barkley entdeckt hatten.

Conklin gab Bradys Anweisungen weiter, dann griffen Samuels und er nach ihren Jacken. Wir alle hofften, dass wir Barkley dieses Mal zu fassen bekamen. Ich wollte ihn lebend in unser Verhörzimmer setzen, weil er das Einzige war, was wir hatten. Und vielleicht war er ja der Schlüssel zu dieser ganzen Moving-Targets-Operation.

Wir liefen also zu viert die Feuertreppe hinunter auf die Bryant Street und nahmen uns zwei Streifenwagen. Conklin setzte sich ans Steuer unseres Fahrzeugs, wir schalteten die Sirene und die Blinklichter ein, und dann trat Conklin aufs Gas.

Ich meldete mich bei der Funkzentrale, beantragte eine eigene Funkfrequenz und meldete mich wieder ab. Eine Minute später drangen mehrere Vierhunderter-Zahlencodes aus unserem Lautsprecher. Beamter benötigt Notversorgung. Notarztwagen erforderlich. Verstärkung wird angefordert. Dann noch einmal die Bitte um einen Notarztwagen.

Die Fahrzeuge vor uns machten eine Gasse frei, und schon zehn Minuten später fuhren wir auf der Hauptstraße durch Portola, ein Arbeiterviertel am Stadtrand. Wir flogen an zahlreichen kleinen Geschäften vorbei – Schuhmacher, Bäckereien, Lebensmittelläden, ein paar Restaurants –, dann tauchte vor uns die blinkende Leuchtreklame auf.

SLEEP WELL MOTEL. ZIMMER FREI. WLAN GRATIS.

Als wir eintrafen, war der Parkplatz voller Einsatzfahrzeuge und Polizisten, die versuchten, die Schaulustigen zu vertreiben.

Meine Aufgabe als Einsatzleiterin bestand darin, den Ort des Geschehens abzusichern, der Kriminaltechnik ungehinderten Zugang zu gewährleisten und alles, was sich hier abspielte, für den zukünftigen Leiter der Ermittlungen zu dokumentieren. Ich hoffte inständig, dass der Kelch an mir vorüberging. Dann brachte ich Clapper auf den aktuellen Stand. »Wir brauchen so schnell wie möglich die Fingerabdrücke.«

»In einem Motelzimmer. Na, dann viel Glück.«

»Das wünsche ich dir von ganzem Herzen.«

Ich ließ den Blick über all die Streifenwagen, Krankenwagen und die Autos der Motelgäste hinweg schweifen und versuchte, mir vorzustellen, was sich hier abgespielt hatte. Wo steckte Nardone? Brady hatte gesagt, dass Barkley gesichtet worden sei. Aber es hatte eine Weile gedauert, bis wir uns durch den Mittagsverkehr gezwängt hatten, darum lag die Vermutung nahe, dass Barkley schon längst über alle Berge war.

Noch bevor Conklin den Wagen zum Stillstand gebracht hatte, sprang ich ins Freie und humpelte mit meinem verstauchten Knöchel auf den Krankenwagen zu, in dem gerade ein Patient versorgt wurde. Der Sanitäter wollte mich nicht ins Innere lassen.

»Er hat eine Kopfverletzung. Bitte gehen Sie aus dem Weg.«

»Wie heißt der Verletzte?«

»Glenn Healy. Officer Healy.«

»Wo bringen Sie ihn hin?«

»Ins Zuckerberg San Francisco General.«

Die hintere Tür klappte zu, Sirenen jaulten, und der Krankenwagen fuhr auf die Hauptstraße. Da hörte ich, wie jemand nach mir rief.

»Sergeant Boxer. Hier drüben.«

Sergeant Robert Nardone hockte auf der dritten Stufe einer Treppe, die vom Parkplatz in den ersten Stock des Motels führte. Vor seinen Füßen stapelten sich Putzmittel und Hygieneartikel, als hätten mehrere Drogeriemärkte ihre Lagerbestände dort ausgekippt.

Mein Blick blieb an einem umgekippten Rollwagen hängen, der etwa sechs Meter vom Fuß der Treppe entfernt gegen einen alten Buick gekracht war. Daher die Putzmittel.

Trotzdem konnte ich mir nicht erklären, was hier eigentlich passiert war.

Das würde Nardone mir berichten müssen.

»Bob, ist alles in Ordnung?«, fragte ich ihn.

»Wir haben ihn verloren, Boxer. Der Drecksack hat sich unser Auto geschnappt und ist abgehauen.«

86

Nardone war kreidebleich und hatte eine üble Schürfwunde auf der linken Gesichtshälfte. Den linken Arm hielt er fest an die Brust gedrückt.

Die Sanitäter würden ihn jeden Moment in einen Krankenwagen verfrachten, aber ich hatte die Hoffnung, dass er vorher noch eine Aussage machen konnte. Ich kannte Sergeant Robert Nardone seit vielen Jahren. Er besaß einen scharfen Blick, war fleißig und strebte eine Stelle in der Mordkommission an. Obwohl er verletzt war, saß er aufrecht da, konnte sprechen und schien das Geschehen auf dem Parkplatz ununterbrochen im Auge zu behalten.

Ich sprach ihn an: »Nardone. Wie geht es Ihnen?«

»Ganz gut, so weit.«

»Der Kerl, dem Sie die Verletzungen verdanken … war das Barkley?«

»Ich hab vergessen, ihn nach dem Ausweis zu fragen.«

Sarkasmus war ein gutes Zeichen. Nardone hatte ein echtes Talent dafür.

Ich wischte kleine Seifenstücke, Shampoofläschchen, Schwämme und eine Sprühdose von einer Treppenstufe und setzte mich neben ihn. Jetzt hatte *ich* einen guten Überblick über den Parkplatz.

Touristen, Motelgäste und Einheimische schlenderten über die Asphaltfläche, traten auf potenzielle Indizien und behinderten die Polizisten, die alles in ihrer Macht Stehende versuchten, um den Bereich abzusperren. Niemand kümmerte sich um die Namen von Zeugen oder nahm eine Aussage auf. Vieles würde davon abhängen, was Nardone mir zu sagen hatte.

Krankenwagen drängten mit Blinklichtern und jaulenden Sirenen herein, während die Fahrer mehrerer privater Fahrzeuge versuchten, sich durch unablässiges Hupen einen Weg nach draußen zu bahnen.

Ich fand es sehr bedenklich, dass Barkley sich einen Streifenwagen unter den Nagel gerissen hatte. Ein bewaffneter Krimineller, der sich nicht an Geschwindigkeitsbegrenzungen halten musste, der andere Fahrzeuge herauswinken und deren Fahrer berauben, töten, ihr Auto stehlen konnte ... Leonard Barkley war dadurch noch gefährlicher geworden als zuvor. Das alles sagte ich Nardone.

Er gab mir das Kennzeichen seines Wagens, ich leitete es weiter und bat um eine sofortige Großfahndung. In diesem Augenblick fiel mein Blick auf ein weiteres Opfer. Lemke und Samuels standen neben dem zweiten Notarztwagen und sprachen mit einer Patientin auf einer Trage. Sie schluchzte, und ich sah Blut an einem ihrer Arme entlanglaufen.

Ich wandte mich an Nardone. »Wer ist das?«

»Das Zimmermädchen. Sie ist ihm zufällig in die Quere gekommen.«

Von seiner aufgesetzten Tapferkeit war nichts mehr übrig, und er starrte mich betroffen an.

»Er hat uns nach allen Regeln der Kunst zerlegt, Boxer. Und bis auf die Unterwäsche hat er uns alles abgenommen. Healy hat es am schlimmsten getroffen. Weitaus schlimmer als mich.«

»Okay«, erwiderte ich. »Erzählen Sie, und zwar von Anfang an.«

Nardone seufzte und fuhr sich behutsam mit den Fingerspitzen übers Gesicht.

Als er so weit war, sagte er: »Healy ist gefahren. Wir wollten uns gerade einen Kaffee holen, da habe ich einen Mann gesehen, der aussah wie Barkley. Er wollte die Straße zum Motel überqueren. Ich war mir ziemlich sicher, dass er es war, aber auf dem Foto trägt er noch einen Bart.«

»Ja, genau. Er hat sich rasiert. Und weiter?«

»Also sind wir auf den Motel-Parkplatz gefahren und haben beobachtet, wie er die Treppe hochgegangen ist und Zimmer 208 betreten hat. Das ist das da gleich am oberen Absatz. Wir haben da drüben geparkt, damit wir das Zimmer beobachten konnten. Ich habe die Zentrale angefunkt, gemeldet, dass wir einen Verdächtigen gesichtet haben, und Verstärkung angefordert.«

»Aber er hat Sie bemerkt, stimmt's?«

»Ja, genau. Er linst durch den Vorhang, macht seine Tür auf, und ich kann richtig sehen, wie er überlegt, was er jetzt machen soll. Er kann entweder zum Fahrstuhl am anderen Ende des Gebäudes laufen oder über das Geländer springen. Healy und ich steigen aus unserem Fahrzeug, ziehen unsere Pistolen, und ich rufe: ›Stehen bleiben! Hände hoch, so, dass wir sie sehen können.‹

In dem Augenblick kommt die Putzfrau aus Zimmer 206 und schiebt ihren Rollwagen den Gang im ersten Stock entlang. Dadurch verdeckt sie uns die Sicht auf den Verdächtigen. Sie trägt Ohrstöpsel und summt vor sich hin. Ich kann nichts mehr sehen, und sie kann mich nicht hören.«

»Und dann?«

»Und dann packt dieses Arschloch sie und schubst sie mitsamt ihrem Rollwagen die Treppe runter. Ich bin vor Healy, sodass sie auf mich drauffällt. Ich falle auf Healy, und der knallt mit dem Kopf gegen das Treppengeländer. Jetzt liegen wir alle drei auf einem Haufen. Orientierungslos. Außer Atem. Der Verdächtige, also mutmaßlich Barkley, zerrt Healy mit sich, stößt ihn gegen unseren Streifenwagen und brüllt ihm ins Gesicht: ›Ich bin doch einer von den Guten, du bescheuerter Wichser!‹«

»Oh Gott.«

Nardone schluckte, hustete und fuhr fort: »Bei dem Treppensturz in dieser Menschentraube plus Rollwagen habe ich meine Pistole verloren. Ich höre, wie Barkley Healy mehrfach die Faust in die Magengrube rammt. Healy stöhnt und will sich losmachen. Dann sehe ich, dass Barkley Healy auf die Motorhaube drückt und ihn abtastet. ›Gib mir den Autoschlüssel‹, sagt er. Ich höre es klimpern und weiß, dass er ihn hat.«

87

Nardone wollte mir den Hergang sehr gerne schildern, und ich wollte seine Schilderung sehr gern hören, aber allmählich schwanden seine Kräfte.

Zwischen den Toilettenartikeln lagen auch ein paar kleine Plastikflaschen mit Wasser. Ich zog eine unter dem Rollwagen hervor und gab sie Nardone.

Er bedankte sich und nippte daran.

Dann sagte er: »Ich will die Frau von mir runterschieben. Aber sie ist total schwer. Bewusstlos. Als ich es dann endlich geschafft habe, sehe ich Healy in seinem eigenen Erbrochenen liegen, mit einer blutigen Schläfe. Unsere Pistolen sind verschwunden. Der Kerl hat uns auch die Schultermikros abgenommen. Das habe ich nicht mal gemerkt. Aber jetzt stehe ich wieder und sehe, wie er mit unserem Streifenwagen wegfährt. Da liegt auch mein Handy drin.«

»Und Ihre Dienstmarke?«

»Meine hab ich noch, aber die von Healy hat er sich geschnappt. Er hat sie ihm aus der Brusttasche gerissen. Eines muss ich noch sagen, Sergeant, und das ist keine Ausrede, aber wir hatten echt keine Chance. Der Typ ist Kampfsportler oder irgend so was.«

»Falls es wirklich Barkley war, dann ist er ein Navy SEAL.«

»Das wäre eine Erklärung.«

»Sie haben Ihr Bestes gegeben, Bob.«

Sanitäter näherten sich mit einer Trage. Nardone protestierte. Sie bestanden darauf. Und gewannen.

Draußen auf der Straße, die durch die überschaubare Einkaufsgegend führte, ertönte lautes Hupen und Bremsenquietschen, während uniformierte Beamte eine Fahrspur sperrten und versuchten, den Verkehr zu regeln. Falls es sich bei dem flüchtigen Durchgeknallten tatsächlich um Barkley handelte, dann litt er unter einer posttraumatischen Belastungsstörung. Jetzt hatte er sich auch noch Waffen, eine Dienstmarke und einen Streifenwagen besorgt. Und er glaubte, dass er auf der Seite der Guten stand. Dieser ganze Aufruhr sorgte womöglich dafür, dass bei ihm die Sicherungen endgültig durchbrannten.

Conklin kam zu mir und sagte: »Ich habe gerade mit Cappy geredet.«

McNeil und Chi hatten die Aufgabe bekommen, Barkleys Haus zu beobachten. Vielleicht brauchte der Verdächtige ja frische Unterwäsche und ein wenig eheliche Zuwendung. Aber Barkley hatte sich dort nicht sehen lassen, und jedes Mal, wenn seine Frau das Haus verlassen hatte, waren sie ihr gefolgt.

Ich rief Brady an und sagte ihm, dass wir Randi in Schutzhaft nehmen mussten. Er wollte einen entsprechenden Gerichtsbeschluss besorgen.

Anschließend setzte ich mich in unseren Streifenwagen, schaltete das Funkgerät ein und meldete mich bei der Funkzentrale.

May Hess sagte: »Gute Neuigkeiten, Sergeant. Der Streifenwagen ist mit laufendem Motor auf der San Bruno Avenue bei Cliff's Auto Body zurückgelassen worden.«

»Mit den Dienstwaffen?«

»Ohne Waffen. Ohne alles.«

Barkley hatte uns das Fahrzeug zurückgegeben. Eine gute Nachricht. Ich musste mir keine Gedanken mehr darüber machen, dass er mit eingeschalteter Sirene und hundertfünfzig Stundenkilometern ins Unbekannte raste.

Aber das reichte mir nicht.

Wo steckte er jetzt?

Vielleicht kauerte er auf der anderen Straßenseite und beobachtete uns.

88

Gegen zwei Uhr nachmittags brachte ich Randi White in einer sicheren Unterkunft in Parkside unter, die meiner bescheidenen Meinung nach etliche Gehaltsstufen über der Rumpelbude anzusiedeln war, die sie und Barkley ihr Zuhause nannten.

Hier gab es zwei frisch gestrichene, sonnendurchflutete Zimmer, bequeme Möbel, eine Meeresbrise und nur wenige Häuserblocks entfernt einen Park. Barkley Barkley, ihr großer Hund, kletterte auf ein weißes Sofa und schlief schnell ein.

Er fühlte sich wie zu Hause, aber Randi beschwerte sich ununterbrochen, während Streifenbeamte die Fenster sicherten und die Türschlösser kontrollierten. Sie wusste nicht, dass wir eine richterliche Genehmigung erwirkt hatten, die uns erlaubte, versteckte Kameras anzubringen, das Festnetztelefon zu verwanzen und ihren Laptop anzuzapfen.

»Ist das überhaupt zulässig?«, erkundigte sich Randi.

»Ja, das ist es, und noch einmal: Es dient zu Ihrem Schutz.«

»Schutz vor wem? Vor meinem Mann etwa?«

»Überlegen Sie doch mal: Angenommen, er kommt Sie hier besuchen. Wir verlangen, dass er mit erhobenen Händen rauskommt. Er widersetzt sich der Festnahme. Schüsse fallen. Sie sind beide tot.«

Randi zuckte nur mit den Schultern. »Wir wussten von Anfang an, dass das passieren kann. Wir haben einen Pakt mit dem Tod geschlossen. Sie etwa nicht?«

Sie hielt inne und sah mich aufmerksam an. Ich hatte das Bild meiner kleinen Tochter vor Augen. Erschossen zu werden, war immer eine sehr schmerzhafte Möglichkeit.

Randi registrierte meine Miene und verzog hämisch das Gesicht. »Ja, genau. Hab ich mir gedacht.«

Sie ging in die Küche und machte den Kühlschrank auf. Ich sah, dass er leer war.

»Vor der Tür steht ein Streifenwagen«, sagte ich. »Officer Carol Ma Fullerton ist für Sie zuständig. Das hier ist ihre Telefonnummer.«

Ich klemmte den Zettel mit einem Magneten an die Kühlschranktür. »Sie besorgt Ihnen alles, was Sie brauchen, in einem vernünftigen Rahmen. Also Lebensmittel. Lassen Sie die Jalousien unten und gehen Sie nicht ans Telefon. Fullerton oder ihre Ablösung begleiten Sie einmal am Tag zusammen mit Ihrem Hund in den Park.«

»Wann kann ich hier wieder raus?«

»Hören Sie, Randi. Ich kann Sie auch als wichtige Zeugin ins Gefängnis stecken, falls Ihnen das lieber ist.«

Das stimmte zwar, aber nur achtundvierzig Stunden lang. Polizeibeamte dürfen lügen, und ich glaube nicht, dass meine Nase dabei auch nur einen Millimeter länger geworden ist.

»Ich brauche Tampons«, sagte sie.

»Das richte ich Officer Fullerton gleich aus, wenn ich rausgehe. Eine Querstraße weiter vorn gibt es einen Drugstore.«

Randi setzte sich zu ihrem Hund auf das Sofa, legte die Füße auf den Couchtisch und schaltete missmutig den Fernseher ein.

»Gibt's hier auch HBO?«

»Machen Sie es sich gemütlich, Randi. Und sehen Sie zu, dass Ihr Handy geladen ist, falls wir Sie kontaktieren müssen.«

»Und Eiscreme«, sagte sie. »Double Chocolate Chip.«

Würde Leonard Barkley sie in ihrem Häuschen in der Thornton Street suchen? War er uns gefolgt, als wir sie in diese Nobelunterkunft verlegt hatten? Was hatte er vor?

Das würde ich von Randi niemals erfahren.

Als ich nach draußen ging, spielte sie mit den Ohren ihres Hundes, während die erste Staffel von *Die Sopranos* lief.

89

Cindy saß in ihrem Büro und arbeitete an einem Artikel über eine Autoentführung aus Sicht des Opfers. Gleichzeitig hatte sie ihren Polizeifunk-Scanner eingeschaltet.

Der Abgabetermin stand unmittelbar bevor, und sie war ganz in ihre Arbeit vertieft, als es an der Tür klopfte. Henry Tyler sagte: »Sie hatten mich angerufen?«

Cindy bat ihn herein und erklärte ihm, dass es nicht mehr lange dauern würde.

»Ich brauche bloß einen Aufmacher auf der ersten Seite«, fuhr sie fort, »und dann vielleicht eine halbe Seite im B-Teil.«

»Um Punkt 18.00 Uhr bin ich weg.«

»Sie kriegen den Text auf jeden Fall vorher.«

Cindy wandte sich wieder ihrem Entwurf zu und glich die Zitate mit ihren Interview-Aufzeichnungen ab. Dann spielte der Funkscanner mit einem Mal verrückt. Sie stellte ihn lauter. Irgendetwas passierte da gerade, und zwar etwas Großes. Genau deshalb hatte sie das Ding immer bei sich, ob bei der Arbeit, zu Hause oder irgendwo dazwischen.

Als Erstes hörte sie eine klar verständliche Bitte um Verstärkung, gefolgt von der Zusicherung der Funkzentrale, dass bereits Kollegen unterwegs seien. Daran schlossen sich mehrere Vierhunderter-Codes an: Beamter benötigt dringend Hilfe. Notarzt erforderlich. Verstärkung wird angefordert. Dann noch einmal die Bitte um einen Notarztwagen.

Beamter benötigt dringend Hilfe jagte ihr einen Stromstoß über den Rücken.

Sie wählte Richs Nummer, drückte das Handy ans Ohr und wartete auf seine Stimme. Doch er nahm nicht ab.

Cindy starrte durch ihre Glaswand. McGowan saß nicht an seinem Platz. Sie schickte ihm eine Textnachricht: *Halt die Stellung. Bin in einer Stunde wieder da.*

Sie unterdrückte den Impuls, es noch einmal bei Rich zu versuchen. Wenn er an seinem Schreibtisch saß, würde er zurückrufen. Wenn nicht, dann war er beschäftigt. Aus ihrem Scanner war jetzt eine andere Stimme zu hören – ein Beamter bat die Funkzentrale, den Einsatzort zu wiederholen.

Die Antwort ließ nicht auf sich warten: »Sleep Well Motel, 2701 San Bruno Avenue.«

Cindy hatte keine Ahnung, was da los war, aber ihr Instinkt war in höchster Alarmbereitschaft. Sie spürte, dass dort in Portola gerade eine große Geschichte zum Leben erwachte. Wenn die Straßen einigermaßen frei waren, konnte sie spätestens in einer Viertelstunde vor dem Sleep Well sein.

Sie ließ das Handy in ihre Handtasche gleiten, zog den Reißverschluss ihrer Baseballjacke zu und schwang sich die Tasche über die Schulter. Als Letztes klemmte sie sich den Funkscanner unter den Arm und verließ ihr Büro. Ihre Neugier und ihre Fantasie hatten bereits Feuer gefangen. Sie ließ ihrem inneren Drang freien Lauf und wählte noch einmal Richs Nummer. Dieses Mal hinterließ sie ihm eine Nachricht.

»Ruf mich an, Rich. Damit ich weiß, dass es dir gut geht.«

Sie schloss ihren blauen Honda auf, steckte den Scanner in den Zigarettenanzünder, verband ihr Handy mit der Bluetooth-App und schnallte sich an. Normalerweise dauerte die Fahrt vom Redaktionsgebäude bis nach Portola zehn bis fünfzehn Minuten, allerdings ohne Staus.

Cindy richtete fast ihre gesamte Aufmerksamkeit auf die Straße, nahm jede Abkürzung, jede gelbe Ampel mit, aber als sie endlich am Tatort eintraf, gab es dort nichts als schlappes, gelbes Absperrband zu sehen.

Hier war eindeutig etwas passiert, aber was?

Ein paar Polizisten sammelten das Absperrband ein. Motelgäste fuhren vom Parkplatz.

Sie steuerte den Empfangsbereich des Motels an.

90

Cindy las das Namensschild auf dem Tresen.

MR. JAKE TUOHY, MANAGER.

Tuohy war massig gebaut und hatte nicht mehr viele Haare auf dem Kopf. Seine Körpersprache vermittelte laut und deutlich zwei Fragen: *Was ist denn jetzt schon wieder?* und *Was soll's?*. Doch Cindy war überzeugt, dass sie ihn auf ihre Seite ziehen konnte. Sie zog den Reißverschluss ihrer Jacke auf, schüttelte die Haare aus und stellte sich vor.

»Ich bin Cindy Thomas vom *San Francisco Chronicle* und möchte Sie fragen, ob Sie …«

Tuohy unterbrach sie: »Haben Sie eine Visitenkarte für mich?«

Cindy holte eine aus ihrer Jackentasche. An der Wand hinter ihm fiel ihr jetzt ein gerahmtes Foto mit einem ausgenommenen Hirsch auf, der kopfüber an einem Baum hing. Tuohy stand grinsend daneben.

Während er die Karte an das Korkbrett über der Kaffeemaschine pinnte, zog Cindy ihre Jacke zu.

Er drehte sich um und sortierte seine Haare wieder in Hufeisenform um seinen Schädel. Sein Lächeln jagte ihr eine Gänsehaut über den Rücken.

»Was möchten Sie denn wissen?«, fragte er.

»Alles. Am besten, ich lasse Sie einfach erzählen, was sich hier abgespielt hat. Was meinen Sie?«

Sie holte ihr Handy aus der Handtasche, startete den Rekorder und legte das Gerät auf den Tresen. »Könnten Sie mir bitte Ihren Namen buchstabieren?«

»Könnte ich schon, mache ich aber nicht«, erwiderte er. »Schalten Sie das aus.«

Cindy gehorchte seufzend.

»Tut mir leid«, sagte sie dann. »Aber ich muss einen Artikel darüber schreiben. Das ist meine Arbeit.«

»Sie dürfen aber meinen Namen nicht verwenden. Ich werde auf jeden Fall abstreiten, dass ich überhaupt mit Ihnen geredet habe.«

»Einverstanden. Fangen wir noch mal von vorn an. Was können Sie mir sagen?«

»Gestern Abend hat ein Mann hier eingecheckt«, sagte Tuohy. »Soweit ich gehört habe, hat er unsere Putzfrau die Treppe runtergeschubst. Wir sind zwar versichert, aber ihre Papiere sind wohl nicht hundertprozentig in Ordnung. Wobei ... So ganz genau weiß ich das gar nicht. Geht mich nichts an. Ach ja, noch was. Zwei verletzte Polizisten hat es auch gegeben.«

»Sind sie beschossen worden?«

»Beschossen? Nein. Wer hat Ihnen denn das erzählt?«

Der Manager wollte ihr weder den Namen der Putzfrau noch des Mannes, der das Zimmer gebucht hatte, noch die der Polizeibeamten verraten. »Ich will schließlich nicht meinen Job verlieren, kapiert?«

»Natürlich«, erwiderte Cindy. »Genauso geht's mir auch. Danke, dass Sie sich Zeit für mich genommen haben.«

Sie schüttelte das eklige Gefühl der letzten fünf Minuten ab und näherte sich den beiden Streifenbeamten, die gerade dabei waren, das Absperrband zu entfernen. Sie kannte sie nicht, aber die Frau sah aus, als hätte sie sich ein bisschen Menschlichkeit bewahrt. Sie war Mitte dreißig, trug einen Ehering und konnte immer noch lächeln.

Cindy warf einen Blick auf ihr Namensschild – Officer W. Link – und stellte sich als leitende Polizeireporterin des *Chronicle* vor.

Dann sagte sie: »Kennen Sie zufällig Inspektor Rich Conklin? Er arbeitet bei der Mordkommission, und ich bin sehr gut mit ihm befreundet. War er auch hier vor Ort?«

Die Polizistin sagte: »Ja, er war hier. Und es geht ihm gut.«

Cindy stieß erleichtert den Atem aus und stellte ihre nächste Frage: »Können Sie mir vielleicht verraten, was hier passiert ist?«

»Ja, aber nur, weil Sie mit einem Kollegen befreundet sind. Sie können mich aber nicht zitieren. Wir dürfen mit niemandem über laufende Ermittlungen reden, schon gar nicht mit der Presse.«

»Geht klar, Officer L-i-n-k.«

»Ha, ha, ha. Ich mein's ernst. Wirklich.«

»Kein Problem. Ich verspreche Ihnen, dass ich Sie mit keiner Silbe erwähnen werde.«

Sie musterte Cindy mit strengem Blick.

»Ich schwöre.«

Cindy streckte ihr die Hand entgegen, und Officer Link schlug ein.

Dann berichtete sie Cindy, was sie gehört hatte. Auch wenn sie keine Augenzeugin war, war ihr Bericht spektakulär. Ein richtiger Hammer.

»Ich glaube, dass dieser Barkley auf die Kollegen geschossen hat. Und dann ist er entkommen. Vermutlich gehört er zu diesen Attentätern, die alle möglichen Drogendealer erschossen haben, aber dazu habe ich noch nichts Offizielles gehört. ›Unbestätigte Angaben einer unbekannten Person‹, nicht wahr, Miss Thomas?«

»Ganz genau.«

»Gut. Es heißt, dass er nach der Schießerei einen Streifenwagen gestohlen hat und untergetaucht ist. Und ich habe gehört, dass er ein ehemaliger Navy SEAL sein soll.«

»Wow. Vielen Dank, anonyme Quelle aus dem Umfeld des San Francisco Police Department.«

Link grinste.

»Ich meine es ganz ehrlich: Vielen Dank.«

Anschließend quälte Cindy sich durch den Verkehr auf dem Highway 101 und stellte ihren Wagen endlich in der Tiefgarage gegenüber dem *Chronicle* ab. Sie hastete nach oben und ging direkt in Tylers Büro.

»Haben Sie eine Minute?«

»Für Sie? Sogar zwei.«

»Henry, ich habe einen ganz dicken Fisch am Haken.«

»Besser als diese Autoentführung?«

»Das schaffe ich beides«, erwiderte Cindy und erläuterte ihm, was sie über den Zwischenfall beim Sleep Well Motel wusste.

»Legen Sie los«, sagte Tyler. »Ich gebe Ihnen drei Stunden Zeit.«

Cindy ging in ihr Büro und stellte den Scanner auf das Fensterbrett. Seit Barkleys Frau auf die Polizei geschossen und ihrem Mann damit zur Flucht verholfen hatte, hatte sie viele Informationen über ihn zusammengetragen. Sie hatte eine Recherchedatei über die Opfer angelegt, und jetzt hatte Officer Link bestätigt, was sie schon gehört hatte – dass Brady nämlich ein ehemaliger Navy SEAL war.

Sie hatte McGowan bereits beauftragt, Material über die SEALs zusammenzutragen, und jetzt, als hätte sie ihn gerufen, stand er plötzlich in ihrer Tür.

»Brauchst du Unterstützung?«

»Ich sitze gerade an einem Entwurf«, erwiderte sie. »Tyler will bis sechs etwas sehen. Und da wir jetzt zusammenarbeiten, hätte ich gern vorher noch deine Meinung dazu.«

»Okay, Cindy. Die Agenturen habe ich schon abgegrast. Die haben bis jetzt noch nichts über die Sache beim Sleep Well Motel.«

Verdammt. Das hatte sie ihm doch gar nicht erzählt. Er musste also über eigene Polizeikontakte verfügen. Oder er hatte an Tylers Bürotür gelauscht.

»Gut«, meinte sie. »Hoffen wir, dass es so bleibt.«

Sie öffnete ihren Rechercheordner und klickte die Abschnitte an, die sie jetzt brauchte. Sie konnte es schaffen.

Schnell und gut.

91

Um 15.00 Uhr war Cindy so weit. Sie fing an zu schreiben.

Überschrift: SCHARMÜTZEL VOR DEM SLEEP WELL MOTEL.

Text: »*Wie der* Chronicle *durch anonyme Quellen aus dem Umfeld des San Francisco Police Department erfahren hat, wurden zwei Polizeibeamte am heutigen Vormittag vor dem Sleep Well Motel in Portola auf einen Mann aufmerksam. Dieser steht im Verdacht, zum Kreis der Attentäter zu gehören, die seit knapp zwei Wochen zehn oder mehr Personen in fünf verschiedenen Städten der USA ermordet haben sollen.*

Der Verdächtige, der noch nicht eindeutig identifiziert ist, war Gast im Sleep Well, als er von den Beamten gestellt wurde. Wir wissen nicht, was ihm in diesem Moment durch den Kopf gegangen sein mag, aber seine Reaktion war die sofortige Flucht. Dabei stieß der Mann eine Motelangestellte eine Treppe hinunter, sodass sie mit den beiden Polizeibeamten kollidierte. Einer von ihnen wurde dabei schwer verletzt. Daraufhin ergriff der Verdächtige in einem gestohlenen Polizeifahrzeug die Flucht.«

Jetzt kam Cindy zum Hauptteil ihres Artikels. »*Angeblich soll der Verdächtige ein Spezialist im Nahkampf sowie im Umgang mit hochmodernen Waffen sein. Wie anonyme Quellen aus dem Umfeld des San Francisco Police*

Department dem Chronicle *berichten, handelt es sich bei dem Mann um einen ehemaligen Angehörigen der Navy SEALs.«*

Jetzt folgten einige Hintergrundinformationen über die militärische Elitetruppe, deren Angehörige allesamt hervorragende Kampfschwimmer und Infanteristen waren. Die Ausbildung dauerte fünf Jahre. In dieser Zeit wurden die Soldaten mit den unterschiedlichsten Waffen vertraut gemacht, lernten den Umgang mit Sprengstoffen aller Art, erhielten eine Fallschirmspringer- und eine Scharfschützenausbildung sowie ein außerordentlich anspruchsvolles Gefechtstraining.

Cindy erwähnte auch, dass der Ursprung der SEALs bei den Kampfmittelräumdiensten zu finden war, die im Zuge der D-Day-Landungen im Zweiten Weltkrieg eine große Bedeutung erlangt hatten. Danach hatten sie unter anderem in Vietnam, Grenada, im Zweiten Golfkrieg sowie bei der Ermordung von Osama bin Laden eine wichtige Rolle gespielt.

»Falls tatsächlich aktive oder ehemalige Angehörige der Navy SEALs an diesem koordinierten ›Krieg gegen die Drogen‹ beteiligt wären«, schrieb Cindy, *»dann wäre das eine Erklärung für die sehr präzise und aus großer Entfernung durchgeführten Attentate in den frühen Morgenstunden.«*

Jetzt fehlte eigentlich nur noch der Kracher zum Abschluss. Am besten wäre ein Zitat, und Rich war ja vor Ort gewesen. Selbst wenn er ihr nur ein »Kein Kommentar« genehmigte, war das besser als gar nichts.

Sie wählte erneut seine Nummer, flehte den Klingelton an: »Komm schon, Richie. Bitte, nimm endlich ab.«

Ihr Anruf landete auf der Mailbox.

Es war Viertel vor sechs. Durch ihre Glaswand fing sie einen Blick von McGowan auf. Sie hob eine Hand, um ihm zu signalisieren, dass er noch warten solle, und schickte ihm eine Textnachricht: *Ich brauche noch einen Moment.*

Sie neigte den Kopf und setzte zu einem emotionalen Finale an:

»Bei den ersten fünf Opfern der Attentate war nur schwer ein Zusammenhang zu erkennen: ein Promi-Paar, ein Zahnarzt, der seinen kleinen Jungen zur Schule bringt, ein Ladenbesitzer auf dem Weg zur Arbeit, ein professioneller Baseballspieler im Herbst seiner Karriere. Das schien keinen Sinn zu ergeben – bis sich schließlich eine Erkenntnis Bahn gebrochen hatte. All diese Opfer waren nicht zufällig ausgesucht worden. Es bestand eine Verbindung. Sie alle waren irgendwie in den Handel mit Drogen verstrickt.

Die Reaktion der Öffentlichkeit auf diese Attentate war zunächst gespalten, doch in den vergangenen Tagen scheinen diejenigen in der Mehrzahl zu sein, die den Attentätern positiv gegenüberstehen und sie zu weiteren Taten geradezu ermuntern. Einer der Attentäter, der sich selbst Kill Shot *nennt, hat sich mit einer E-Mail an den Blog der Autorin zu Wort gemeldet und die Dringlichkeit eines ›neuen Kriegs gegen die Drogen‹ betont. Der Versuch, den Drogenhandel im Rahmen des Rechtsstaates zu unterbinden, sei gescheitert. Dafür würden Jahr für Jahr mehr Menschen an den Folgen ihres Drogenmissbrauchs sterben.*

Es bereitet der Autorin dieser Zeilen kein Vergnügen, ihren Leserinnen und Lesern zu berichten, dass in dieser Woche bereits zwei Polizeibeamte durch Scharfschützen getötet wurden. Und am heutigen Vormittag wurden, wie berich-

tet, zwei Polizisten durch den Unbekannten, der Gegenstand dieses Artikels ist, entwaffnet und verletzt, einer von ihnen schwer.

Wir fordern ein Ende dieser Selbstjustiz.

Diese Attentäter verstoßen gegen das Gesetz, sie gefährden unschuldige Bürgerinnen und Bürger, und da keines der Attentatsopfer von einem ordentlichen Gericht verurteilt wurde, müssen wir davon ausgehen, dass sie unschuldig waren.

Es wird Zeit, dass die Bevölkerung und insbesondere wir, die wir uns der Macht des Wortes bedienen, uns gegen diese kriminelle Vereinigung stellen.«

Cindy warf einen Blick auf die Uhr. Fünf vor sechs. Keine Zeit mehr für einen letzten Durchgang, darum schickte sie den Artikel ja McGowan zu. Sie beobachtete ihn, wie er am Bildschirm las, und schrieb gleichzeitig Tyler eine Nachricht: *Nur noch ein paar Kleinigkeiten. Ich brauche noch dreißig Sekunden.*

McGowan klopfte an ihre Tür.

»Und?«, sagte sie. »Was meinst du, Jeb?«

»In zwei Worten? Nichts Neues.«

»Tja, mal sehen, ob Henry das auch so sieht.«

Sie hängte ihren Sleep-Well-Artikel an eine E-Mail an und schickte sie Tyler zu. Dann drehte sie McGowan den Rücken zu und lauschte ihrem Funkscanner, bis ihr Computer ein leises *Pling* von sich gab. Sie sah nach und stellte erfreut fest, dass Tyler bereits geantwortet hatte. Hastig klickte sie auf die Antwort.

Tyler schrieb: »Das ist ziemlich dünn. Warten Sie, bis der SEAL/Attentäter – falls er das wirklich ist – festgenommen wurde. Oder bis zu Ihrem nächsten Interview mit *Kill Shot*.

McGowan soll mit den Porträts der Opfer weitermachen, die offiziell bestätigt sind.«

McGowan hielt ihr die Fahrstuhltür auf.

»Was hat er gesagt?«

Cindy streckte ihm die Faust entgegen, drehte sie um und fuhr den Daumen aus.

Die Fahrstuhltür glitt auf, und sie stiegen aus.

»Bis morgen«, sagte Cindy.

Sie wartete nicht auf eine Antwort.

92

Ich liebe meine Arbeit, aber in den letzten Wochen frage ich mich immer wieder, wieso ich nicht Lehrerin geworden bin, so wie meine Mom es sich gewünscht hat.

Nach dem Zeugenauftrieb beim Sleep Well Motel und Randi Barkleys Umzug in ihr gemütliches Nicht-Gefängnis hatte ich zusammen mit Conklin einen siebenseitigen Bericht für die Chefetage verfasst. Anschließend waren wir ins Zuckerberg San Francisco General gefahren, um nach Nardone und Healy zu sehen und uns nach Bettina Sennick, dem Zimmermädchen aus dem Motel, zu erkundigen.

Nardone und Sennick sollten am nächsten Morgen entlassen werden.

Healy lag noch auf der Intensivstation.

Und Leonard Barkley war, verdammt noch mal, immer noch auf freiem Fuß.

Gegen acht Uhr abends kam ich nach Hause. Mrs. Rose hatte Julie bereits etwas zu essen gegeben, aber die Kleine war noch wach und hatte schon wieder Hunger. Also teilten wir uns die Reste der Nudelsuppe. Und einen Salat. Ich bestand auf etwas Frischem. Plus ein Glas Wein für mich. Weil ich es verdient hatte. Plus einen Keks für Julie, weil sie einen wollte. Und einen für mich, einfach so.

Um neun lag Julie mit Martha und Mrs. Mooey Milkington im Bett und schlief. Ich stand in der Dusche und spürte das Adrenalin immer noch bis in die Fingerspitzen. Das heiße Wasser tat meinen blauen Flecken gut, aber meine geistige und körperliche Anspannung wollte einfach nicht weichen.

Ich war ganz mit meiner Hydrotherapie und meinem Gedankenkarussell beschäftigt, da hörte ich Joes Stimme.

»Lindsayyy. Ich bin zu Haaause.«

»Komm nicht rein!«, rief ich in Richtung Badezimmertür.

»Soll das ein Witz sein?«

»Ich muss dich erst vorbereiten.«

»Mich vorbereiten? Allmählich mache ich mir Sorgen.«

»Ach, was soll's«, sagte ich. »Komm doch rein.«

Langsam, Zentimeter für Zentimeter öffnete Joe die Tür. Als er dann schließlich in der Tür stand, war ich kurz vor einem Schreianfall. Ich schob mein Gesicht hinter dem Vorhang hervor. Er starrte mich an.

»Was ist denn da passiert, Blondie?«

»Können wir das auf später verschieben? Es ist nicht besonders interessant, und es wäre mir lieber, wenn du anfängst.«

Joe brachte mir ein Handtuch, zog den Vorhang beiseite, drehte den Wasserhahn ab, hüllte mich in ein großes weißes Frotteehandtuch und schloss mich in die Arme. Seine Zärtlichkeit bewegte mich so sehr, dass mir Tränen in die Augen stiegen, und dann fing ich an zu weinen.

»Was ist denn passiert, Süße?«, sagte er. »Du bist doch nicht etwa gegen eine Tür gelaufen.«

»Ich bin verprügelt worden.«

»Sieh mich an, Lindsay.«

Ich blickte ihm in die Augen und musste daran denken, wie er vor gar nicht langer Zeit versucht hatte, mehrere

Menschen aus einem Gebäude aus Glas und Stahl zu retten, in dem eine Bombe explodiert war. Und dann war eine zweite Bombe explodiert. Ein schweres Bauteil war ihm auf den Kopf gefallen, und ich hatte schon geglaubt, ich würde ihn für immer verlieren. Die Operation, um den Druck auf sein Gehirn zu verringern, war erfolgreich verlaufen. Er war so klug und witzig wie eh und je. Sein Gehirn war intakt, und jetzt zog sich eine Narbe wie ein Schlängelpfad von der Mitte seines Schädels bis hinter sein linkes Ohr.

»Lindsay?«

Ich kehrte in die Gegenwart zurück, und mein geliebter Ehemann küsste sehr vorsichtig jedes meiner Augen und dann meine verletzte Lippe.

Ich sagte: »Bitte bring mich ins Bett.«

Joe hob mich hoch, als wäre ich leicht wie eine Feder, und trug mich zu unserem breiten, bequemen Doppelbett. Er legte mich auf die Matratze und zog sich aus. Dann kroch er unter die Decke und nahm mich erneut in die Arme, streichelte mich, während ich ihm einfach nur die Arme um den Hals schlang.

Er liebte mich ganz behutsam, aber das passte nicht so recht zu meiner Stimmung. Durch meine Adern tobte eine Überdosis Adrenalin. Ich spürte den Faustschlag, den ich bekommen, und den, den ich ausgeteilt hatte. Ich war aufgebracht wegen Barkley, der erst Healy auf die Intensivstation geschickt hatte und uns dann *schon wieder* entkommen war. Das machte mich stinksauer, aber ich wusste nicht, wohin mit meinem Frust.

»Ich muss …«, sagte ich.

»Sag's mir.«

»Ich muss den Kopf freibekommen.«

Da packte er mich mit seinen großen Händen an den Handgelenken, drückte sie auf die Matratze, und ich gab mich ihm hin. Irgendwann machte ich mich los und drehte ihn auf den Rücken. Er gab mir, was ich wollte und noch mehr, und ich gab ihm alles, was ich hatte. Ich glaube nicht, dass wir uns jemals befriedigender, reinigender oder tiefer geliebt haben als jetzt und hier – und das lag daran, dass ich ihn liebte und ihm voll und ganz vertraute.

Anschließend lagen wir nebeneinander auf dem Rücken, Seite an Seite, mit ineinander verschränkten Händen. Joe drehte sich zu mir um und blickte mir in die Augen.

»Wer hat dich so zugerichtet? Name und Adresse bitte.«

Ich lachte kurz. Dann lachte ich noch einmal. Und als ich damit fertig war, berichtete ich ihm von der Kneipenschlägerei auf dem Friedhof einer kleinen Landgemeinde und dass der Kerl, der mich geschlagen hatte, in Untersuchungshaft saß.

Dann sagte ich Joe, dass ich ihn liebte.

»Na, so was. Ich liebe dich auch«, entgegnete er.

»Ich weiß. Zieh dich an.«

Er gab mir einen Klaps auf den Po. Wir zogen uns an, und nachdem wir bei unserer Kleinen vorbeigeschaut hatten, führten wir im Mondschein unseren Familienhund spazieren.

Ich dankte Gott, dass wir alle gesund und wieder vereint waren.

Es gab so vieles, wofür ich dankbar war.

93

Am nächsten Morgen rief ich – wieder einmal – bei Claire im Krankenhaus an.

Edmund hatte mich mit Textnachrichten über ihren Zustand auf dem Laufenden gehalten, und ich hatte ihr mithilfe verschiedener Krankenschwestern Nachrichten zukommen lassen. Aber Claire hatte noch immer nicht zurückgerufen, und von Edmund hatte ich lediglich erfahren, dass sie sich von der Operation erholte und jeden Tag ein Stückchen weiter gehen konnte.

Sie fehlte mir, und ich wollte mir zu gern selbst einen Eindruck davon verschaffen, wie es ihr ging. Ich wollte es aus ihrem Mund hören, und dann hatte ich selbst ja auch ein, zwei Dinge zu berichten.

Während ich mich also anzog, um zur Arbeit zu fahren, wählte ich ihre Nummer. Und es nahm tatsächlich jemand ab.

Nach einem kurzen Moment der Verblüffung sagte ich: »Claire?«

»Wen hast du denn erwartet?«

»Du klingst so munter. Ich habe mir schreckliche Sorgen um dich gemacht.«

Sie lachte, und das freute mich, aber ich war trotzdem beunruhigt. Gleichzeitig hatte ich das dringende Bedürfnis, mit ihr unter vier Augen zu sprechen.

»Wann lassen sie dich raus?«

»Ich schätze, das muss die Bewährungskommission entscheiden.«

»Ich lach mich tot. Wie wär's mit Mittagessen? Hast du Zeit?«

»Und ob. Ich habe inzwischen mehr Kochshows und Nachrichten gesehen, als ich ertragen kann. Ich brauche ein Boxer-Update.«

»Damit kann ich dienen.«

»Also dann«, meinte sie. »Um die Mittagszeit.«

Julie saß in ihrem Kinderstuhl neben Joe am Frühstückstisch. Ich küsste die beiden zum Abschied und Martha auch. Dann fuhr ich mit meinem Explorer zur Hall of Justice. Meine Stimmung hatte sich über Nacht völlig gewandelt. Bartstoppeln hatten auf meiner Haut ein angenehmes Brennen hinterlassen, und ich war mit Claire zum Mittagessen verabredet. Sie hatte mein Gesicht noch nicht gesehen und würde mir gehörig die Meinung geigen. Ob ich ihr vielleicht etwas mitbringen sollte? Parfüm? Ein Nachthemd?

Mein Handy summte und holte mich aus meinen wirren Gedanken. Das Summen hörte sich genauso an wie immer, aber ich wusste, ich wusste einfach, dass es Brady war.

Er sagte: »Ein neues Attentat. Drei, um genau zu sein.«

»Großer Gott. Ein Dreifachmord …«, sagte ich, aber er fiel mir ins Wort.

»Vor dem Jazz Center. Der Notruf ist bei der Wache Nord eingegangen, aber du musst sofort da hin.«

Ich änderte die Richtung und nahm Kurs auf das große Glas-und-Stahl-Gebäude an der Ecke Franklin Street / Fell Street. Dann fuhr ich mir mit der Zunge über meinen abgebrochenen Schneidezahn und schaltete das Funkgerät ein. Das laute Knistern erinnerte an einen Waldbrand, und die

Codes waren inzwischen fast alltäglich geworden: Notarztwagen. Kriminaltechnik. Gerichtsmedizin.

Das Jazz Center ist ein wunderschönes Gebäude, aber heute waren alle Blicke auf das Chaos vor dem Eingangsbereich gerichtet. Streifenwagen, Zivilfahrzeuge, Sanitäter, die vor ihren Krankenwagen standen, der Transporter der Kriminaltechnik, der Van der Gerichtsmedizin, der sich auch dazugesellte ... dann noch die Beamten, die gerade dabei waren, die Umgebung abzusperren.

Außerdem war da noch etwas – oder besser: noch *jemand.* Aber ich war die Einzige, die sie bemerkte.

Meine gute Freundin, die immer noch sauer auf mich war, zuckte zusammen, als ich direkt vor der Kreuzung bremste, wo sie auf Grün wartete. Ich hupte kurz, sie wirbelte herum, erkannte meinen Wagen und sah mich an.

Dann kam sie zu meinem Seitenfenster.

»Oh Mann«, sagte sie. »Rich hat mir schon erzählt, dass du eine Faust ins Gesicht bekommen hast. Hoffentlich wird deine Lippe wieder heil.«

»Hat er dir auch erzählt, dass ich mich gewehrt habe?«

Ich zeigte ihr die Wunden an meinen Fingerknöcheln und die künstlerisch wertvollen Farbübergänge auf meiner geprellten Hand.

»Beeindruckend«, meinte sie und wandte sich zum Gehen. »Aber leider muss ich jetzt los, Linds.«

»Warte, Cindy«, bat ich sie. »Kannst du mir was über die Opfer sagen?«

Sie gab keine Antwort.

»Cindy, kennst du die Namen der Opfer?«

Ihr durchdringender Blick sagte: *Sehe ich etwa aus wie eine Frau, die Polizistinnen Tipps gibt?*

Ich verharrte einen langen Augenblick lang in meinem Wagen und sah ihr hinterher. Wie beschissen war das denn? Vielleicht war sie im Recht. Vielleicht wollte sie auch nur nicht begreifen, dass ich ihr keine ungesicherten Informationen zu laufenden Ermittlungen geben durfte.

Vielleicht würde Brady ja ein Auge zudrücken.

Ich holte mein Telefon hervor und rief ihn an.

Er wartete nicht einmal auf mein Hallo.

»Noch zwei Mordanschläge«, sagte er. »In Baltimore. Wo steckst du, Boxer? Clapper sucht dich.«

94

Cindy und ihre College-Freundin, die Fernsehreporterin Lori Hines, saßen im Führerhaus des Übertragungswagens von KRON4.

Auf den Sitzen lag alles Mögliche, sodass es nicht besonders bequem war, aber durch die Windschutzscheibe hatten sie freie Sicht auf die abgesperrte Straße und die vielen Vertreter der Strafverfolgungsbehörden zu beiden Seiten des Absperrbandes. Die Seitenwände des Laderaums hinter ihnen waren mit Aufnahmegeräten und Bildschirmen zugepflastert. Ein halbes Dutzend Videotechniker war gerade dabei, Loris Interview zu bearbeiten. Gleichzeitig waren sie ständig im Austausch mit der Produktionsleitung im Studio.

Direkt vor ihnen lag das Jazz Center, ein modernes, beinahe transparentes Eckgebäude. Das Foyer und das Café im Erdgeschoss waren für die Öffentlichkeit zugänglich gewesen. Bis jetzt. Der Bürgersteig vor den geöffneten Türen war zum Schauplatz eines dreifachen Mordes, eines grässlichen Verbrechens geworden.

Sofort nach dem Eintreffen der ersten Polizeifahrzeuge hatten Polizei und FBI gemeinsam das belebte Foyer geräumt. Die Straßen links und rechts des Gebäudes sowie sämtliche Zugänge waren nur mit Dienstmarke zugänglich.

Lori, die noch vor der Sperrung in den inneren Bereich gehuscht war, war seit fünfzehn Minuten live auf Sendung.

Als Cindy dann eingetroffen war, hatten Streifenwagen sowie gelbes Absperrband bereits dafür gesorgt, dass niemand mehr die Straße benutzen konnte. Cindy hatte großes Glück gehabt, dass sie den KRON4-Übertragungswagen gesehen hatte und von Lori hereingeholt worden war.

Loris Kameramann zeigte Cindy das ungeschnittene Video. Es begann mit einer rund dreißig Sekunden langen Aufnahme der Opfer auf dem Bürgersteig vor dem Jazz Center. Cindy hatte schon den einen oder anderen Schauplatz eines Mordes gesehen, aber dass tote Menschen am helllichten Tag auf einem öffentlichen Bürgersteig lagen … Irgendetwas daran jagte ihr eine unheimliche Angst ein.

Jetzt schwenkte die Kamera auf Lori, die ihrem Publikum mit belegter Stimme mitteilte, dass der Gitarrist Neil Kreisler direkt vor dem Eingang des Jazz Center durch einen Kopfschuss getötet worden war. Auch Kreislers Leibwächter, deren Namen noch nicht bekannt waren, hatten jeweils eine Kugel in den Kopf bekommen.

Lori sagte in die Kamera: »Der Musiker und seine beiden Leibwächter waren aber nicht allein. Sie hatten einen minderjährigen Jungen bei sich, der unverletzt geblieben ist. Aus Rücksicht auf ihn werden wir seinen Namen nicht veröffentlichen. Aber es ist mir gelungen, persönlich mit ihm zu sprechen, bevor die Polizei ihn in Sicherheit gebracht hat.

Der minderjährige Zeuge hat mir berichtet, dass er die Attentäter nicht gesehen hat. Dass er neben Kreisler die Eingangstreppe hinaufgegangen ist. Ein Leibwächter war vor ihnen, der andere hinter ihnen gewesen. Nach Angaben des jungen Mannes wurde der hintere Leibwächter als Erster erschossen. Daraufhin rief der vordere: »Runter!« Der junge Mann hat sich sofort zu Boden geworfen, und das hat ihm vermutlich das Leben gerettet.«

Lori berichtete weiter, dass der Zeuge nicht das Geringste über das Attentat selbst oder den Grund dafür wusste. Er hatte gesagt, dass alles wahnsinnig schnell gegangen sei und dass er nach dem ersten Schuss gar nichts mehr gesehen hatte, weil er mit im Nacken verschränkten Händen auf dem Bürgersteig gelegen hatte. Als es dann wieder ruhig gewesen war und er aufgeblickt hatte, war ihm klar geworden, dass er der einzige Überlebende war.

»Gott sei Dank ist er unversehrt geblieben«, fuhr Lori fort. »Und jetzt beginnen die Ermittlungen zu diesem fürchterlichen Verbrechen.«

Sie nannte noch die Nummer einer Hotline und verabschiedete sich von ihren Zuschauern.

Jetzt saß Lori neben Cindy und erzählte ihr, was sie im Fernsehen nicht sagen durfte.

»Der Zeuge, das ist Kreislers Sohn Anton. Die Wachleute des Jazz Center haben die Schüsse gehört und sind, als es vorbei war, nach draußen gelaufen, haben den armen Jungen zu sich geholt und ihn mit seiner Mutter telefonieren lassen. Aber von den Attentätern haben die Wachleute auch nichts gesehen.«

»Vielen Dank, dass du mich mit ins Boot geholt hast.«

»Ist mir ein Vergnügen, Cindy. Allerdings ist eine Kurzversion des Videos schon live gegangen. Jede Nachrichtenagentur im Land hat die Geschichte also schon. Aber vielleicht ist es ja was für deinen Blog, solange die Sache noch heiß ist. Bloß den Namen des Zeugen darfst du nicht erwähnen. Es sei denn, jemand, der dich liebt und zufälligerweise beim SFPD arbeitet, verrät ihn dir.«

Das wäre das erste Mal, dachte Cindy.

Sie sah zu, wie die Kriminaltechnik ihre Halogenscheinwerfer auspackte. Sie waren immer noch mit Fotografieren beschäftigt, aber die Gerichtsmedizin würde die Leichen in Kürze abtransportieren.

»Ich habe auch noch was für dich«, sagte Cindy. »Kurz bevor ich die Redaktion verlassen habe, habe ich gehört, dass in Baltimore zwei Drogendealer erschossen worden sind.«

»Hmm. Der Krieg gegen die Drogen zieht also gen Osten.«

»Und das ist noch nicht alles«, machte Cindy weiter. »Die Opfer in Baltimore sind zu unterschiedlichen Zeiten erschossen worden – der eine um Mitternacht, der andere gegen drei Uhr morgens. Das heißt, dass die Schüsse auch nicht gleichzeitig mit denen hier vorm Jazz Center gefallen sind.«

»Ich sehe, worauf du hinauswillst. Die Attentate waren nicht synchronisiert«, erwiderte Lori. »Die Täter haben ihr Vorgehen geändert. Wo steckt eigentlich *Kill Shot,* wenn man ihn mal wirklich braucht?«

»Ich habe extra das Licht angelassen, aber er meldet sich nicht mehr«, sagte Cindy. »Vielleicht wollte er bloß eine Bühne haben, um etwas Bestimmtes loszuwerden. Und wir haben sie ihm gegeben.«

»Oder aber ...«, meinte Lori, »... er ist tot.«

95

Nachdem sie sich von Lori verabschiedet hatte, fuhr Cindy zurück in die Redaktion. Sie hatte Glück, dass nirgendwo eine Radarfalle lauerte.

Sie stellte ihren Wagen in der Tiefgarage gegenüber dem Redaktionsgebäude ab, lief bei Rot über die Ampel und nahm den Fahrstuhl in den ersten Stock.

Dort blieb sie vor McGowans Abteil stehen und erzählte ihm, was sie von Lori erfahren hatte.

»Ich hab's gesehen. Ganz schön blutig. Der arme Junge. Ich wette, das war Kreislers Sohn. Der muss jetzt garantiert vierzig Jahre lang in Therapie.«

»Bist du mit den Todesopfern aus Baltimore schon weitergekommen?«

»Einen Namen habe ich rausgekriegt. Robert Primo war neunundzwanzig und unterwegs zu einem Schwulenclub namens Occam's Brain. Ungefähr sieben Meter vor dem Eingang ist er erschossen worden. Ein Kugelsplitter hat das Schaufenster durchschlagen. Hier sind die Fotos.«

Er stand jetzt neben ihr und wischte mit dem Daumen über das Display seines Smartphones. Auf dem ersten Foto war Primo in einer Gruppe zu sehen, und alle lachten in die Kamera. Das nächste zeigte seinen Leichnam auf dem Bürgersteig vor dem Club, gefolgt von einer Nahaufnahme des zersplitterten Fensters. Das letzte Foto schien in der Asservatenkammer einer Polizeiwache gemacht worden zu sein. Darauf war ein Tisch voller Pillendosen mit der Aufschrift Xanax zu sehen.

»Bitte sag, dass du das exklusiv hast«, stieß Cindy hervor.

»Tut mir echt leid. So großartig ich auch bin, aber das da habe ich aus dem Netz, von der Seite der *Baltimore Sun*. Trotzdem, ich bleibe dran. Unerschütterlich.«

»Am besten gibst du's der neuen Praktikantin. Du konzentrierst dich ab sofort auf Kreisler. Alles, was du über ihn finden kannst, seine Familie, seine größten Hits, und wenn du auch noch die Namen seiner Leibwächter rauskriegen könntest, das wäre das Sahnehäubchen.

Falls das ein Anschlag von *Moving Targets* war, wo ist dann die Drogenverbindung? Schauplatz der Morde war San Francisco. Wenn wir schnell sind, dann wird Henry das auf der Titelseite haben wollen.«

Sie ging in ihr Büro und klappte ihren Computer auf. Der Posteingang quoll über. Sie scrollte ihn von oben bis unten durch und hoffte auf eine E-Mail von *Kill Shot*. Aber er hatte sich immer noch nicht gemeldet.

Sie öffnete eine neue Datei und nannte sie »Jazz-Center-Morde«. Ihre Leserinnen und Leser riefen mehrmals täglich ihren Blog auf. Also legte sie auch dort ein neues Thema an und nahm sich vor, den Thread schnellstmöglich zu aktualisieren. Aber gleichzeitig konnte sie die Geschichte auch als Aufmacher auf der Titelseite des *Chronicle* bringen.

Sie kam gut voran, zitierte zunächst Lori Hines und erwähnte sie und KRON4 ausführlich, bevor sie ein paar Anmerkungen über Neil Kreislers Karriere einfügte, die McGowan ihr zugeschickt hatte.

Dann stellte sie eine Frage: »*Wenn die Ermordung Kreislers ein Teil dieses ›neuen Krieges gegen die Drogen‹ war, wo sind dann die Drogen?*«

Sie ließ die Frage unbeantwortet und schloss den Artikel mit ihrer Sicht auf den Dreifachmord ab.

»Zusätzlich zur Hinrichtung von Neil Kreisler und zwei seiner Angestellten wurden, noch vor Sonnenuntergang, in Baltimore zwei Männer getötet, und zwar mit derselben Methode: ein präziser Kopfschuss. Von den Schützen fehlt jede Spur.

Der Chronicle *hat in den vergangenen Tagen bereits Porträts mehrerer Attentatsopfer veröffentlicht, die alle mit einem einzigen Schuss ermordet wurden. Obwohl die Schüsse zum Teil in unterschiedlichen Städten abgegeben worden waren, sind sie immer zur selben Zeit erfolgt.*

Im Unterschied zu den Verbrechen des heutigen Tages.

Die Männer in Baltimore wurden ungefähr um Mitternacht beziehungsweise gegen drei Uhr morgens getötet. Der Mord an den drei Todesopfern in San Francisco ereignete sich irgendwann vor dem Einsetzen des morgendlichen Berufsverkehrs.

Weichen die Heckenschützen des sogenannten ›neuen Krieges gegen die Drogen‹ von ihrem Plan ab? Oder hat der Plan sich geändert und umfasst jetzt ein größeres Gebiet und einen weiteren Zeitrahmen? Und falls ja, wie sieht der Schlachtplan aus?

Der San Francisco Chronicle *möchte Ihre Meinung dazu hören.«*

Cindy schaltete ihren Blogbeitrag frei und schrieb Tyler eine Notiz, dass sie und McGowan am Ball waren. Sie schickte McGowan eine Kopie. Dann packte sie ihre Sachen zusammen und wartete auf den Fahrstuhl, als ihr Handy klingelte.

Richie sagte: »Liebst du mich noch?«

»Wieso fragst du?«

»Weil ich nämlich dich liebe. Ich will dich heute Abend zum Essen ausführen. Ich brauche ein bisschen Zeit mit dir, solange wir beide noch wach sind.«

»Sehr gute Idee. Fantastisch.«

Die Fahrstuhltüren glitten auf, und Cindy verließ das Redaktionsgebäude. Sie freute sich auf das Essen mit Richie. Dann überquerte sie die Mission Street, ging die Rampe der Tiefgarage hinunter zu ihrem Auto und schloss es gerade auf, als Jeb McGowan neben ihr auftauchte.

»Alles klar, Cindy?«

»Alles bestens. Und bei dir?«, sagte sie.

Sie legte ihre Tasche und den Funkscanner auf den Beifahrersitz und machte die Tür zu. Als sie um das Heck herum zur Fahrerseite gehen wollte, versperrte McGowan ihr den Weg.

»Was soll denn das?«, sagte sie.

McGowan legte ihr die Hand in den Nacken und zog sie an sich. Dann küsste er sie.

Cindy konnte nicht glauben, was da gerade passierte, aber ihr blieb keine andere Wahl. McGowan hatte seine Lippen auf ihre gedrückt und ihr die Zunge in den Mund geschoben, und jetzt grinste er sie an.

»Wow, darauf habe ich wirklich lange gewartet. Gib's zu, Cindy. Du fandest das gut.«

»Nur, damit das klar ist«, fauchte Cindy ihn an. »Wenn du das noch ein einziges Mal machst, sorge ich dafür, dass du gefeuert wirst.«

»Keine Ahnung, wovon du sprichst«, erwiderte McGowan. »Hast du etwa Halluzinationen, Cindy? Es ist doch nicht das Geringste vorgefallen.«

96

Als Yuki am Morgen die Augen aufschlug, war ihr klar, dass der Tag, vor dem sie sich gefürchtet hatte, gekommen war.

Sie wusste immer noch nicht, was sie machen sollte. Der Junge war doch nichts weiter als ein Sündenbock. Aber wie Parisi ihr unmissverständlich klargemacht hatte: Es spielt keine Rolle, was sie empfand. Sie hatte eine Aufgabe zu erledigen. *Ein guter Staatsanwalt kann jeden anklagen.* Und da der Angeklagte jede Kooperation verweigerte, konnte sie auch nichts für ihn tun.

Darum würde Yuki in etwa zwei Stunden Clay Warren ins Unglück stürzen.

Ganz leise, um Brady nicht zu wecken, stellte Yuki sich unter die Dusche, föhnte sich dic Haare, schlüpfte in einen konservativen blauen Anzug und in ihre hochhackigen blauen Wildleder-Pumps.

Auf dem Tisch im Flur, neben ihrem Schlüsselbund, lag ein Zettel. Darauf stand: »XXX ♥ B.« Sie lächelte, drückte die Lippen auf die Rückseite des Zettels, legte den Lippenstiftkuss auf den Tisch zurück, sammelte ihre Sachen ein und fuhr zur Hall of Justice.

Während der Fahrt ging sie ihr Anfangsplädoyer noch einmal durch.

Sie hatte es geübt und in ihrer Argumentation keine Lücke entdeckt. Sie hatte ihren Zeugen vorbereitet, die Technik eingerichtet und war auch mit der Zusammensetzung der Geschworenen einverstanden. Dann dachte sie an den Verteidiger des Angeklagten, ihren guten Freund Zac Jordan.

In ihrer Zeit beim Prozesshilfeverein hatte sie Seite an Seite mit Zac gearbeitet und eine Menge von ihm gelernt. Er war klug, hatte ein großes Herz für die Benachteiligten und darüber hinaus die Gabe, die Geschworenen für sich einzunehmen. Aber sie wusste auch, dass ihm der Killerinstinkt abging.

Doch selbst wenn er Glasscherben zum Frühstück verspeist hätte, hätte ihm das hier und heute nichts genützt. Seinem Mandanten wurden Autodiebstahl, Waffenbesitz und Besitz einer illegalen Substanz, mutmaßlich zum Verkauf, vorgeworfen – um nur drei zu nennen.

Die wirklich schlechte Nachricht für Clay Warren war, dass, selbst wenn er das Auto nicht gestohlen und weder die Waffe noch die Drogen besessen hätte, ein Polizist im Zusammenhang mit diesen drei schweren Straftaten ums Leben gekommen war. Und damit war Clay genauso schuldig wie der Kerl auf dem Beifahrersitz.

Die Anklage lautete auf Tötung im Zusammenhang mit anderen Straftaten. Das Strafmaß lag zwischen fünfundzwanzig Jahren und lebenslänglich. Yuki hatte sich für Clay sehr weit aus dem Fenster gelehnt, aber all ihre mitleidigen Bemühungen waren umsonst gewesen.

Der Junge hatte sich das alles selbst zuzuschreiben.

Kurz nachdem sie ihren Wagen auf dem Parkplatz gegenüber der Hall of Justice abgestellt hatte, betrat Yuki ihr Büro. Sie hatte noch ein bisschen Zeit.

Danusa Freire, ihre Beisitzerin, die gerade erst ihr Examen an der Berkeley Law School hinter sich gebracht hatte, kam aus ihrem Abteil und folgte Yuki an ihren Schreibtisch.

»Hallo, Danusa. Ist irgendwas passiert, was ich wissen müsste?«

Danusa erwiderte: »Keine Anrufe, keine unangemeldeten Besucher und keine Funksprüche von sinkenden Schiffen. Ich habe vor zehn Minuten in Ihre Mails geschaut, und da war nichts über Clay Warren dabei.«

Die junge Anwältin legte den dicken Ordner mit den Abschriften der eidesstattlichen Erklärungen und Yukis Eröffnungsplädoyer auf den Schreibtisch und reichte ihr einen Becher Milchkaffee.

Dann sagte sie: »Ich muss sagen, ich bin ganz schön aufgeregt. Ich wünschte, meine Eltern könnten die Verhandlung miterleben.«

Yuki lächelte ihre Nummer zwei an, nippte an ihrem Kaffee, ohne einen Tropfen zu verschütten, und griff nach dem Ordner.

»Auf die Plätze, fertig, los«, sagte sie.

Danusa Freire schloss die Bürotür ab.

97

Yuki und Danusa verließen die Dienststelle der Staatsanwaltschaft und gingen fünfzig Meter den Flur entlang. Ihre Absätze klackerten im Gleichschritt über den Terrazzo-Fußboden.

Yuki spürte, wie ihr Puls sich beschleunigte, als ein Gerichtsdiener die Tür von Saal 6A öffnete und sie und ihre Beisitzerin den kleinen, eichengetäfelten Gerichtssaal betraten. Der Zuschauerraum füllte sich bereits, während sie den Mittelgang entlang und durch das Gatter schritten, um ihre Plätze am Tisch der Anklage einzunehmen.

Sie blickte auf die andere Seite des Gangs, zum Tisch der Verteidigung, wo Clay Warren und Zac Jordan bereits Platz genommen hatten.

Zac ging seine Notizen durch, und Clay … Clay sah aus wie bei den letzten Begegnungen, die Yuki mit ihm gehabt hatte. Seine Miene war starr und hart und machte auch ohne Worte klar, dass er nicht vorhatte, sich zu verteidigen.

Yuki drehte sich in die andere Richtung, um einen Blick auf die Zuschauerränge zu werfen. Clays Mutter schien sie mit stählernen Blicken durchbohren zu wollen.

Yuki neigte respektvoll den Kopf und sah sich weiter im Saal um. Dort herrschte eine vollkommen andere Stimmung. Eine ganze Reihe voller Polizisten nickte ihr aufmunternd zu.

Sie hatte sich gerade wieder gesetzt, als Richter Steven Rabinowitz durch die kleine Tür hinter dem Richtertisch den Saal betrat. Yuki hatte Rabinowitz schon in zwei anderen Fällen als Richter erlebt. Er war fair und ließ sich nicht aus der Ruhe bringen. Etwas Besseres konnte man nicht erwarten.

Der Gerichtsdiener stellte sich vor den Richtertisch und rief: »Bitte erheben Sie sich.«

Alle gehorchten.

Rabinowitz setzte sich auf seinen Platz, eingerahmt vom Sternenbanner auf der einen und der Flagge des Bundesstaates Kalifornien auf der anderen Seite. Auch die Prozessbeteiligten sowie die Zuschauer nahmen ihre Plätze ein, was nicht ohne ausgiebiges Scharren und Flüstern vonstattenging.

Der Richter wechselte ein paar Worte mit dem Schreiber und dem Gerichtsdiener.

Jemand nieste.

Ein Handy dudelte eine kleine Melodie.

Rabinowitz sagte: »Keine Handys. Ist das klar? Bitte schalten Sie das Gerät aus.«

Yuki kam sich vor wie ein junges Rennpferd in der Box, das darauf wartete, dass endlich die Glocke ertönte und das Gatter sich öffnete. Sie war bereit, sie war vorbereitet, hoch konzentriert und startklar.

Die Geschworenen betraten den Saal und nahmen ihre Plätze ein. Der Gerichtsdiener verlas das Aktenzeichen und gab mit sonorer Stimme bekannt, dass Richter Steven Rabinowitz den Vorsitz führte.

Der Richter ließ seinen Hammer knallen, rief den Saal zur Ordnung und begrüßte die Geschworenen. Während er ihnen ihre Aufgabe darlegte, dachte Yuki, dass sie diesen Fall gewinnen musste.

Und sie würde es Len Parisi zeigen und alles daransetzen, dass genau das passierte.

98

Die Morgensonne strich über Joes Gesicht und weckte ihn auf. Die Laken hatten sich um seine Füße gewickelt, und im Erdgeschoss hörte er Daves Rollstuhl über die rauen Dielenbretter rollen. Jetzt fiel ihm Daves Anruf wieder ein, und wie er spät in der Nacht noch nach Napa gefahren war.

Er hörte erst Daves Stimme und dann die von Jeff, dem Koch. Auch wenn er die einzelnen Worte nicht verstehen konnte, war klar, dass die beiden, während sie die Speisekarte durchgingen und die nötigen Vorbereitungen trafen, sich wie alte Freunde gegenseitig auf den Arm nahmen.

Joe hatte auch eine Aufgabe – oder vielleicht eher eine moralische Verpflichtung. Dazu brauchte er nichts weiter zu tun, als das Geheimnis des rätselhaften Todes von Ray Channing aufzuklären, und zwar ohne Dienstmarke und ohne jede offizielle Befugnis.

Er glaubte nicht mehr, dass Dave seinen Vater ermordet hatte.

Aber mittlerweile war er davon überzeugt, dass etliche von Dr. Perkins' Patienten während ihres Krankenhausaufenthalts unfreiwillig aus dem Leben geschieden waren. Das reichte allerdings nicht aus, um die Behörden zu verständigen. Dazu brauchte es einen realistischen *Verdächtigen*. Und *Beweise*.

Im Augenblick hatte er noch nicht einmal eine *Theorie*.

Joe befreite sich aus den Laken und dachte an all die Menschen, die er im Lauf der vergangenen zwei Wochen kennengelernt hatte: Dr. Perkins selbst und dann Ted Scislowski, der schlafend im Bett neben Ray gelegen hatte, als dieser mit zugedecktem Gesicht aus dem Zimmer geschoben worden war.

Er dachte an die Begegnungen mit drei Personen, die einen geliebten Menschen verloren hatten – allesamt Patienten von Dr. Perkins –, an seine Gespräche mit den Nachtschwestern und vier Beschäftigten des Weinguts, darunter auch der ältere Gartenhelfer, der jedes Mal seine Hunde mitbrachte, wenn er zum Rasenmähen kam.

Wo war das Motiv?

Jetzt schälte sich noch jemand aus dem Gedankenkarussell in Joes Kopf hervor. Nicht als Verdächtiger, sondern weil er das Gefühl hatte, diesem Mann nicht genügend Aufmerksamkeit geschenkt, ihm nicht genügend Fragen gestellt zu haben.

Johann Archer, der Autor, der seine achtunddreißigjährige Verlobte, Tansy Mallory, verloren und in der *Great Grapes* einen sehr anrührenden Nachruf auf sie verfasst hatte. Tansy Mallory war eine durchtrainierte Langstreckenläuferin gewesen und hatte keinerlei Anzeichen für eine Herzerkrankung gezeigt.

Sie war während Dr. Daniel Perkins' Dienstzeit in die kleine Notaufnahme des Saint John's eingeliefert worden. Der Arzt hatte eine körperliche Überhitzung diagnostiziert und sie zur Beobachtung über Nacht in der Klinik behalten. Normalerweise hätte sie sich innerhalb weniger Stunden vollständig erholen müssen, aber dann war Tansy im Lauf der Nacht gestorben.

Doch im Unterschied zu den anderen hatte Tansys Verlobter ihren Tod nicht einfach hingenommen. Archer war überzeugt, dass Perkins für Tansys Tod verantwortlich war, entweder fahrlässig oder absichtlich. Bei ihrem Gespräch hatte Joe noch nicht an ein Mordkomplott gedacht, aber jetzt? Dave Channing und Johann Archer waren einander nie begegnet, aber Dave hatte Johanns Kontaktdaten, und Joe hatte ihm in der letzten Woche auf die Mailbox gesprochen.

Jetzt setzte er sich auf, nahm sein Handy vom Fußboden neben dem Bett und wählte Archers Nummer.

»Hallo?«

»Johann. Hier ist Joe Molinari. Ich habe Sie letzte Woche angerufen, erinnern Sie sich? Bitte entschuldigen Sie die frühe Störung. Hätten Sie vielleicht Zeit für ein persönliches Gespräch? Ich würde mich gern mit Ihnen über ein paar verdächtige Todesfälle im Saint John's Hospital austauschen.«

»Gut. Dazu habe ich eine ganze Menge zu sagen«, erwiderte Archer. »Mir ist da etwas – oder besser *jemand* – eingefallen, und das muss ich Ihnen erzählen. Und zwar ganz persönlich Ihnen, Joe.«

99

Der Gerichtssaal war so klein, dass Yuki auch von ihrem Tisch aus gut zu verstehen gewesen wäre, aber sie wollte den Geschworenen lieber in die Augen sehen.

Sie ließ ihre Notizen auf dem Tisch liegen, ging zur Geschworenenbank, stellte sich vor und bedankte sich bei den dort Sitzenden für ihre Bereitschaft, der Allgemeinheit zu dienen.

Dann sagte sie: »Als stellvertretende Bezirksstaatsanwältin ist es auch meine Aufgabe, mich für die Belange der Menschen in San Francisco einzusetzen. Es ist meine Aufgabe, Ihnen den Fall, um den es hier geht, darzulegen und deutlich zu machen, was dem Angeklagten vorgeworfen wird.

Zunächst möchte ich, dass Sie sich folgende Situation vor Augen führen: Am 15. März dieses Jahres um 11.27 Uhr fahren Officer Todd Morton und sein Partner, Officer William Scarborough, mit ihrem Streifenwagen die Nineteenth Avenue im Sunset District entlang. Da sehen sie, wie ein weißer Chevrolet Impala bei Rot über die Kreuzung Nineteenth und Taraval Street fährt.

Officer Scarborough sitzt am Steuer, Officer Morton auf dem Beifahrersitz. Morton schaltet das Blinklicht und die Sirene ein, und Scarborough verfolgt den Chevy. Normalerweise müsste der Fahrer, nachdem er das Blinklicht gesehen und die Sirene gehört hat, nun am Straßenrand anhalten.

Doch der Fahrer des Chevy gibt Gas.

Officer Morton verständigt die Funkzentrale und erfährt, dass das fragliche Fahrzeug als gestohlen gemeldet worden ist. Jetzt biegt der Chevy mit hundertfünfzig Stundenkilometern in südlicher Richtung auf den Highway 1 ab. Andere Fahrzeuge weichen aus, als sie ihn von hinten kommen sehen.

Aber dann passiert etwas, womit der Fahrer des Chevy nicht gerechnet hat. Das Fahrzeug vor ihm hat nicht genügend Leistung, um rechtzeitig Platz zu machen. Der Chevy steckt nun hinter diesem langsamen Fahrzeug und dem übrigen fließenden Verkehr fest.

Officer Scarborough gelingt es, ihn zu überholen und sich anschließend quer vor den Chevy zu schieben und so seine Fahrspur zu blockieren. Der Chevy bremst, gerät ins Schleudern und prallt gegen den Kofferraum des Streifenwagens. Es kommt zu Blechschäden und lautem Gehupe. Was mit einer überfahrenen roten Ampel begonnen hat, endet nun im totalen Chaos.«

Mit diesem Bild ließ Yuki die Geschworenen zunächst einmal allein, ging zu ihrem Tisch und kam mit einer großen Schaumstofftafel wieder zurück. Sie drehte die Tafel um und zeigte den Geschworenen die Fotos des weißen Chevy in den unterschiedlichen Stadien der Verfolgungsjagd, bis er schließlich von dem Streifenwagen zum Stillstand gebracht worden war.

Sie fuhr fort: »Officer Scarborough wird die fünfzehn Sekunden lange Videoaufnahme noch ausführlich kommentieren, aber fürs Erste haben wir einmal die entscheidenden

Standbilder vorbereitet. Hier sehen Sie Officer Morton. Er hat sein Fahrzeug mit gezogener Dienstwaffe verlassen. Officer Scarborough sitzt noch am Steuer. Er fordert Verstärkung an und kontrolliert, ob die Kamera auf dem Armaturenbrett funktioniert.

Jetzt geschieht alles ganz schnell«, setzte Yuki ihre Schilderung der Ereignisse fort. »Zwischen dem Zeitpunkt, wo Officer Morton aus seinem Fahrzeug aussteigt, um sich dem Chevy zu nähern, und dem Schuss vergehen gerade einmal fünfzehn Sekunden.

In dieser kurzen Zeitspanne verliert ein guter Mensch das Leben, ein Diener der Allgemeinheit, der nur seine Arbeit macht. Seine Frau wird zur Witwe, seine drei Kinder zu Halbwaisen. Und der Mann, der ihn erschossen hat, kann fliehen. Der Angeklagte kennt die Identität des Todesschützen …«

Diesen letzten Satz ließ Yuki lange in der Luft hängen.

»… er will sie aber nicht preisgeben.«

100

Yuki ging vor dem Geländer der Geschworenenbank entlang und ließ die Geschworenen die Sekunden zählen.

Dann stellte sie ihre Frage: »Wie kann der Mörder entkommen?

In den wenigen Sekunden zwischen dem Zusammenprall der Fahrzeuge und den tödlichen Schüssen entwickelt der Täter einen Plan. Der Verkehr ist durch zahlreiche Gaffer praktisch zum Erliegen gekommen. Der Mann mit der Pistole geht daher auf die äußerste rechte Fahrspur und richtet seine Waffe durch das offene Seitenfenster eines Toyota RAV4. ›Aussteigen, sofort!‹, brüllt er den Fahrer des Wagens an.

Der Besitzer des RAV4 heißt Jonas Hunt und ist siebzig Jahre alt. Später wird er gegenüber Officer Scarborough aussagen, dass er gern noch seinen einundsiebzigsten Geburtstag erleben wolle. Er gehorcht also der Aufforderung des Täters und steigt aus seinem Auto. Der Motor läuft noch, der Täter setzt sich ans Steuer, nutzt eine Lücke auf dem Mittelstreifen zu einer Hundertachtzig-Grad-Wende und entkommt.

Die Kamera auf dem Armaturenbrett des Streifenwagens hat das Kennzeichen des Toyota erfasst, aber obwohl sämtliche Polizeibeamte in ganz Kalifornien nach dem Fahrzeug Ausschau halten, können sie es nirgendwo finden. Erst zwei Tage später wird der RAV4 verlassen auf einem Schrottplatz entdeckt. Mr. Hunt kann den Autodieb nicht beschreiben – nach seiner Aussage war er entweder weiß oder Latino und Furcht einflößend. Mr. Hunt wollte ihm nicht ins Gesicht sehen, darum fällt seine Beschreibung eher vage aus. Der Mann hat Handschuhe getragen, sodass wir bis zum heutigen Tag keine Fingerabdrücke von ihm haben. Und die Aufnahmen aus der Kamera im Streifenwagen sind so grobkörnig, dass auch die Gesichtserkennungssoftware keinen Treffer liefern konnte.

Officer Scarborough kann den Mann ebenfalls nicht identifizieren, obwohl er alles versucht hat. Er hat sich Fahndungsfotos angesehen und sich mit einem Phantombildzeichner zusammengesetzt, aber ohne greifbares Ergebnis. Er hat den Täter nur aus der Ferne gesehen, dann im Profil, während dieser Officer Morton erschossen hat, und schließlich von hinten, als er Mr. Hunts Auto entwendet hat.

Aber es gibt eine Person, die die Identität des Todesschützen genau kennt.

Das ist der Fahrer des gestohlenen weißen Chevy, der im Mittelpunkt dieser wahren Geschichte steht. Officer Scarborough nimmt ihn fest, und nach einem langen und ergebnislosen Verhör wird er in Untersuchungshaft genommen. Jetzt sitzt er neben seinem Rechtsanwalt dort am Tisch der Verteidigung. Sein Name lautet Clay Warren. Er ist der Angeklagte.«

Yuki hielt für einen Moment inne, damit die Geschworenen sich den Teenager, dem eine lebenslange Haftstrafe drohte, genau anschauen konnten.

Anschließend fuhr sie fort: »Am Ort der Tat kümmert sich Officer Scarborough jetzt um seinen Partner, so lange, bis der Notarzt eintrifft. Doch leider ist Officer Morton da bereits tot.«

Yuki erinnerte die Geschworenen daran, dass der Diebstahl eines Autos von Gesetzes wegen als Kapitalverbrechen zu behandeln ist.

»Es spielt keine Rolle, ob der Angeklagte wusste, dass das Fahrzeug gestohlen war, oder nicht. Es spielt keine Rolle, ob er wusste, dass der Täter eine Schusswaffe bei sich hatte, oder nicht. Schusswaffen müssen, ob registriert oder nicht, im Kofferraum oder einem abschließbaren Behälter aufbewahrt werden. Aber das war diese Waffe nicht. Vielmehr hat der Schütze sie am Körper getragen. Darum gilt der Angeklagte als Mittäter und wird der Beihilfe zum Mord beschuldigt. Und das ist noch nicht alles«, fuhr Yuki fort. »Im Kofferraum des gestohlenen Chevy wurde ein Koffer mit einem Kilogramm hochwertigem, unverdünntem Fentanyl sichergestellt – auch das eine schwere Straftat, die dem Angeklagten angelastet wird.

Wie Sie gesehen und gehört haben, wurde ein Polizeibeamter, der lediglich einen Rotsünder stellen wollte, in Ausübung seiner Pflichten ermordet. Diese Tat steht im engen Zusammenhang mit zahlreichen anderen schweren Straftaten. Das macht den Angeklagten automatisch zum Mitwisser, und daher gilt er vor dem Gesetz als ebenso schuldig wie der Täter selbst.

Seit Officer Mortons Tod verweigert Mr. Warren jede Aussage. Er hat weder den Namen seines Komplizen preisgegeben noch in irgendeiner Weise mit der Polizei oder der Staatsanwaltschaft kooperiert. Und jetzt muss er die Last seiner Tat allein tragen.

Ich bitte Sie daher: Sprechen Sie ihn der vorsätzlichen Tötung im Zusammenhang mit anderen Straftaten für schuldig.«

101

Richter Steven Rabinowitz wandte sich der Verteidigung zu.

»Mr. Jordan. Ihr Eröffnungsplädoyer?«

»Ja, Euer Ehren.«

Zac erhob sich, klopfte seinem Mandanten auf die Schulter und betrat das Parkett des Gerichtssaals, um zu den Geschworenen und dem Richter zu sprechen.

»Euer Ehren, verehrte Geschworene, ich möchte Ihnen etwas über Mr. Clay Warren erzählen, den bedauernswerten Angeklagten, der zugleich auch Opfer ist.

Mein Mandant ist achtzehn Jahre alt und hat die Highschool ohne Abschluss verlassen. Bis vor Kurzem hat er bei seiner Mutter und seiner zwölf Jahre alten Schwester in Crocker-Amazon gelebt und sich mit einer Teilzeitstelle bei der Shell-Tankstelle am Alemany Boulevard seinen Lebensunterhalt verdient. Seinen Vater hat er nie kennengelernt. Seine Mutter, die heute hier im Gerichtssaal sitzt, arbeitet als Haushälterin.

Geldsorgen sind ein ständiger Begleiter der Familie.

Mr. Warren hat mir nicht erzählt, wie es dazu kommen konnte, dass er am Steuer eines gestohlenen Wagens eine rote Ampel überfahren hat, mit einem Streifenwagen zusammengestoßen ist und schließlich den Mord an einem Polizeibeamten mitansehen musste.

Der junge Mann war noch nie zuvor mit dem Gesetz in Konflikt geraten. Bis er an jenem 15. März in diese schwerwiegenden Straftaten verwickelt wurde, hat er nicht einmal einen Apfel gestohlen.

Also, was genau ist an diesem Tag geschehen?«

Zac richtete seine gesamte Aufmerksamkeit auf die Geschworenen.

»Gestatten Sie mir, ein wenig zu spekulieren.«

Yuki blickte verstohlen zu Clay Warren mit seiner unverändert maskenhaften Miene hinüber, bevor sie sich wieder auf Zac konzentrierte, der nun auf den Höhepunkt seines Plädoyers zusteuerte.

»Es liegt auf der Hand, dass der Mann, der neben Mr. Warren in dem weißen Chevy saß, gefährlich war«, sagte Zac. »Er besaß eine Pistole, ein gestohlenes Auto und hatte Drogen im Wert von einer Million Dollar im Kofferraum verstaut. Er hat kaltblütig einen Polizisten erschossen. Mr. Warren wurde als Komplize festgenommen. Ich möchte an dieser Stelle das Wort ›ahnungslos‹ hinzufügen. Er war ein ahnungsloser Komplize und könnte genauso gut dazu gezwungen worden sein, sich an diesen verbrecherischen Umtrieben zu beteiligen.

Nach seiner Festnahme wurde mein Mandant zu den anderen Inhaftierten hier in der Hall of Justice gesteckt. Vor Kurzem hat er versucht, sich zu erhängen. Und obwohl er anschließend unter besonderer Beobachtung stand, wurde er schon wenige Tage danach von einem oder mehreren Mithäftlingen überfallen und mit einem spitzen Gegenstand mehrfach in den Unterleib gestochen, sodass er beinahe verblutet wäre.

Seither sitzt Mr. Warren in Einzelhaft. Er wird ununterbrochen beobachtet, um zu verhindern, dass er ermordet wird oder sich selbst etwas antut, weil er von dem wahren Verbrecher zum Sündenbock abgestempelt wurde. Das alles hat seine Angehörigen in abgrundtiefe Trauer gestürzt.

Man könnte sogar sagen, dass er bereits jetzt genug gestraft ist, dass er seine Schuld gegenüber der Allgemeinheit abgegolten hat.

Clay Warrens gegenwärtiges Leben ist die Hölle, und der einzige Ausweg, der ihm jetzt noch bleibt, führt über die Barmherzigkeit der zwölf Männer und Frauen in dieser Jury.«

102

Ich schrieb gerade eine Entschuldigung an Claire, weil ich zu unserem Mittagessen gestern nicht erschienen war, da klingelte das Festnetztelefon auf meinem Schreibtisch.

Ich nahm den Hörer ab.

»Boxer.«

»Sergeant, hier spricht May Hess.«

May Hess ist die Leiterin unserer Telefonzentrale und schmückt sich gern mit dem Titel der »Königin des Batphones«. Sie betreut auch die Hinweis-Hotline, weil sie einfühlsam ist und weiß, wie sie anderen Menschen die Panik und den Stress nehmen kann.

Sie sagte: »Ich habe da was für Sie, Sergeant. Eine Touristin hat die Schüsse vor dem Jazz Center beobachtet.«

»Was? Erzählen Sie.«

»Da kann ich sogar was Besseres anbieten. Ich habe den Anruf aufgezeichnet. Hören Sie.«

In meinem Telefonhörer erklang eine Stimme.

»Polizei? Polizei?«

Dann war Hess' Antwort zu hören. »Sie sind mit der Polizei verbunden. Wollen Sie einen Notfall melden?«

»Nein. Es geht um gestern. Die Schüsse vor dem Jazz Center.«

»Okay. Wie heißen Sie?«

»Sharon Fogel.«

»Können Sie das buchstabieren?«

Nachdem die Anruferin ihren Namen buchstabiert hatte, erkundigte sich Hess: »Was können Sie uns sagen, Miss Fogel?«

»Ich hab's *gesehen*, ohne dass ich was davon gewusst habe. Ich hab fotografiert. Ich komme aus Sheboygan in Wisconsin. Wir machen hier Urlaub. Ich habe das Jazz Center fotografiert, dann sind plötzlich die Männer erschossen worden, und ich bin weggerannt. Erst *heute Morgen* habe ich gemerkt, was ich da fotografiert habe.«

»Beschreiben Sie die Fotos«, sagte Hess.

»Es sind zwei, um genau zu sein. Auf dem einen sieht man sein Auto. Und auf dem anderen ihn *selbst*.«

Ich hörte den keuchenden Atem der Anruferin und musste selbst ein paarmal tief durchschnaufen. Hatte Sharon Fogel tatsächlich den Attentäter fotografiert?

Hess sagte: »Miss Fogel, wie lautet Ihre Adresse? Ich schicke eine Beamtin vorbei. Die nimmt Ihre Aussage zu Protokoll und kann bei der Gelegenheit auch gleich einen Blick auf die Fotos werfen.«

Da hörte ich im Hintergrund eine Männerstimme.

Fogels Stimme war nur gedämpft zu hören. Ich glaube, sie sagte: »Einen Moment bitte.« Dann war sie wieder da.

»Mein Mann sagt, dass ich mich aus der Sache raushalten soll …«

»Miss Fogel, Sie wären in keiner Weise darin verwickelt …«

»Ich kann nicht.«

»Sie können möglicherweise einen sehr wertvollen Beitrag zu den laufenden Ermittlungen leisten. Wie wäre es denn damit: Schicken Sie mir die Fotos zu. Ich leite sie an die Mordkommission weiter.«

»Geben Sie mir Ihre E-Mail-Adresse«, erwiderte Fogel. Die Männerstimme in Fogels Zimmer wurde jetzt lauter. »Immer musst du im Mittelpunkt stehen, Sharon.«

»Sind sie angekommen?«, wollte Fogel wissen.

»Ich sehe mal nach …«

Ein Telefon fiel zu Boden, dann wurde die Verbindung unterbrochen. Die Aufzeichnung war zu Ende, aber Hess war immer noch in der Leitung.

»Lindsay. Haben Sie das alles mitgekriegt?«

»Ich glaube schon«, erwiderte ich. »Haben Sie die Fotos?«

»Ich leite sie gerade an Sie weiter. Sie wohnt im Hilton, und ich habe ihre Handynummer.«

»Sehr gute Arbeit«, sagte ich.

Und dann wartete ich auf May Hess' E-Mail.

103

Conklin blickte über den Rand seines Monitors hinweg. »Was war denn das?«

»Roll mal rüber.«

Er schob sich um die Schreibtische herum, sodass er meinen Bildschirm sehen konnte.

Ich sagte: »Die Hotline meint, dass es eine Zeugin für die Schüsse vor dem Jazz Center gibt. Und die Zeugin hat uns Fotos geschickt.«

»Mal sehen.«

Ich öffnete die E-Mail und gestattete mir einen Funken Hoffnung.

Das erste Foto war eine wunderschöne Aufnahme des Jazz Center. Die Gebäudeecke befand sich in der Mitte des Fotos, und die Morgensonne ließ die Glasflächen im Erdgeschoss funkeln. Auf der Straße war nichts los, und auch an der Kreuzung herrschte nur wenig Verkehr. Dieses Foto war eindeutig entstanden, bevor ein mäßig bekannter Gitarrist und seine beiden Leibwächter mit jeweils nur einem Schuss niedergestreckt worden waren.

Fogel hatte gesagt, sie hätte das Auto fotografiert.

In der unteren rechten Ecke, auf der gegenüberliegenden Straßenseite, war ein schwarzer Ford Taurus zu sehen.

Ich sagte: »Die Zeugin behauptet, dass der Schütze von einem Auto aus geschossen hat, vielleicht ja von dem da. Ich kann, äh, vier Ziffern des Kennzeichens erkennen.«

»Die Sicht vom Auto zum Eingang ist ganz gut.«

Vor dem Taurus standen noch etliche andere Autos. Die würden wir alle überprüfen müssen.

Ich notierte mir noch die Kennzeichen, dann sagte Conklin: »Jetzt bin ich bereit für das nächste.«

Ich klickte das zweite Foto an. Es war wenige Sekunden nach dem ersten entstanden und zeigte einen Mann auf dem Fahrersitz des Taurus. Er trug Handschuhe, hatte die Hand auf den Rahmen des geöffneten Seitenfensters gelegt und war gerade dabei, seine Tür zuzuziehen.

»Tja«, sagte ich. »Tschüss, Fingerabdrücke.«

Mein Partner drehte den Monitor so, dass er ihm genau im rechten Winkel gegenübersaß. »Fange ich jetzt an zu halluzinieren? Oder ist das tatsächlich Barkley ohne Bart?«

Ich vergrößerte das Gesicht des Mannes, sodass es den Bildschirm fast ganz ausfüllte, aber je größer ich es zog, desto verschwommener wurde alles. Ich hatte Fotos von Barkley mit und ohne Bart gesehen, aber ich war mir nicht sicher, ob er das war oder nicht.

Ich sagte: »Ich suche Stempien. Du überprüfst das Kennzeichen.«

Ich rief Stempien an, aber er nahm nicht ab. Es war zwanzig Minuten nach zwölf. Mittagszeit. Wenn ich in der Nähe des Präsidiums zum Mittagessen gehen wollte, dann war meine erste Wahl immer das MacBain's. Galt das auch für Stempien?

Conklin hob den Blick. »Der Taurus ist vor sechsunddreißig Stunden als gestohlen gemeldet worden.«

»Gut möglich, dass Barkley ihn vor dem Anschlag gestohlen und noch nicht wieder abgestoßen hat«, versuchte ich mich an einer ersten Theorie. »Oder, Richie … Vielleicht hat er den Wagen nach dem Anschlag auch stehen lassen und ist zu Fuß weggegangen. Womöglich steht er immer noch da. Die Kriminaltechnik hat die Straße ja bis gestern am späten Abend abgesperrt.«

»Ich gehe mal nachsehen«, sagte er. »Und du suchst Stempien.«

Ich speicherte die beiden Fotos auf einem USB-Stick und ging über die Straße ins MacBain's.

Dort war es voll, wie immer um die Mittagszeit. Aber ich bin schließlich Detective, darum dauerte es nicht lange, bis ich Stempien an einem Tisch sitzen sah, vor sich einen Teller mit Pommes frites und Burger sowie ein iPad Pro. Ich schlängelte mich geschickt durch das Kneipenrestaurant, und als unser FBI-Computer-Guru den Blick hob, lächelte ich ihn an und sagte: »Darf ich?«

Er erwiderte: »Auf jeden Fall«, aber ich registrierte auch, dass er mein Gesicht aufmerksam musterte.

»Schlägerei«, sagte ich.

»Oha. Geht's Ihnen gut?«

»Ging mir nie besser.«

Syd kam an den Tisch, und ich bestellte einmal dasselbe wie Stempien. Nachdem sie wieder weg war, holte ich den USB-Stick aus der Tasche. »Mike? Wollen Sie mal den Helden spielen?«

»Das ist meine Lieblingsrolle. Was kann ich tun?«

»Ich habe Ihnen einen Schnappschuss mitgebracht. Könnten Sie einen Blick darauf werfen und mir sagen, ob das Barkley ist? Falls Sie sich nicht sicher sind, dann müssen Sie Ihr Gesichtserkennungsprogramm darauf ansetzen. So schnell wie möglich.«

»Was für Sie ›so schnell wie möglich‹ ist, ist für mich normal. Als ob in den letzten fünf Jahren jemals jemand zu mir gekommen wäre und gesagt hätte: ›Mike. Lass dir Zeit.‹ Und ich warte echt jedes Mal darauf.«

Ich lachte. Stempien schob seinen Teller beiseite und steckte meinen USB-Stick in sein Tablet. Er starrte auf das Display, wischte und drückte irgendwelche Tasten, aber er sagte kein Wort.

Ich glaube, ich habe die ganze Zeit über den Atem angehalten.

104

Der Richter bat Yuki, ihren ersten Zeugen aufzurufen.

Sie ließ Officer William Scarborough holen, und nachdem er vereidigt worden war, kündigte Yuki den Geschworenen an, dass der Zeuge nun das Video abspielen und die Geschehnisse Sekunde für Sekunde erläutern würde.

Anschließend bat sie den Gerichtsdiener um Verdunkelung. Officer Scarborough richtete die Fernbedienung auf den Laptop und holte sich die digitale Aufzeichnung aus der Cloud.

Scarborough sagte: »Hier sehen wir, wie der Chevy die rote Ampel überfährt und wie wir die Verfolgung aufnehmen.«

Als die Bremslichter des Chevy aufleuchteten, hielt er das Video an.

»Hier fährt das Fluchtfahrzeug mit ungefähr hundertfünfzig Stundenkilometern auf einen grünen Minivan auf. Der hat eine ganze Ladung Kinder an Bord und kommt gerade mal auf neunzig. Der Chevy hupt zwar wie wild, aber der Minivan wird einfach nicht schneller.«

Scarborough ließ das Video weiterlaufen.

»Der Chevy muss noch langsamer werden. Der Minivan kommt einfach nicht vom Fleck, und links und rechts fließt der Verkehr. Gleich passiert es. Ich zwänge mich auf die linke Spur, überhole den Chevy und sehe, dass er zu dem Van eine kleine Lücke gelassen hat.«

Erneut hielt Scarborough das Video an, um sicherzustellen, dass die Geschworenen alle mitgekommen waren.

Dann sagte er: »Ich zwänge mich also vor den Chevy. Es ist ziemlich eng, aber ich will ihn ja nur zum Anhalten zwingen. Er rammt das Heck unseres Streifenwagens, und schließlich kommen wir alle zum Stehen.«

Scarborough erläuterte nun, was im letzten Teil des Videos passierte.

»Das ist Officer Morton. Er geht zur Fahrertür des Chevy und fordert den Fahrer auf auszusteigen. Was Morton nicht sehen kann, ist, dass die Beifahrertür aufschwingt und ein großer Mann in schwarzer Kleidung aus dem Wagen steigt.

Ich kann sein Gesicht nicht erkennen«, sagte Scarborough. »Ich habe mir das Video so oft angesehen, aber der Zusammenprall hat unser Fahrzeug verschoben, sodass der Mann nicht mehr im Bild ist. Ich habe sein Profil nicht einmal eine Sekunde lang im Blick gehabt. Er hat Ähnlichkeit mit einem gefährlichen Straftäter, den ich von einem FBI-Fahndungsplakat kenne, aber ›Ähnlichkeit‹ ist eben keine eindeutige Identifizierung.«

Scarboroughs Stimme brach. Er räusperte sich und setzte das Video fort.

»Er geht um den Chevy herum. Todd Morton dreht ihm den Rücken zu und redet mit dem Fahrer des Wagens.

Da. Ich kann es wirklich kaum ertragen. Der Mann schießt auf Todd. Er geht zu Boden, und dann fängt dieses Arschloch an, auf den Streifenwagen zu schießen. Auf mich.

Die Kamera fängt mich ein, wie ich aus dem Wagen steige und zu Todd laufe. Ich rufe einen Notarzt. Die anderen Autofahrer drehen alle durch ... Inzwischen hat der Täter einen alten Mann aus seinem RAV4 gezerrt und haut ab.«

Erneut ließ Scarborough das Video pausieren. »In diesem Augenblick steigt Clay Warren mit erhobenen Händen aus dem Chevy. Ich sage, er soll die Hände auf das Autodach legen und sich nicht bewegen. Ich lege ihm Handschellen an. Taste ihn ab. Er ist nicht bewaffnet. Der Notarztwagen ist zwar schnell vor Ort, aber Todd war schon tot, als er auf dem Boden gelandet ist.«

Yuki bat um Licht. Im Zuschauerraum erklang vielstimmiges Schluchzen, und eine Person stand auf und verließ den Saal.

Yuki sagte: »Ich weiß, dass alle hier tiefes Mitgefühl mit Ihnen und Todd Mortons Familie haben. Was können Sie uns über Ihren verstorbenen Kollegen sagen?«

Scarborough seufzte und sagte einige emotionale Worte über Morton, lobte ihn und bekannte, dass sie beide zuvor noch nie in eine Schießerei geraten waren.

»Sie haben gesagt, dass Sie den Täter nicht identifizieren konnten?«

»Er hatte keine besonderen Kennzeichen, trug eine Sonnenbrille und hatte den Kragen hochgeschlagen. Die meiste Zeit war er in Bewegung, halb oder ganz von mir abgewandt, und dann hat er auf mich geschossen. Es ist alles so schnell gegangen.«

Richter Rabinowitz fragte den Verteidiger, ob er Fragen an den Zeugen hatte, und Zac Jordan verneinte. Yuki bedankte sich bei Officer Scarborough und bat ihn, den Zeugenstand zu verlassen.

Rabinowitz sagte: »Miss Castellano, rufen Sie Ihren nächsten Zeugen auf.«

»Wir haben keine weiteren Zeugen, Euer Ehren.«

»Mr. Jordan?«

»Ich möchte einen Leumundszeugen befragen, Euer Ehren.«

»In diesem Fall schlage ich eine kurze Unterbrechung vor … hmm, eine halbe Stunde. Und nach Ihrem Leumundszeugen kommen wir zu den Schlussplädoyers.«

105

Mein Telefon klingelte, und ich nahm den Hörer ab.

Conklin sagte: »Ich bin in der Fell Street vor dem Jazz Center. Du hast wieder mal recht gehabt, Boxer.«

»Wir haben Glück?«

»Ein schwarzer Taurus mit Rundumsicht auf den Haupteingang und dazu mit einer Überraschung im Innenraum.«

»Bitte zwing mich nicht zu betteln.«

»Lass mir doch wenigstens die eine Freude.«

»Also gut. Bitte, bitte, bitteeeee, Richie. Sag's mir.«

»Von mir aus. Unter dem Gaspedal habe ich eine Patronenhülse gefunden. Ich bleibe hier, bis die Kriminaltechnik mit dem Abschleppwagen kommt. Ein uniformierter Kollege nimmt gerade die Kennzeichen der anderen Fahrzeuge in der Straße auf.«

»Gute Arbeit, Rich.«

Während ich ungeduldig auf die Rückkehr meines Partners wartete, suchte ich nach Brady. Er war nicht im Bereitschaftsraum und auch nicht in Jacobis altem Büro im vierten Stock. Von seiner Sekretärin erfuhr ich, dass er einen Termin außerhalb wahrnahm. Und dann kam er zur Tür herein.

»Ich war bei der Gerichtsmedizinerin«, sagte er und meinte damit Claires Vertretung. »Wo steckt Conklin?«

»Hier«, sagte Rich, der gerade eben den Bereitschaftsraum betrat.

Brady sagte: »Kommt mit.«

Wir setzten uns in sein Büro. »Kannst du mal die Tür schließen, bitte?«

Conklin versetzte ihr einen Stoß, sodass sie ins Schloss fiel.

Ich wollte unbedingt sofort alles loswerden, was wir wussten. Eine Zeugin für das Massaker vor dem Jazz Center hatte sich bei uns gemeldet. Sie hatte den potenziellen Schützen fotografiert. Stempien hatte das Foto begutachtet und war sich zu fünfundneunzig Prozent sicher, dass es sich bei dem Mann um Barkley handelte. Conklin hatte eine Patronenhülse gefunden, die zusammen mit dem Auto ins Labor gebracht worden war, und die Chancen standen gut, dass sie zum Kaliber der drei tödlichen Geschosse passte.

Wir mussten zwar noch die Waffe Barkley zuordnen, um alle Puzzleteile zusammenzusetzen, aber jetzt wussten wir bereits deutlich mehr als beim Aufwachen.

Mein Bauch sagte mir, dass Barkley der Jazz-Center-Killer war.

Wir mussten ihn finden, und zwar lebendig, und wir mussten ihn zum Reden bringen. Wir hatten auch ein Pfand in der Hand ... nämlich die Freilassung von Randi White Barkley.

Bradys Gesichtsausdruck verriet, dass er etwas Wichtiges zu sagen hatte, darum hörte ich ihm zu.

»Die Wache Nord hat Kreislers Leibwächter identifiziert. Der eine, der vor Kreisler war, hieß Bernie Quandt und ist in der Szene bekannt. Er wird ständig von allen möglichen Promis an der Westküste gebucht. Aber der andere ist der Jackpot. Er heißt Antoine Castro und ist die Nummer drei auf der FBI-Liste der zehn meistgesuchten Verbrecher.«

»*Antoine Castro?* Bist du sicher?«

Brady reichte mir Castros Akte. Ich sah mir das Polizeifoto und dann das aktuelle Foto aus der Leichenhalle an. Sie passten haargenau zu dem Bild auf der FBI-Fahndungsliste. In der Akte befand sich eine lange Aufzählung seiner Vorstrafen sowie zahlreicher Freisprüche aufgrund von Mangel an Beweisen, und dann das eine große Ding: ein Banküberfall in Seattle, der vier Menschen das Leben gekostet hatte. Die Täter waren geflüchtet. Einer der Überlebenden hatte Castro mit absoluter Sicherheit identifiziert, und das hatte ihn auf die FBI-Fahndungsliste katapultiert.

Erst neulich hatte ich von Yuki erfahren, dass Clay Warren, bevor er verstummt war, zumindest nicht verneint hatte, dass Castro der Mann war, der Todd Morton erschossen hatte. Allerdings war Warren vor konkreteren Aussagen zurückgeschreckt und hatte seither jede Kooperation verweigert.

Jetzt war Castro tot und ich wie vor den Kopf gestoßen. Ich war fest davon ausgegangen, dass Castro sich nach den tödlichen Schüssen auf dem Highway 1 auf ein frisches Pferd geschwungen und die Stadt verlassen hatte.

Aber jetzt sah es so aus, als sei er die ganze Zeit in San Francisco gewesen.

»Castro ist der Hauptverdächtige für den Mord an Todd Morton«, sagte ich. »Und Yuki vertritt die Anklage im Prozess gegen den Jungen, den Castro im Regen hat stehen lassen. Sag mal, Brady, redet ihr zu Hause eigentlich gar nicht über eure Arbeit?«

»Sie hat ihn kein einziges Mal erwähnt«, meinte Brady.

»Die Verhandlung gegen Clay Warren läuft tatsächlich jetzt gerade«, machte ich weiter. »Wenn Castro tot ist, dann ist Warren vielleicht bereit, auszupacken, und erzählt uns etwas über Castro, dessen Drogengeschäfte, wo er gelebt hat … Verstehst du, Brady? Er hilft uns bei unseren Ermittlungen, und im Gegenzug kommen wir ihm entgegen.«

»Mach!«, sagte er.

Ich zischte los, und so kam Conklin allein in den Genuss von Bradys Miene, als er ihm eröffnete, dass wir ein Handyfoto von Leonard Barkley vor dem Jazz Center hatten, nachdem drei Menschen, darunter auch Castro, erschossen worden waren.

Gut möglich, dass Castros Tod das Beste war, was Clay Warren hätte passieren können.

Ich rannte in den Gerichtssaal.

Ich musste Yuki finden, bevor die Geschworenen ihr Urteil gefällt hatten.

106

Dave hatte seinen Lieferwagen auf dem Parkplatz des Medical Center abgestellt.

Die Rückenlehne seines Sitzes war um einige wenige Grad nach hinten gekippt, damit er sowohl den Parkplatz als auch Dr. Perkins' Praxis im ersten Stock im Auge behalten konnte. Pünktlich um 16.00 Uhr verließ Perkins das Gebäude und fuhr weg.

Zwischen Daves Beinen stand eine offene Weinflasche. Er ergriff sie, nahm zusammen mit einem Schluck edlem Channing Cabernet ein paar Tabletten und wartete ab, bis sein Puls sich verlangsamt hatte.

Dann wählte er die Nummer der Praxis.

Er erkannte ihre Stimme sofort.

»Schwester ... Atkins?«

»Ja. Mit wem spreche ich?«

»Äh. Hier ist Dave, Dave Channing.«

»Der Blödmann. Was wollen Sie?«

Seine Zunge war träge. Er nahm lange, tiefe Atemzüge. »Ich wollte ... ääh ... etwas vorbeibringen ... ääh ... für den Doktor.«

»Er hat gerade Feierabend gemacht«, fauchte sie. »Rufen Sie nie wieder hier an.«

Bevor sie auflegen konnte, rief Dave: »Warten Sie! Ich hab ihm was mitgebracht. Eine Entschuldigung. Und einen Scheck. Für den Schaden ... an sei'm Auto.«

»Werfen Sie das in den Labor-Briefkasten im Erdgeschoss. Ich lege jetzt auf.«

Erneut rief Dave: »Warten Sie!«

»Ich habe zu tun, Dave. Sie hätten den Scheck über Ihren Anwalt schicken sollen, aber ich weiß genau, was Sie vorhaben. Sie wollen den Reumütigen spielen, damit der Richter Sie nicht die ganzen drei Jahre hinter ...«

»Das ist es ... nicht. Hör'n Sie.«

»Dann aber schnell.«

»Ich hab Tabletten geschluckt. Ich hab ... nicht mehr ... viel Zeit. Ich hab ... ein' Entschuldigungsbrief geschrieben ... an Sie. Und ich hab ... ein Geschenk dabei. Meine Mutter ... ein ... ein kleines Ölgemälde. Könnte ... über zwanzig ... zwanzigtausend wert sein. Ich ... bitte um Verzeihung.«

»Was für Tabletten haben Sie genommen?«

Dave lachte, aber es klang eher wie ein ersticktes Krächzen.

»Alle. Schlaftabletten, Herztabletten, Blutdruck ...«

»Digoxin?«

»Ja, klar. Wenn Dad davon welche hatte, dann hab ich die auch geschluckt. Ich hab auch gekotzt. Aber da war noch Nachschub. Ich trinke ... Dads besten Wein.«

»Wie viel Digoxin?«

»Ich hab nich' ... nachgezählt.«

»Wie fühlen Sie sich?«

»Ich ... werd gleich ... ohnmächtig.«

»Wo sind Sie?«, wollte Atkins wissen.

»Auf dem ... Parkplatz. Im Lieferwagen. Weingut Channing ...«

Im ersten Stock bewegte sich eine Jalousie. Dann legte Atkins auf.

Dave sah, wie das Licht in Perkins' Praxis gelöscht wurde. Er holte das Handy aus seiner Gesäßtasche und legte es auf das Armaturenbrett. Dann trank er noch einen Schluck von dem Wein, den er mit angebaut und abgefüllt hatte.

Er ließ den Kopf zurücksinken. Und wartete. Und wartete.

107

Ich hielt dem Gerichtsdiener vor Saal 6A meine Dienstmarke unter die Nase, und er machte mir die Tür auf.

Hinter der letzten Sitzreihe gab es noch Stehplätze. Ich stellte mich direkt neben den Mittelgang und sah, dass Zac Jordan gerade bei seinem Schlussplädoyer war. Wie gut, dass die Geschworenen sich noch nicht zurückgezogen hatten. Vielleicht bekam ich die Gelegenheit, mit dem Richter zu sprechen, die Bombe von Antoine Castros Tod platzen zu lassen und damit etwas Zeit zu schinden, sodass Yuki und Zac sich mit dem Angeklagten unterhalten konnten.

Zac Jordan hatte ein rotes Brillengestell auf der Nase, trug ein kariertes Hemd, eine Kamelhaarweste und eine Kakihose sowie Ziegenlederschuhe. Die Botschaft lautete: *Ich bin ein netter Mensch.* Und ich wusste, dass das stimmte.

Konzentriert lauschte ich seinen abschließenden Worten.

Er sagte: »Wir können Clay Warren völlig zu Recht vorwerfen, dass er einem Menschen, den er nicht kannte, vertraut und sich auf ein Abenteuer eingelassen hat, eine Spritztour, für die er – reine Spekulation – vielleicht auch ein wenig Geld bekommen hat. Das hat sich jedoch als katastrophaler Irrtum erwiesen, als größter Fehler seines noch jungen Lebens.

Es ist allerdings ebenso denkbar, dass der Mann, der Officer Morton erschossen hat, Clay eine Waffe an den Kopf gedrückt und ihn gezwungen hat loszufahren. Wir haben in dem Video gesehen, dass dieser Killer auch Jonas Hunt mit seiner Waffe bedroht hat, bevor er sich mit dessen Auto davongemacht hat.

Ich habe auf alle diese Fragen nur eine hypothetische Antwort, da Mr. Warren nicht bereit ist, mit mir zu sprechen. Und mit Ihnen auch nicht.«

Zac ging hin und her. Er hatte die Stirn in Falten gelegt, und ich sah, dass die Geschworenen mit gebannten Mienen jede seiner Bewegungen verfolgten.

Jetzt blieb er stehen und wandte sich den Geschworenen zu. »Aber bei seiner Festnahme hatte Clay eine Vermutung geäußert, wer der Mann gewesen sein könnte, der ihn überredet oder gezwungen oder bezahlt hat, sich ans Steuer dieses Autos zu setzen. Da hat er den Namen eines berüchtigten Straftäters genannt. Allerdings war er sich nicht zu hundert Prozent sicher. Inzwischen weiß ich, warum er jede Zusammenarbeit verweigert und damit auch sich selbst schadet. Er hatte Angst vor einem Vergeltungsakt … den er dann am eigenen Leib erfahren musste. Im Gefängnis kam es zu einem brutalen Überfall, bei dem ihm zahlreiche Stichwunden in den Unterleib zugefügt wurden. Im Anschluss hing sein Leben an einem seidenen Faden.

Sie haben die Aussage von Ridley Sierra gehört, Clays bestem Freund seit der Grundschule. Er hat unter Eid geäußert, dass Clay seiner Meinung nach ein naiver Mensch und noch nicht so reif sei, wie es seinem Alter im Ausweis entsprechen würde. Er hat Clay mit dem Attribut ›gutgläubig‹ versehen.

Ich glaube, dass Mr. Sierra recht hat mit seiner Einschätzung.«

Mein Herz krampfte sich zusammen, als ich an den bedauernswerten Clay Warren dachte. Am liebsten hätte ich ihm zugerufen: »Rettung naht.«

Zac kam zum Ende, und mir lief die Zeit davon. Ich sah Yuki an ihrem Tisch hinter der Absperrung sitzen. Ich schrieb ihr eine Nachricht, aber sie reagierte nicht. Ich wollte sie unbedingt ansprechen, also schlich ich geduckt den Gang entlang bis zum Geländer, streckte die Hand aus und tippte ihr auf die Schulter.

Verärgert drehte sie sich um, doch dann registrierte sie meinen Gesichtsausdruck. »Was ist denn los?«, sagten ihre stummen Lippen.

Ich trat auf ein paar Füße, stieß gegen das eine oder andere Knie, aber dann war ich so dicht bei ihr, dass ich ihr ins Ohr flüstern konnte.

»Antoine Castro ist tot.«

Sie flüsterte zurück: »Woher weißt du das?«

»Er liegt in einem Kühlfach in der Gerichtsmedizin.«

Yuki griff nach meiner Hand, drückte sie und erhob sich.

Sie sagte: »Euer Ehren, Mr. Jordan, bitte entschuldigen Sie die Unterbrechung, aber das San Francisco Police Department hat uns soeben aktuelle Informationen zukommen lassen. Können wir uns kurz besprechen?«

»Ich kann bloß hoffen, dass das etwas Wichtiges ist, Miss Castellano. Etwas Entscheidendes.«

108

Yuki, Zac und ich standen vor dem Richtertisch und sahen Steven Rabinowitz an.

Yuki raunte ihm zu: »Euer Ehren, der Mann, den wir für den mutmaßlichen Mörder von Officer Todd Morton halten, ist eindeutig identifiziert worden. Seine DNA stimmt mit der überein, die wir in dem Chevy und in Mr. Hunts RAV4 gefunden haben. Es wäre mir am liebsten, wenn Sie diese Informationen direkt aus dem Mund von Sergeant Boxer hören könnten. Sie arbeitet für die Mordkommission des San Francisco Police Department.«

Richter Rabinowitz blickte Zac an.

»Sind Sie damit einverstanden, Mr. Jordan?«

»Ja, Euer Ehren.«

»Wenn das hier eine Fernsehsendung wäre«, meinte der Richter, »dann würde ich sagen, dass das alles andere als vorschriftsmäßig ist.«

Ob vorschriftsmäßig oder nicht, der Richter ordnete jedenfalls eine Verhandlungsunterbrechung an, und Yuki, Zac und ich folgten ihm in sein Kämmerchen. Er bat uns nicht, Platz zu nehmen, also standen wir um seinen Schreibtisch herum.

»Was können Sie mir über diese Person sagen, Sergeant?«, wandte Richter Rabinowitz sich an mich.

»Bei dem mutmaßlichen Beifahrer in dem gestohlenen weißen Chevy, dem Mann, der Officer Morton erschossen hat, handelt es sich um einen Drogendealer namens Antoine Castro.«

»Und Sie haben ihn festgenommen?«

»Er wurde gestern erschossen, Euer Ehren.«

»Soll das heißen, dass der mutmaßliche Mörder von Officer Morton tot ist?«, hakte Rabinowitz nach. »Und was schließen Sie daraus, Mr. Jordan?«

Zac Jordan erwiderte: »Wie ich dem Gericht bereits erläutert habe, hatte Clay Warren tödliche Angst vor einem Racheakt des Killers, entweder an ihm selbst oder seinen Angehörigen. Ohne diese unmittelbare Gefahr ist mein Mandant möglicherweise zur Zusammenarbeit mit der Staatsanwaltschaft bereit. Falls er aussagt, was er über die Drogen im Auto weiß und ob zwischen ihm und Castro womöglich eine Arbeitsbeziehung bestand, versetzt uns das vielleicht in die Lage, zahlreiche schwere Straftaten aufzuklären.«

»Das sind eine ganze Menge Unwägbarkeiten«, entgegnete Rabinowitz.

Zac fügte hinzu: »Wir brauchen ein bisschen Zeit, Euer Ehren. Die Verteidigung beantragt eine Verschiebung der Verhandlung.«

»Das ist alles andere als vorschriftsmäßig«, meinte der Richter abermals. »Aber ich gebe Ihnen genau eine Woche.«

109

Leonard Barkley klopfte an die Hintertür eines kleinen braunen Häuschens in der Thornton Avenue, nur zwei Hauseingänge von dem beinahe identischen Gebäude entfernt, das er und Randi seit vier Jahren bewohnten.

Sein Nachbar, Freund und Mitverschwörer Marty Floyd machte auf und grinste ihn an.

»Ich hab mir Sorgen um dich gemacht«, sagte Floyd. »Noch nie habe ich so viele Streifenwagen auf einem Haufen gesehen wie gestern im Fernsehen. Hey, ich habe Rippchen und Kartoffeln da, beides noch warm. Wie hört sich das für dich an?«

»Fantastisch. Hast du auch Milch?«

»Na klar. Und das Spiel hab ich auch vorbereitet. Vielleicht können wir ja noch mal kurz reinschauen.«

»Ich habe eine Menge Kilometer in den Beinen«, erwiderte Barkley. »Ich muss mich waschen und frische Klamotten anziehen. Und, ganz im Ernst, ich brauche jetzt dringend Schlaf.«

»Erst essen. Dann duschen. Schlafen kannst du, wenn du tot bist. Klingt wie ein T-Shirt-Spruch, stimmt's?«

Barkley lachte. Seit gestern Morgen hatte er nichts mehr gegessen. Und wann hatte er eigentlich zum letzten Mal gelacht? Er konnte sich nicht erinnern.

»Du hast gewonnen, Marty. Erst essen.«

Marty Floyd – Bahnpolizist, Politik-Junkie und Vollmitglied bei *Moving Targets* – tischte seinem Freund einen übervollen Teller auf und setzte sich ihm gegenüber an den Küchentisch.

»Barko«, sagte er dann, »du bist ein richtiger Volksheld. Eines Tages wird man dir zu Ehren Balladen komponieren. Wie ist es gelaufen?«

Barkley legte sein Handy neben den Teller, ein Klapphandy mit Prepaidkarte. Er sägte mit einem Steakmesser ein großes Stück Schweinerippe ab.

»Erst essen«, sagte er. »Dann reden.«

Floyd lachte, stand auf und schenkte Barkley ein Glas Milch ein.

Fünf Querstraßen entfernt saß Randi White Barkley neben ihrer Aufpasserin, Officer Carol Ma Fullerton, in einem Streifenwagen.

Den Hund hatten sie in der sicheren Unterkunft zurückgelassen. Randi hatte Fullerton erklärt, dass sie lediglich ihre elektrische Zahnbürste, ihre eigenen Kissen, eine Schachtel mit Hundeleckerli, das Ladegerät für ihr Handy und ihr Massagegerät holen wollte. Das alles war bei ihrer Entführung durch die Polizei zurückgeblieben.

Fullerton fand Randi ganz amüsant. Sie stellte den Wagen in der kurzen Einfahrt des Barkley'schen Häuschens in der Thornton Avenue ab.

»Wir müssen uns beeilen«, sagte sie dann.

»Wie gesagt, Officer. Pat. Es dauert höchstens zwei Minuten. Warten Sie einfach auf mich.«

»Sie stehen unter polizeilicher Aufsicht«, erwiderte Fullerton. »Und außerdem komme ich natürlich mit.«

»Wie Sie wollen«, sagte Randi, als könnte sie das entscheiden.

Sie stieg die drei Holzstufen bis zur Haustür hinauf und achtete sorgfältig darauf, den Blick kein einziges Mal zu Martys Häuschen schweifen zu lassen. Er hatte ein Taschentuch an seine Autoantenne gebunden. Das war das Zeichen, dass Barkley bei ihm war.

Als sie den Haustürschlüssel in der Hand hielt, hörte sie, wie Marty Floyd ihr über zwei ungepflegte Vorgärten hinweg etwas zurief.

»Randi, wie geht's?«

»Gut, Marty. Ich bin nicht allein.«

»Ja, das sehe ich. Erholt siehst du aus.«

»Bis später mal. Lass es dir gut gehen.«

Randi war nervös, weil Leonard so dicht in der Nähe war und sie ihn trotzdem nicht sehen konnte. Sie schloss die Haustür auf.

»Home, sweet home«, sagte sie ohne jede Begeisterung.

Dann trat sie, begleitet von ihrer Wärterin, ein.

110

In der Lokalredaktion des *Chronicle* ging es laut und hektisch zu. Alle hatten sich über ihre Computer gebeugt und spürten den Redaktionsschluss um 18.00 Uhr näher rücken.

Jeb McGowan klopfte an die Glaswand von Henry Tylers Büro, und Tyler winkte ihn herein.

»Sir, haben Sie vielleicht eine Minute für mich?«

»Jederzeit. Nehmen Sie Platz.«

McGowan wollte lieber stehen.

»Mr. Tyler, es ist etwas vorgefallen, was ich Ihnen sagen muss.«

»Legen Sie los, Jeb. Und setzen Sie sich um Gottes willen hin.«

Jeb setzte sich auf die Kante des Ledersofas gegenüber von Tylers Schreibtisch und sagte: »Ich weiß gar nicht, wie ich anfangen soll.«

»Indem Sie reden, Jeb. Immer raus mit der Sprache.«

»Ja, Sir. Es geht um Folgendes. Cindy hat mir in der Tiefgarage aufgelauert. Sie hat mich geküsst und sie will eindeutig mehr. Genau das versteht man doch unter sexueller Belästigung, Mr. Tyler. Sie sieht, dass ich Potenzial habe und dass ich ihr gefährlich werden kann. Darum will sie mich kaltstellen.«

Tyler griff nach seinem Telefon und rief Cindy an. »In meinem Büro brennt's. Kommen Sie mal?«

Cindy versprach, dass sie sich gleich auf den Weg machen würde.

Sie speicherte ihre Datei, umging das brodelnde Zentrum des Redaktionssaals und schlängelte sich am Rand entlang bis zu Henrys Büro. Seine Tür stand offen, sie klopfte kurz an und trat ein.

»Wo brennt's denn?«, fragte sie Tyler.

Sie sah McGowan auf der Sofakante sitzen und ignorierte ihn. Stattdessen setzte sie sich auf den Stuhl neben dem Schreibtisch ihres Herausgebers und Chefredakteurs.

»Jeb?«, sagte Tyler. »Sagen Sie Cindy, was Sie mir gerade gesagt haben.«

McGowan war knallrot angelaufen, aber dann legte er los.

»Du weißt *genau*, wo es brennt, Cindy. Ich habe Mr. Tyler von deinen Annäherungsversuchen in der Tiefgarage erzählt, und dass mir das unangenehm ist. Du bist ja im Prinzip meine Vorgesetzte, und deswegen war das nichts anderes als sexuelle Belästigung.«

»Cindy? Was ist da vorgefallen?«, hakte Tyler nach.

»Er hat mir aufgelauert, Henry. Er hat mir die Hand in den Nacken gedrückt, damit ich nicht ausweichen kann, und hat mir seine Zunge in den Mund gesteckt. Dann hat er mich gefragt, ob mir das gefällt. Ich habe ihm gesagt, dass er das nie wieder machen soll. Falls doch, dann würde ich dafür sorgen, dass er gefeuert wird.«

Henry Tyler griff nach seinem Telefonhörer, tippte ein paar Zahlen ein, und nachdem sich am anderen Ende jemand gemeldet hatte, sagte er: »Marie, Mr. McGowan arbeitet ab sofort nicht mehr bei uns. Bitte erledigen Sie den Papierkram. Begründung: Seine Stelle wurde herabgestuft und intern besetzt. Schicken Sie jemanden vom Sicherheitsdienst in die Lokalredaktion. Er soll ihm den Hausausweis abnehmen, ihn beim Packen seiner persönlichen Dinge im Auge behalten und anschließend nach draußen begleiten. Danke.«

Tyler knallte den Hörer auf die Gabel und wandte sich an McGowan.

»Jeb. Sie sind gefeuert. Tut mir leid, dass es nicht funktioniert hat. Sollte mir zu Ohren kommen, dass Sie sich über Cindy oder mich oder den *Chronicle* in irgendeiner Weise negativ äußern, dann revanchiere ich mich. Die Buchhaltung überweist Ihr ausstehendes Gehalt zum Ende des Monats. Aber ich will, dass Sie verschwinden, und zwar sofort.«

111

Dave döste bereits, als die Seitentür seines Lieferwagens aufgeschoben wurde.

Schwester Carolee Atkins schob sich auf den Beifahrersitz und rüttelte Dave unsanft am Arm, um ihn aufzuwecken.

Dave stellte seine Rückenlehne wieder gerade.

»Hallo. Schwester Atkins … danke, dass … Sie gekommen sind.«

»Was genau wollen Sie eigentlich von mir?«

Er streckte den Zeigefinger in eine Richtung. »Handschuh…fach.«

Atkins klappte das Fach auf und holte drei braune Umschläge heraus. Auf einem stand ihr Name, auf dem zweiten der von Dr. Perkins und auf dem dritten »Mein letzter Wille und Testament«.

»Wo ist das Gemälde, von dem Sie gesprochen haben?«, wollte sie wissen.

»Lade…raum. Ich … hab's verpackt. Und Ihren Namen …«

Er gähnte ausgiebig, brachte seinen Satz dann allerdings nicht zu Ende.

»Dave. Ist der Laderaum offen?«

»Würden Sie …« sagte er keuchend, »… noch ein bisschen … mit mir reden? An meinem … äh … letzten Tag.«

Atkins seufzte. »Na gut, aber ich bekomme zum Abendessen Besuch. Also halten wir's kurz. Worüber wollen Sie mit mir reden?«

»Erzählen Sie mir … was über … Ray. Was Ihnen … gefallen hat. Ich … mach die … Augen zu. Sprechen … Sie.«

Atkins sagte: »Ich habe Ihren Vater gerngehabt, sehr viel lieber als Sie jedenfalls. Einmal waren wir unterbesetzt, und ich hatte keine Zeit für eine Mittagspause, da ist er losgegangen und hat mir ein Sandwich besorgt. Mit sauren Gurken.«

Dave Channing schlief tief und fest.

Was immer er genommen hatte – ein Cocktail aus Herzmitteln, Blutdruckmedikamenten, Diazepam und Digoxin hätte allein schon ausgereicht, um ihn umzubringen, und dazu noch eine halbe Flasche Wein, so wie es aussah –, sorgte dafür, dass sein Körper jetzt den Dienst quittierte.

»Dave?«

Er stöhnte.

Atkins machte die Umschläge auf. Ja, da lag ein Scheck für den Doktor über zehntausend Dollar. Sie las Daves Entschuldigungsbrief, und er klang aufrichtig. Er gab zu, dass die Trauer ihn um den Verstand gebracht hatte, und äußerte die Hoffnung, dass das Geld für die Reparatur des Autos reichte. Es täte ihm sehr leid, dass er sich so widerlich benommen hatte, und er bat den Doktor um Verzeihung.

Jetzt versuchte er, etwas zu sagen.

»Was ist denn, Dave?«

»Schmerzen.«

»Tut mir leid. Wenn Sie mich gebeten hätten, Ihnen behilflich zu sein, Sie hätten nicht das Geringste gespürt.«

»Helfen Sie mir … jetzt.«

Atkins beachtete ihn gar nicht. Sie griff nach dem Umschlag, der mit den Worten »Mein letzter Wille und Testament« beschriftet war, riss ihn auf, holte ein bedrucktes Blatt Papier heraus und fing an zu lesen.

Es war ein langer Text, in dem Dave sich bei all seinen Online-Freunden bedankte und seine kümmerlichen Besitztümer seinen Angestellten vermachte. Der Erlös aus dem Verkauf des Weinguts sollte an eine Wohltätigkeitsorganisation gehen, die sich der Unterstützung von Kindern mit Behinderung widmete. Das Dokument trug Daves Unterschrift und war von einem gewissen Jeff Cruz beglaubigt worden. Alles sehr schön.

Den Umschlag mit ihrem eigenen Namen hatte sie sich bis zum Schluss aufgehoben.

Liebe Schwester Atkins,

ich möchte mich bei Ihnen entschuldigen. Ich habe mich respektlos verhalten und Ihnen die Arbeit erschwert. Ich weiß, dass Sie für meinen Vater Ihr Bestes gegeben haben. Daher stehe ich in Ihrer Schuld. Ich habe Ihnen ein Gemälde vermacht, dem meine Mutter den Titel Fiesta *gegeben hat, angelehnt an einen Roman von Ernest Hemingway. Es war ihr Lieblingsbild. Mehr kann ich Ihnen nicht hinterlassen. Frieden und Licht.*

Leben Sie wohl.
Dave Channing

Auch dieser Brief war unterzeichnet und von Jeff Cruz beglaubigt worden.

Atkins wusste, was Nancy Channings Gemälde wert waren, schließlich besaß Dr. Perkins eines davon. Und jetzt hatte sie auch eines.

Auf Daves Lippe bildeten sich Spuckebläschen, und dann fragte er stockend: »Hatte Dad … Schmerzen?«

Atkins seufzte. »Jaja, er hatte Schmerzen. Ich helfe immer nur denen, die Schmerzen haben.«

»Wie?«, hakte Dave nach. »Wie … helfen Sie?«

»Dave, nun machen Sie sich mal keine Gedanken über die Einzelheiten. Er musste nicht leiden so wie Sie jetzt. Okay?«

»Ich gehe … jetzt. Um Gottes willen. Hilfe.«

Er beugte sich nach vorn, verzog das Gesicht und drückte die Arme fest auf seinen Bauch.

»Ihr Vater war ruhiggestellt, Dave. Sie sind alle ruhiggestellt. Ich tue nur ein bisschen was in ihre Infusionen. Sie schlafen sowieso, und wenn sie dann sterben, schlafen sie immer noch. Ray hat nichts gespürt. Er musste nicht leiden wie Sie.«

Dave hob den Blick und sah die groß gewachsene Frau mit den zimtbraun gefärbten Haaren an.

Sie starrte ihn mit hartem Blick an.

»So machen Sie das also. Für die Menschen?«

Sie seufzte angewidert. Offensichtlich konnte sie ihn gar nicht schnell genug seinem Schicksal überlassen.

»Ich bin eine Helferin. Irgendjemand muss es ja machen, und ich weiß, was zu tun ist.« Sie schnalzte mit der Zunge, als wolle sie sagen: *Wie bedauerlich, dass Sie das selbst in die Hand genommen haben.*

Dann legte sie ihm eine Hand aufs Knie.

»Es ist bald vorbei, Dave. Und dann brauchen Sie sich nie wieder Sorgen zu machen.«

112

Schwester Atkins nahm die halb volle Weinflasche, die zwischen Daves atrophierten Beinen stand, und nippte ein paarmal daran.

Der Wein war ziemlich gut. Sie trank noch ein bisschen mehr davon und stellte den Rest der Flasche wieder dahin zurück, wo sie sie weggenommen hatte. Dave Channings Atem war sehr schwach geworden. Er trug ein langärmeliges Hemd mit Knopfmanschetten und darunter einen Rollkragenpullover.

Trotzdem schaffte sie es, ihm den Puls zu fühlen. Er war schwach. Sein Atem ging flach. Sie wusste, wie Sterben aussah. Dave Channing befand sich zweifellos auf den letzten Metern.

Sie sagte: »Ich hole mir jetzt das Gemälde, Dave. Danke dafür. Ihr beschissenes Verhalten ist Ihnen hiermit verziehen. Ich wünsche Ihnen eine gute Reise.«

Sie stieg aus und ging zur Heckklappe des Lieferwagens, in der Hoffnung, dass sie nicht abgeschlossen war. Sie hatte Glück.

Als sie die Tür aufzog, wurde ihr ein wenig schwindelig. Das kam vom Wein. Sie konzentrierte sich auf den Stapel mit den Umzugsdecken auf dem Boden des Laderaums. Aber nirgendwo war eine Kiste oder eine Transportrolle oder sonst etwas in der Art zu entdecken.

Hatte Daves letzte Handlung womöglich darin bestanden, sie zu verarschen?

Auf Händen und Knien kroch sie in den Laderaum und tastete die hintere Wand ab. Nichts. Dieser Drecksack. Fluchend krabbelte sie wieder nach draußen. Hatte er vielleicht vergessen, die Kiste einzuladen? Oder war er schon so benebelt gewesen, dass er sie nicht mehr hatte heben können?

Aus dem Transporter auszusteigen, fiel ihr deutlich schwerer als das Einsteigen. Es war dunkel, und jetzt wurde ihr auch ein wenig übel. Sie hatte die Briefe auf dem Beifahrersitz liegen lassen. Die musste sie noch holen. Behutsam kletterte sie ins Freie, ging nach vorn auf die Beifahrerseite – und hielt den Atem an. Etwas Hartes bohrte sich in ihren Rücken und drückte auf ihre Wirbelsäule.

Das konnte nur eine Pistole sein.

Eine Männerstimme sagte: »Hände auf den Rücken, Miss Atkins. Sie sind hiermit festgenommen.«

Sie kannte diese Stimme, aber sie drehte sich trotzdem um, um nachzusehen. Das war Daves Freund. Joe Irgendwas. Er war kräftig. Ein ehemaliger Footballspieler. Sie konnte nicht vor ihm davonlaufen, aber vielleicht konnte sie sich ja herausreden.

»Dave hat gesagt, dass er im Laderaum etwas für mich hinterlegt hat. Rufen Sie sofort einen Notarzt. Er hat den gesamten Tablettenvorrat seines Vaters geschluckt. Ich wollte auch schon die 911 verständigen, aber er hat mich nicht gelassen.«

Atkins blickte den Mann, der sie mit einer Waffe bedrohte, ununterbrochen an. »Ich habe nichts Schlimmes getan. Das können Sie alles nachlesen. Dave will Selbstmord begehen. Er hat alles aufgeschrieben.«

Carolee Atkins plante ihren nächsten Zug. Sie würde die Papiere auf dem Vordersitz zurücklassen und einfach in die Praxis gehen. Bis zur Tür waren es keine dreißig Meter. Ihre Schlüsselkarte lag zwar in ihrer Handtasche und die war im Lieferwagen, aber irgendjemand würde aus dem Haus kommen und ihr die Tür aufmachen. Jetzt erwachte auch der Parkplatz zum Leben. Elektronische Schlösser klackten. Scheinwerfer wurden eingeschaltet. Sie hörte einen Motor schnurren. Es war zwar ein Risiko, aber sie ging nicht davon aus, dass dieser Joe ihr in den Rücken schießen würde.

Nachdem sie wenige Schritte auf das Praxisgebäude zu gemacht hatte, kam Dave hinter seinem Lieferwagen hervorgerollt, und ganz egal, wohin sie sich wandte, er blockierte ihr den Weg.

Was war denn jetzt los? Er wirkte hellwach und vollkommen bei Bewusstsein. Und auch er bedrohte sie mit einer Waffe. Ein Handy lag in seinem Schoß. Er nahm es in die Hand und drückte eine Taste.

Sie hörte sich selbst sagen: »Ihr Vater war ruhiggestellt, Dave. Sie sind alle ruhiggestellt. Ich tue nur ein bisschen was in ihre Infusionen. Sie schlafen sowieso, und wenn sie dann sterben, schlafen sie immer noch. Ray hat nichts gespürt. Er musste nicht leiden, so wie Sie.«

Dann Daves Stimme: »So machen Sie das also. Für die Menschen?«

»Ich bin eine Helferin. Irgendjemand muss es ja machen, und ich weiß, was zu tun ist.«

113

Der Boden schwankte.

Atkins sagte zu Dave: »Was war das?

Was zum Teufel haben Sie gerade in die Flasche da reingetan?«

»Den besten Cabernet im Napa Valley. Sonst nichts.«

Joe Irgendwas sagte: »Tun Sie, was ich Ihnen gesagt habe, Miss Atkins. Legen Sie die Hände auf den Rücken. Sie sind festgenommen.«

Allmählich dämmerte ihr, was da los war. Die beiden hatten sie ausgetrickst. Daves Selbstmordversuch war von Anfang an ein Täuschungsmanöver gewesen. Sie platzte fast vor Wut. Es war schließlich illegal, ohne Genehmigung Aufnahmen von jemandem zu machen.

Sie sagte zu Joe: »Sie wollen mich festnehmen? Mit welchem Recht, Mister?«

»Mit dem sogenannten Jedermannsrecht. Das ist ausdrücklich im Gesetz so festgelegt. Und ja, ein heimlich aufgenommenes Gespräch darf vor Gericht nicht gegen Sie verwendet werden, aber ein Geständnis, dass sie gegenüber Dave im persönlichen Gespräch abgelegt haben, sehr wohl.«

Joe drehte ihr die Arme auf den Rücken und legte ihr Handschellen an, hob sie hoch und legte sie in den Laderaum des Lieferwagens auf die zu einem Nest zusammengeschobenen Umzugsdecken.

»Nächster Halt Polizeiwache«, rief Dave ihr zu. »Da können wir alle eine Aussage machen. Damit meine ich Mr. Archer und Mr. Scislowski. Die werden nämlich ebenfalls dort sein. Sie haben gesehen und gehört, wie Sie in die Zimmer der Verstorbenen geschlichen sind. Sie wissen genau, was Sie getan haben.«

»Verstehen Sie das denn gar nicht?«, rief sie. Ihre Stimme hallte durch den Laderaum des Transporters. »Ich habe ein gutes Werk getan. Ein gutes Werk. Ich bin eine Helferin. Ich habe diesen Menschen geholfen.«

Joe erwiderte: »Sie sind eine Serienmörderin, Carolee. Aber das können Sie alles der Polizei erzählen. Und anschließend dem FBI.«

Er knallte die Heckklappe ins Schloss und verriegelte sie. Dann sagte er zu Dave: »Es gibt da eine Vereinbarung zwischen dem San Francisco Police Department und dem Sheriffsbüro von Napa. Alle Fälle, bei denen die Drug Enforcement Agency eingeschaltet werden muss, werden nach San Francisco überstellt.«

Daves Grinsen war so breit, dass es schon wehtat.

»Mein Gott, Joe. Wir haben es *geschafft*. Wir haben es *geschafft*!«

»Das haben wir«, erwiderte Joe.

Die beiden Freunde grinsten einander an und klatschten sich ab, erst von oben, dann von unten. Die Fußtritte im Inneren des Lieferwagens verstummten. »Und? Was hast du in den Wein getan?«, wollte Joe dann wissen.

»Nichts als Trauben. Aber dazu habe ich ein paar von Dads Tabletten geschluckt. Betablocker, um den Blutdruck zu senken und den Herzschlag zu verlangsamen. Sie sollte ja schließlich wirklich glauben, dass ich im Sterben liege.

Aber dann wollte sie einen Schluck von unserer Private Reserve probieren. Und dann noch einen. Sie ist bloß ein bisschen beschwipst.«

Joe und Dave lachten lange und ausführlich. Schließlich sagte Dave: »Was für ein Tag. Ich wünschte, ich könnte meinem Dad davon erzählen. Er hat sich so wahnsinnig gefreut, als er uns beide mal wieder zusammen erlebt hat. Habe ich mich in letzter Zeit eigentlich mal bei dir bedankt?«

»Ja, hast du. Und ich danke dir, Dave.«

»Wofür?«

»Dafür, dass du an mich geglaubt hast.«

114

Mike Stempien saß in seinem Büro in der Hall of Justice und hackte sich aus der Ferne in Randi Barkleys Computer ein.

Randi war zwar nicht online, aber gerade eben hatte sich Leonard Barkley von einem neuen Standort ganz in der Nähe seines Hauses bei ihr eingeloggt. Stempien hängte sich an Barkleys Spieler-Alias und folgte ihm von seiner IP-Adresse an seinem neuen Standort in der Thornton Avenue zu einem Internetcafé auf der Insel Gotland, von dort über ein Privathaus in Budapest zu einem Reisebüro in Medellín und arbeitete sich auf diesem Weg Schicht um Schicht durch die Zwiebelhäute des Darknets.

Er war sich ziemlich sicher, dass er am Schluss bei *Moving Targets* landen würde, mit Barkley als ahnungslosem Reiseführer.

Und Stempien irrte sich nicht.

Nachdem er virtuell einmal um den ganzen Erdball gehüpft war, baute sich auf seinem Bildschirm ganz allmählich die Startseite von *Moving Targets* auf. Es war fast wie in einem Fotostudio vor der Zeit der Digitalfotografie, wenn ein Bild auf dem Fotopapier im Fixierbad allmählich Gestalt annahm.

In der Mitte des Bildschirms befand sich das Glücksrad. Auf der linken Seite war eine Landkarte der USA zu erkennen. Blinkende Stecknadelköpfe markierten Detroit, Miami und San Francisco.

Stempien nahm an, dass an diesen Schauplätzen neue Attentate geplant waren. »Die Anschläge sind tatsächlich Bestandteil des Moving-Targets-Programms«, sagte er. »Um 8.30 Uhr soll es losgehen.«

Er zoomte sich näher an die blinkenden Punkte heran und machte ein paar Screenshots, die er später vergrößern wollte. Vielleicht gelang es ihm, Namen oder Adressen zu entschlüsseln. Und er registrierte, dass Barkley das Glücksrad nicht gedreht hatte.

Stattdessen betrat er unter dem Alias *Kill Shot* den Chatroom und schrieb: *Ich bin da.*

Sofort tauchten mehrere andere Aliasse auf und überschütteten *Kill Shot* mit Applaus-Emoticons, Jubel und Feuerwerksbildchen.

Die anderen drängten ihn zu erzählen und feuerten ihn im virtuellen Chor an: *Kill Shot, Kill Shot, Kill Shot.*

Erzähl schon, Kill Shot. Erzähl uns alles.

Stempien griff zu seinem Handy und rief Brady an.

»Lieutenant, hier ist Mike Stempien. Alarmstufe Rot. Ich weiß, wo Barkley sich aufhält … Ja, genau. In San Francisco, Thornton 430. Jetzt.«

115

Es war kurz vor sechs Uhr abends, als Conklin und ich in Silver Terrace eintrafen.

Am oberen Ende der Apollo Street wurden wir von einem uniformierten Beamten in Empfang genommen. Er stand neben seinem Streifenwagen und bat uns, vor dem grünen Haus zu parken. Es war eines von Dutzenden, sehr ähnlichen Wohnhäusern, die die abschüssige Straße zu beiden Seiten säumten.

Conklin ließ den Wagen die Straße hinunterrollen, vorbei an Massen von schwarzen Panzerfahrzeugen, die sich vor dem braun vergipsten, von Stempien identifizierten Häuschen aufgebaut hatten. Es gehörte Marty Floyd, einem von Barkleys Kameraden bei *Moving Targets.*

Vor dem grünen Haus mit dem verwilderten Vorgarten und der kurzen, leeren Einfahrt hielten wir wie befohlen an. Es lag in der Mitte zwischen Barkleys und Floyds Behausung. Im Inneren war alles dunkel. Das braune Häuschen links davon gehörte den Barkleys, das rechts Floyd. Davor waren zwei unbesetzte Zivilfahrzeuge und ein Streifenwagen als Barrikade postiert worden.

Über uns schwebte der Hubschrauber eines Nachrichtensenders knatternd in der Luft, und jeden Augenblick würden die Pressevertreter versuchen, die Absperrungen zu umgehen. Dieser Straßenabschnitt hier war zwar sorgfältig abgeriegelt, aber es war durchaus denkbar, dass Leonard Barkley den Spieß umdrehte, ein paar Sprengkörper detonieren ließ und die ganze Wohngegend hier in einen Schießstand verwandelte.

Noch während ich das dachte, stellten sich zwei Streifenwagen am nördlichen und südlichen Ende des 800er-Blocks quer über die Fahrbahn. Damit war der Straßenabschnitt mit Flodys braunem Haus, dem braunen Haus der Barkleys und dem grünen Haus zwischen den beiden vollständig abgeriegelt.

Es war alles bereit.

Richie und ich waren vor allem hier, um Barkley festzunehmen, und ich konnte nur hoffen und beten, dass dabei keine Schüsse fielen. Ich war sehr nervös, es kribbelte am ganzen Körper, und ich empfand eine Mischung aus höchster Anspannung und großer Skepsis. Wir hatten mit so viel Aufwand nach Barkley gefahndet, und er war uns immer wieder durch die Lappen gegangen, dass ich mir kaum vorstellen konnte, dass er jetzt tatsächlich in der Falle saß, dass wir ihn in wenigen Minuten oder Stunden über seine Rechte informieren würden.

Während ich mich innerlich auf die Ungewissheit einstellte, telefonierte Conklin mit Paul Chi. Ich bekam mit, dass Chi und McNeil sich zusammen mit Randis persönlicher Begleitung, Officer Carol Ma Fullerton, im Haus der Barkleys aufhielten. Randi und ihr Mann waren also nur durch einen zwanzig Meter breiten Vorgarten voneinander getrennt. Das konnte kein Zufall sein.

Conklin beendete sein Telefonat mit Chi und berichtete mir, worauf sich die drei Polizeivertreter im Haus der Barkleys verständigt hatten. Da Randi nichts zu verlieren hatte und höchste Fluchtgefahr bestand, hatten sie sie in einen kleinen, fensterlosen Raum auf der Rückseite des Hauses gesperrt und hielten abwechselnd vor der Tür Wache.

Pech für Barkley, dass er sich über Marty Floyds Computer bei *Moving Targets* eingeloggt hatte. Und Randi, die sich so nach ihrem Mann sehnte, tat mir leid.

Aber dann riss ich mich zusammen.

Leonard Barkley hatte keinerlei Mitleid verdient.

Er war der Hauptverdächtige für die Morde an Paul und Ramona Baron sowie an den drei Männern vor dem Jazz Center. Und es war absolut denkbar, dass Barkley auch Roger Jennings und andere Drogendealer in San Francisco erschossen hatte, von denen wir bisher noch keine Ahnung hatten.

War Barkley der Kopf von *Moving Targets*? Oder war er ein Soldat, der Befehle befolgte? Konnten ihm die Taten, die ich gerade aufgezählt hatte, tatsächlich angelastet werden?

Ich konzentrierte mich wieder auf Barkleys unmittelbar bevorstehende Festnahme. Der Mann war ein fantastischer Schütze und ein geübter Killer. Sein Nachbar Marty Floyd war Bahnpolizist und hatte daher ebenfalls eine Ausbildung im Umgang mit Schusswaffen erhalten. Ich war froh, dass Brady zur Unterstützung unseres eigenen Sondereinsatzkommandos auch das FBI hinzugezogen hatte. Commander Reg Covington, der auf eine sehr erfolgreiche Bilanz zurückblicken konnte, leitete den Einsatz.

Conklin und ich beobachteten das Ganze von unserem Streifenwagen aus. Die Scharfschützen benutzten die Motorhauben ihrer Fahrzeuge als Armstützen. Ein Panzerwagen fuhr auf Marty Floyds Rasen, und zwölf Mann in Kampfausrüstung stürmten heraus und verteilten sich.

Zwei nahmen links und rechts der Haustür Aufstellung. Andere postierten sich bei den Fenstern sowie an der Hinter- und der Seitentür.

Ich funkte Covington an.

»Hier spricht Boxer. Können Sie schon was sagen?«

Covington erwiderte: »Barkley geht nicht ans Telefon. Der Hausbesitzer auch nicht. Wir warnen sie jetzt, und dann gehen wir rein.«

Aus der relativen Sicherheit unseres Streifenwagens sah ich, wie Covington das Megafon an die Lippen hob. Ein hohes, durchdringendes Pfeifen jagte der ganzen Einheit wie ein Stromstoß durch Mark und Bein.

Covingtons dröhnende Stimme legte sich über das braune Haus.

»Mr. Barkley, hier spricht Commander Covington vom San Francisco Police Department. Wir wollen nicht, dass jemand zu Schaden kommt. Wir fordern Sie und Mr. Floyd hiermit auf: Öffnen Sie die Haustür und kommen Sie mit erhobenen Händen nach draußen. Machen Sie keine Dummheiten.«

Ich beobachtete die Tür, wartete, dass sich ein Spalt auftat, dass Barkley mit erhobenen Händen herauskam. Ich konnte mir gut vorstellen, wie er aussah, mit Tarnanzug und einem frischen Bart. Konnte seinen hinkenden Gang sehen, verursacht durch eine Kriegsverletzung. Wollte ihn sagen hören: »Nicht schießen.«

Aber nichts davon geschah.

Dann drehte irgendjemand durch. Ein Beamter hinter der Barrikade hatte seinen Zeigefinger nicht im Griff und jagte eine Salve auf das braune Haus. Aus den Fenstern im ersten Stock wurde das Feuer erwidert.

Conklin und ich duckten uns in unser Fahrzeug. Gleichzeitig brach in der Thornton Avenue das Chaos aus.

116

Die überhasteten Schüsse von unserer Seite waren ein schrecklicher Fehler gewesen und hatten ein Feuergefecht ausgelöst, das Dutzende Menschenleben kosten konnte. Womöglich war es erst zu Ende, wenn wir alle mit Mann und Maus tot waren.

Ich hielt mir die Ohren zu und kauerte im Fußraum unseres Fahrzeugs. Ehrlich gesagt zitterte ich am ganzen Körper und wartete nur darauf, dass es endlich vorbei war. Während einer kurzen Unterbrechung hob ich den Kopf über das Armaturenbrett, um die Szenerie in den Blick zu nehmen. Dabei schaute ich auch nach rechts zum Haus der Barkleys.

Dort öffnete sich gerade eine Seitentür.

Randi Barkley kam herausgestürzt, und obwohl bis gerade eben noch ununterbrochen geschossen worden war, rannte sie jetzt, mit nichts weiter als einer zerrissenen Jeans und einem Tanktop am Leib, zur Rückseite des leer stehenden Hauses.

Sie wollte zu ihrem Mann.

Das wusste ich, weil sie mir erzählt hatte, dass sie und Barkley einen »Pakt mit dem Tod« geschlossen hatten und dass sie davon ausging, gemeinsam mit ihrem Mann zu sterben. Was ich hier sah, war eindeutig ihr Versuch, diesen Traum wahr werden zu lassen.

Ich zeigte zur Windschutzscheibe hinaus und sagte zu Conklin: »Schau mal.« Ein gepanzerter BearCat, der ein bisschen an ein prähistorisches Reptil erinnerte, fuhr über den Randstein auf das schmale Rasenstück zwischen Floyds braunem und dem grünen Haus neben unserem Fahrzeug. Er wollte ihr den Weg abschneiden.

Ich hörte Covington brüllen: »Feuer einstellen«, und sofort verstummten die Schüsse.

Noch bevor das Echo des Megafons verhallt war, sprang Conklin aus dem Wagen. Ich auch. Conklin setzte zu einem gut getimten Tackling an und schlang die Arme um ihre Knie. Chi, McNeil und Fullerton kamen aus dem Haus herausgestürzt und umringten uns.

Mit einem oft geübten Manöver, im Polizeijargon nur Achtern und Abführen genannt, legte ich Randi Handschellen an. Anschließend steckten Chi und McNeil sie in den BearCat. Der Fahrer brachte Randi auf die andere Seite der Absperrung, wo sie in einen Streifenwagen verfrachtet werden würde.

Chi war Randis Flucht sehr peinlich. »Das Zimmer hatte keine Fenster und keine Türen, Boxer«, sagte er.

»Aber wir haben uns den Boden nicht gründlich genug angesehen«, schaltete McNeil sich ein.

Ich verstand. Und ich hatte keine Zweifel, dass das Haus der Barkleys über zahlreiche versteckte Schächte verfügte, die in den unterirdischen Tunnel führten, der quer durch Silver Terrace verlief. Randis Versuch, zu Floyd zu gelangen, hatte ihr jedoch nichts genützt. Ich sah dem Streifenwagen hinterher, auf dessen Rückbank sie in Handschellen zur Hall of Justice gebracht wurde.

Als ich wieder zu unserem Fahrzeug zurückgekehrt war, hörte ich Covingtons Stimme aus dem Funkgerät: »Fünf Sekunden. Auf mein Kommando.«

Doch noch bevor Covington bis fünf gezählt hatte, öffnete sich die Haustür einen Spalt. Der Beamte links des Türrahmens trat mit voller Wucht dagegen, sodass sich ein Riss im Türblatt auftat. Ein untersetzter Mann mit Blut im Gesicht und auf den Armen rief: »Ich ergebe mich. Ich ergebe mich.«

Der Beamte zu seiner Rechten stellte seinen Schutzschild ab, packte den untersetzten Mann am Arm und warf ihn mit einer einzigen, fließenden Bewegung zu Boden.

Der Mann war nicht Barkley.

Ich sprang wieder aus unserem Wagen und ging zu Covington, der gerade seinen Männern befahl, den Verletzten in ein Polizeifahrzeug zu verfrachten. Ich berührte Covington am Arm.

Er sagte: »Boxer?«

»Lassen Sie mich mit Barkley reden.«

Covington streckte die Hand aus und entriegelte die Tür des neben ihm stehenden Panzerwagens. Dann packte er mich an den Unterarmen, hob mich mit meinen ganzen eins fünfundsiebzig so mühelos hoch, als wäre ich eine Stoffpuppe, und verfrachtete mich hinter die gehärtete Stahltür. Dort war ich optimal gegen jedes Gewehrfeuer geschützt.

Dann reichte er mir das Megafon.

Ich holte tief Luft, dann fing ich an zu sprechen, sodass meine Stimme von den umgebenden Häuserwänden widerhallte.

»Mr. Barkley, hier spricht Sergeant Lindsay Boxer. Ich stehe in Kontakt mit Randi. Geben Sie auf, dann können Sie sich noch von ihr verabschieden. Anderenfalls stürmt das Sondereinsatzkommando in drei Sekunden das Haus und holt sie raus, tot oder lebendig.«

Ich gab Covington das Megafon zurück.

Die zerborstene Haustür fiel auseinander und Leonard Barkley kam mit erhobenen Händen heraus. Ich musterte ihn sehr genau. Hatte er eine Waffe in der Hinterhand? Eine Handgranate? Er humpelte ins Freie.

»Ich ergebe mich«, rief er. »Es ist vorbei. Ich hoffe, ihr seid stolz auf euch. Die Drogendealer haben gewonnen.«

117

Am Freitagmorgen hatten Yuki und der Anwalt der Gegenseite, Zac Jordan, einen Termin mit Len Parisi in dessen Büro.

Parisi war in aufgeräumter Stimmung, und dann entdeckte Yuki Lippenstiftspuren an seinem Kragen. Vielleicht gab es da ja einen Zusammenhang zu seinem fröhlichen »Hallo, zusammen. Hereinspaziert«.

Zac gab Parisi die Hand, und Yuki ließ sich auf dem Sofa nieder. Sie war emotional so ausgelaugt, dass sie sich heute für eine Jeans und einen Blazer entschieden hatte. Es war Freitag, und wer um Gottes willen konnte da schon etwas gegen legere Kleidung einzuwenden haben.

Sobald Parisi hinter seinem Schreibtisch saß, die Papiere ordentlich im rechten Winkel ausgerichtet waren und die Red-Dog-Wanduhr genau 8.30 Uhr zeigte, fing Yuki an, ihm die Situation darzulegen.

»Len, die Ermordung von Antoine Castro nimmt uns zwar die Möglichkeit, ihn seiner gerechten Strafe zuzuführen, aber alles in allem ist das eine gute Sache. Castro kann niemandem mehr gefährlich werden. Gleichzeitig dürfen wir nicht vergessen, dass er ein Möchtegern-Drogenbaron war. Und wenn wir nicht schnell reagieren, wird irgendein anderer Nachwuchsdealer versuchen, sich seine Geschäfte unter den Nagel zu reißen.«

»Was schlagen Sie vor?«

Zac schaltete sich ein: »Ich habe mehrere Stunden lang mit meinem Mandanten, Clay Warren, gesprochen. Wie Sie wissen, ist er nach einem Mordanschlag im Gefängnis – mutmaßlich durch Castros Handlanger, die ihn für immer zum Schweigen bringen wollten – nur knapp dem Tod entronnen. Aber er ist kein schlechter Mensch. Meines Erachtens ist er weder geldgierig noch ein Psychopath. Für einen Jungen seines Alters ist er durchschnittlich intelligent, aber immerhin schlau genug, nach seiner Festnahme jede Aussage zu verweigern.

Ich habe Clay jetzt die Wahrheit entlockt, und Yuki kann das alles bestätigen.«

Parisi hakte ein: »Und was wollen Sie dafür haben? Das ist mir bis jetzt noch nicht klar.«

»Wenn Sie gehört haben, was wir zu sagen haben«, erwiderte Zac, »dann lassen Sie hoffentlich alle Anklagepunkte fallen. Weil mein Mandant, offen gestanden, kein Krimineller ist, und seine Lebenserwartung infolge dieses Messerattentats sich ohnehin verkürzt hat. Gut möglich, dass der Richter das für Strafe genug hält. Lassen Sie die Anklage fallen und bringen Sie ihn irgendwo hin, wo Castros Bande ihn nicht finden kann.«

»Geben Sie sich Mühe«, erwiderte Len. »Im Moment haben wir ihn immer noch wegen Beihilfe zum Mord am Haken. Und Anfang nächster Woche soll der Prozess fortgesetzt werden.«

»Clay wartet draußen«, sagte Yuki. »Ich könnte ihn reinholen, und dann kann er es Ihnen selbst erzählen.«

118

Zac hielt Clay Warren die Tür auf. Der junge Mann musste sich beim Gehen auf einen Stock stützen.

Parisi erhob sich von seinem Platz, und Yuki stellte die beiden einander vor. Clay reichte Parisi die Hand und sagte: »Danke, dass Sie mit mir sprechen wollen, Sir.«

»Guten Tag, Mr. Warren. Nehmen Sie Platz.«

Der Teenager hatte offensichtlich Schmerzen. Zac wusste, dass sich unter seinem orangefarbenen Overall zahlreiche verbundene Wunden verbargen. Er entschied sich für einen Stuhl mit Armlehnen, immer noch dicht genug vor Parisis Schreibtisch.

Zac blieb stehen und nahm eine Haltung ein wie bei einer Zeugenbefragung vor Gericht.

Er stellte seinem Mandanten die erste Frage: »Clay, warum sind Sie erst jetzt bereit, über Ihre Beziehung zu Antoine Castro zu sprechen?«

»Weil er tot ist, Mr. Jordan. Er kann mir jetzt nichts mehr tun. Aber in Sicherheit bin ich deswegen noch lange nicht.«

»Bitte erläutern Sie etwas näher, wie Sie das meinen.«

»Er war ein Gangster, Mr. Jordan. Ich habe ihm nichts getan, aber Verräter haben ein kurzes Leben. Ich habe wirklich überhaupt nichts ausgeplaudert, aber seine Leute haben mir trotzdem die … wie sagt man? Die Eingeweide durchlöchert. Allein mein Magen hat vier Löcher abbekommen.«

»Und warum haben Sie versucht, sich zu erhängen, Clay?«

»Ich hatte Angst, dass sie mich umbringen. Und ich dachte, wenn ich das selbst erledige, dann tun sie wenigstens meiner Mutter nichts. Meine kleine Schwester ist erst zwölf. Oh Gott. Wenn ich bloß dran denke, dass diese Tiere sie in die Finger kriegen ... Das ertrage ich nicht.«

Jetzt rollten Tränen über seine Wangen.

Yuki ging zu der Kommode hinter Parisis Schreibtisch, griff nach einer Schachtel mit Papiertaschentüchern und gab sie Clay. Er holte eine ganze Handvoll Taschentücher heraus und drückte sie erst auf das eine, dann auf das andere Auge. Seine Hände zitterten.

Zac wartete ab, bis Clay sich wieder im Griff hatte, dann fuhr er fort: »Können Sie Mr. Parisi erklären, wie es überhaupt dazu gekommen ist, dass Sie sich mit Antoine Castro eingelassen haben?«

Er nickte. »Ich war sein Laufbursche, Sir. Er hat mir Geld gegeben, und ich habe ihm dafür alles Mögliche besorgt. Eine Packung Ding Dongs von der Tankstelle. Habe sein Auto gewaschen. So hat alles angefangen, vor einem Jahr oder so. Er hat angerufen und gesagt: *Mach dies, mach das*, und anschließend hat er mir Geld gegeben. Das konnten wir gut gebrauchen. Ich habe ja nur einen Teilzeitjob. Und Mom verdient so gut wie gar nichts.« Er seufzte. »Ich fand Mr. Antoine nicht besonders sympathisch, aber er hat gesagt, dass er auf mich aufpassen würde.«

Zac fuhr fort: »Erzählen Sie Mr. Parisi von dem Tag, als Officer Morton ermordet wurde.«

Clay Warren sagte: »Mr. Antoine wollte, dass ich ihm bei ein paar Lieferungen behilflich bin.«

»Was für Lieferungen?«, hakte Zac nach.

»Drogen. Was für welche habe ich nicht gewusst. Sie waren in einem Koffer. Den habe ich für ihn in den Kofferraum gelegt.«

»Sie haben also gewusst, dass er ein Drogendealer ist.«

»Das haben alle gewusst.«

»Fahren Sie fort«, sagte Zac.

»Er gibt mir also den Autoschlüssel und sagt: ›In den Süden von San Francisco.‹ Er sagt mir auch, welche Strecke ich nehmen soll. Ich fahre gern Auto, und der Wagen macht Spaß. Also fahre ich los, und dann passiert etwas, was allein meine Schuld ist«, sagte Clay Warren. »Die Ampel ist schon gelb und springt auf Rot. Aber weil sonst niemand kommt, drücke ich aufs Gas.

Mr. Antoine lacht, als wolle er sagen: *Gut gemacht, Junge.* Aber jetzt ist die Polizei hinter mir her. Und an alles, was dann kommt, kann ich mich bloß noch undeutlich erinnern. Irgendwie werde ich im Verkehr eingeklemmt. Dann knalle ich auf den Streifenwagen. Der Bulle kommt an mein Fenster, und ich hab keinen Führerschein. Ich hab keine Fahrzeugpapiere. Das Nächste, was ich mitkriege, ist, wie Mr. Antoine neben mir auftaucht, den Polizisten erschießt und ein Auto klaut.

Er verschwindet, und ich werde verhaftet.«

»Haben Sie gewusst, dass Antoine eine Waffe hatte?«, fragte Yuki dazwischen.

»Ich hab sie nicht gesehen, aber klar hab ich gewusst, dass er eine hat.«

»Sie haben gesagt, dass Sie gewusst haben, dass er mit Drogen handelt. Und was war mit dem Auto?«

»Das war nicht sein eigenes. Aber er hat mir nicht gesagt, dass es gestohlen war.«

Parisi schaltete sich ein. »Mr. Warren. Sie haben also eine Menge gewusst, aber nicht alles. Ich möchte Sie Folgendes fragen: Wissen Sie, wo Castro sich die Drogen besorgt hat?«

»Ja, Sir. Ich kenne seine geheime Quelle.«

»Kennen Sie die Namen seiner Kunden?«

»Na klar. Ich habe ihn schon öfter gefahren.«

»Und kennen Sie auch die Namen der Leute, die für ihn arbeiten? Die von seinen kriminellen Aktivitäten profitieren?«

In der nun folgenden, langen Stille machte Clay mehr oder weniger alle Schotten dicht. Es war derselbe Gesichtsausdruck, den Yuki schon bemerkt hatte, als er sich ihr und Zac gegenüber verschlossen hatte, obwohl klar gewesen war, dass er wegen Beihilfe zum Mord schuldig gesprochen werden würde.

Versteinert. Ohne Blickkontakt.

Da war niemand zu Hause.

119

Yuki stand in der Mitte des Zimmers. Sie hatte die Hände in die Hüften gestemmt und starrte den Jungen an.

»Zac, sag's ihm.«

»Clay«, sagte Zac. »Wenn Sie sich nicht an unsere Abmachung halten wollen, dann bin ich wirklich sehr gern bereit, Sie ins Gefängnis zu begleiten und mich von Ihnen zu verabschieden.«

Der Junge schüttelte den Kopf und richtete den Blick auf die Tür, als wolle er jeden Moment davonlaufen. Was vollkommen ausgeschlossen war.

»Tut mir leid, Len«, sagte Yuki. »Wir nehmen Ihre Zeit nicht länger in Anspruch.«

Clay schien zu begreifen, dass es kein Zurück mehr gab. Er sagte: »Ich kann Ihnen eine Liste geben. Oder, noch besser, Mr. Castros Buch. Ich hab's versteckt. Da steht alles drin, was Sie wissen wollen. Seine Allergien. Seine PINs und die Passwörter für sein Handy. Seine Leute und was weiß ich noch alles. Er hat immer Angst gehabt, dass der Staat sein Telefon hackt.

Aber vorher will ich noch was wissen: Wie wollen Sie dafür sorgen, dass seine Leute mich und meine Familie *nicht* umbringen?«

Zac ergänzte: »Mr. Parisi, ich habe dieses Buch noch nicht gesehen, aber ich weiß, wo es sich befindet. Falls es stimmt, was mein Mandant darüber gesagt hat, dann müssen wir ihn in Zeugenschutz nehmen.«

»Wo ist es?«, wollte Len wissen.

»In einem Schließfach hier im sechsten Stock.«

»Was? Was soll das denn heißen?«

»Clay, erklären Sie's Mr. Parisi.«

»Als wir mit dem Streifenwagen zusammengestoßen sind, hat es auf dem Sitz gelegen. Es muss ihm aus der Tasche gefallen sein. Es … äh, es ist bloß so groß.«

Er bildete mit den Fingern ein Rechteck, nicht größer als ein Kartenspiel.

Clay Warren blickte seinen Rechtsanwalt an, und der nickte.

»Ich hab's in meine Jacke gesteckt, und als sie mich dann verhaftet haben, hab ich alles abgegeben. Das Buch. Ein bisschen Kleingeld. Meine Schlüssel. Sie haben alles in einen Umschlag gesteckt und meinen Namen darauf geschrieben.«

Parisi erwiderte: »Miss Castellano, bitte fahren Sie rauf in den sechsten Stock und besorgen Sie dieses Buch. Mr. Jordan, Sie und Ihr Mandant warten bitte draußen bei Toni. Danke.«

Yuki eilte nach draußen. Zac half Clay beim Aufstehen und begleitete ihn zur Tür hinaus. Bevor sie ins Schloss fiel, hörte er Parisis Schreibtischstuhl quietschen, als dieser sich mit dem Rücken zur Tür drehte.

»Euer Ehren? Hier Len Parisi. Nächste Woche soll doch die Verhandlung gegen Clay Warren fortgesetzt werden. Womöglich muss ich Ihnen vorher ein paar entlastende Indizien vorlegen.«

120

Der Club der Ermittlerinnen hatte für den heutigen Abend ein Essen bei Susie's angesetzt, und zwar für alle Mitglieder.

Es war jetzt ein, zwei Wochen her, dass Yuki im vorderen Gastraum ihr »Margaritaville« zum Besten gegeben hatte, dass Cindy und ich am selben Tisch gesessen und vom selben Brot gegessen hatten, dass Claire ihre halbe Lunge geopfert hatte und dass Yukis Prozess eingestellt worden war, was genau das war, was sie sich gewünscht hatte.

Aber ich musste noch berichten, wie ich die Schießerei an der Wagenburg in der Thornton Avenue überlebt und mit der geballten Unterstützung meiner Freunde den übelsten Ballermann im ganzen Westen zur Strecke gebracht hatte.

Wir freuten uns alle sehr darauf, zu erzählen, zuzuhören und mit den Fingern zu essen. Aber vor dem Essen hatte ich noch eine Verabredung mit Claire. Sie hatte mir so sehr gefehlt. Ich musste unbedingt erfahren, was Dr. Terk gesagt hatte, und das war etwas, was sie nur ungern am Telefon oder per E-Mail besprechen wollte.

Beim Frühstück sagte ich zu Joe: »Bitte esst heute ohne mich zu Abend. Die Mädels und ich haben uns wahnsinnig viel zu erzählen. Ganz dringend. Lebenswichtig. Schon lange überfällig.«

Mein Mann hatte noch nie besser ausgesehen. Sein Aufenthalt bei Dave Channing hatte ihm ein gewisses Strahlen verliehen. Er hatte mir alles ausführlich berichtet, und ich war voller Bewunderung für seine Raffinesse und seine große Einsatzbereitschaft. Und auch dafür, dass es ihm gelungen war, das Vertrauen zu seinem Freund – und zu sich selbst – wiederherzustellen.

Wir hatten einen wundervollen Wiedersehensabend verbracht, und jetzt saß er auf einem Barhocker an unserer Kücheninsel. Ich stellte mich zwischen seine Beine, drückte mich an ihn und fuhr ihm mit den Fingern durch die Haare.

Er schlang seine Arme um meine Hüften und küsste mich so, dass ich den Stromschlag bis in die Zehen spürte. Dann sah er mich an. »Wie könnte ich Nein sagen, wenn du dich mit deinen Freundinnen treffen willst? Aber bevor du wirklich ins Susie's gehst, muss ich dir unbedingt noch etwas zeigen.«

»Was denn?«

Joe stand auf, machte das Tiefkühlfach auf und holte eine große weiße Papiertüte heraus, die er hinter den Eiswürfeln versteckt hatte. Er brachte sie zum Tresen und sagte: »Schau nach.«

Ich spähte vorsichtig in die Öffnung und entdeckte einen großen, runden Plastikbehälter, wie er oft für Eiscreme verwendet wird. Nur, dass auf dem Deckel dieses Behälters ein Logo angebracht war, an das ich mich besonders gut erinnern konnte. Es war das Logo der French Laundry.

»Was ist das denn, Joe? Eiscreme?«

»Was war dein Lieblingsgericht?«

»Du warst mein Lieblingsgericht, weißt du das gar nicht mehr? Lass mich nicht so hängen. Das ist gemein.«

Er lachte.

»Eigentlich wollte ich das zum Abendessen auftauen, Linds. Hummer mit Käsemakkaroni. Drei Michelin-Sterne. Mehr Sterne gibt es nicht.«

Ich küsste ihn.

Ich umarmte ihn.

Ich sorgte dafür, dass er keinerlei Zweifel daran haben konnte, wie sehr ich ihn dafür liebte, dass er sich das gemerkt und mir einen ganzen Liter davon mitgebracht hatte. Aber dann musste ich es sagen. »Können wir das verschieben, Joe? Ich brauche diesen Mädelsabend unbedingt. Und Napa wird uns immer bleiben.«

121

Schon vor fünf Uhr trafen Claire und ich im Susie's ein. Wir setzten uns an einen kleinen Tisch im vorderen Raum mit seiner langen Theke und der kleinen Bühne für die Steel Band.

»Es ist ganz schön seltsam, hier zu sein, solange es draußen noch hell ist«, sagte Claire.

»Ja, ist noch nicht viel los hier«, meinte ich.

Die Nachmittagssonne brachte die ockerfarbenen, mit Schwammtechnik gestrichenen Wände ebenso zum Leuchten wie die Gemälde, die einen Marktplatz in Jamaika zeigten. Die Steel Band spielte regelmäßig einen Song über genau diesen Marktplatz. Ich sang leise vor mich hin: »Ackee rice, salt fish are nice. And the rum is fine any time of year.«

Claire sang nicht mit, gab aber dem Barkeeper ein Zeichen. Er hörte auf den Namen Fireman, mehr musste man nicht wissen.

Er rief uns zu: »Was kann ich Gutes für euch tun, meine Damen?«

Claire erwiderte: »Wodka auf Eis.«

Ich sagte: »Ein Anchor Steam. Und Chips, Chips brauchen wir auch.«

Ich musterte Claire, hörte ihre Stimme und schloss daraus, dass ihre Krankenhauserfahrung sie müde und traurig und nüchtern gemacht hatte.

Sie sagte: »Ich weiß, was du denkst, aber es ist nicht so schlimm, wie ich aussehe.«

»Erzähl«, sagte ich.

Wir mussten warten, bis Fireman unsere Drinks und eine Schale mit Chips gebracht hatte. Als er uns fragte, ob er sonst noch etwas für uns tun könnte, schüttelten wir beide gleichzeitig den Kopf.

»Hast du Schmerzen?«, wollte ich wissen.

»Weniger als erwartet«, lautete ihre Antwort. »Und außerdem bin ich um einen Lungenflügel leichter geworden. Sieht man mir das an?«

Ich zwang mich zu einem Grinsen. Es fiel mir wahrlich nicht leicht.

Claire nippte an ihrem Drink und erzählte, dass sie im Krankenhaus keinen Tropfen Alkohol bekommen hatte. Sie knusperte ein paar Chips, und ich suchte nach einer Möglichkeit, wie ich meine Fragen loswerden konnte. *Wie lautet die Prognose? Was kommt als Nächstes?*

»Hast du meine Ersatzfrau schon kennengelernt?«, wollte Claire wissen. »Mary Dugan?«

»Deine Vertretung. Sie ist nett.«

»Und kompetent«, meinte Claire.

»Entweder, du fängst jetzt sofort an zu reden«, sagte ich zu ihr, »oder diese Gabel hier ist das Letzte, was du je zu sehen bekommst, weil ich dich nämlich damit umbringen werde.«

Sie lachte, und, oh Gott, was war das für ein himmlischer Laut. Einige Sekunden lang sah sie einfach nur glücklich aus, und mein Herz wurde weit. Ob sie der Blonden in der Gerichtsmedizin den Job wieder wegnehmen würde? Wollte sie zusammen mit Edmund noch einmal nach Napa fahren und sich ein lebensveränderndes Essen in der French Laundry gönnen? Oder hielt sie mich nur hin? Suchte sie nach einer Möglichkeit, wie sie mir die schreckliche Wahrheit möglichst schonend beibringen konnte?

»Du weißt doch, wie sehr ich Mitchell Terk verehre, oder?«

»Dr. Terk? Ja, klar. Weiß ich.«

Ich hatte mich überhaupt nicht mehr unter Kontrolle, ganz ehrlich. Ich hielt die Gabel so fest umklammert, dass meine Fingerknöchel kalkweiß wurden.

»Er sagt, dass die Ränder absolut sauber sind.«

»Ist das wahr? Du lügst mich nicht an?«

Ihr Blick sagte: *Ich bin's. Ich lüge dich niemals an.*

»Das war noch nicht alles«, fügte sie dann hinzu.

»Hör bloß nicht auf.«

»Erst legst du mal die Gabel weg, Sergeant. Und die Hände bleiben schön da, wo ich sie sehen kann.«

Ich lachte laut und heftig.

Dann sagte ich: »Kannst du es mir bitte endlich sagen, verdammt noch mal? Fang an und hör erst wieder auf, wenn ich es dir erlaube, Schmetterling.«

Sie hielt kurz inne, seufzte laut und sagte dann: »Der Krebs ist ein Arschloch, Linds. Im Moment ist alles gut. Aber eine Zeit lang muss ich alle drei Monate zur Nachuntersuchung. Danach alle sechs Monate. Und ich muss die Anweisungen der Ärzte befolgen. Kein Problem. Terk hat gesagt, dass ich auf der Hochzeit meiner Tochter tanzen werde. Und er auch.«

Ich stand auf, streckte die Arme über den Tisch und schlang sie Claire um den Hals. Es war vielleicht nicht die anmutigste Umarmung der Weltgeschichte, aber ich konnte sie einfach nicht loslassen. Claire legte mir auch einen Arm um die Schulter und tätschelte mir den Rücken. »Ich hab dich lieb, Lindsay.«

Ich sagte ihr, dass ich sie auch lieb hatte, gab ihr ein Küsschen auf die Wange und stieß gegen den Tisch, kippte unsere Gläser um, ertränkte die Chips und hörte, wie meine Bierflasche auf dem Boden aufprallte.

»Oh Mann.«

Von der Theke rief Fireman uns zu: »Noch eine Runde, meine Damen?«

»Bitte, ja, und danke«, erwiderte ich. »Dieses Mal mit einer doppelten Portion Chips. Und kann ich das Gleiche haben wie sie? Mit Schirmchen.«

122

Fireman sagte: »Euer Tisch ist so weit.«

Das war ja großartig. Claire und ich schlängelten uns durch die Kneipe, die sehr schnell voller wurde, kamen an der Durchreiche vorbei und gelangten dann ins Hinterzimmer. Wir setzten uns einander gegenüber in die rote Kunstledernische, die wir als unser Privateigentum betrachteten.

Lorraine brachte uns eine Flasche mit Sprudelwasser, und wenige Minuten später tauchte Yuki auf. Sie sah aus, als hätte sie gerade eine Ganzkörpermassage mit anschließender Maniküre/Pediküre genossen.

»Ich flippe gleich aus, so froh bin ich, dich zu sehen«, sagte sie zu Claire. »Wie lange ist es her? Ein paar Jahrzehnte?«

»Ein paar Wochen, Yuki-Schätzchen. Mir geht es gut. Ich habe gerade Lindsay erzählt, dass ich mich noch eine Weile regelmäßig untersuchen lassen muss, aber Dr. Terk hat grünes Licht gegeben und mich für geheilt erklärt.«

Yuki umarmte Claire und sagte: »Du hast uns gefehlt. Wann kommst du wieder zur Arbeit?«

»Bald. Erst mal will ich was Neues ausprobieren. Ausschlafen. Mit meiner Kleinen spielen. Musik hören. Ich habe denen da oben mitgeteilt, dass sie meinen Schatten frühestens am Murmeltiertag zu sehen bekommen.«

Ha. Der Murmeltiertag war schon lange vorbei, aber wir wollen mal nicht zu kleinlich sein.

Yuki erkundigte sich, wo Cindy war, und, um ehrlich zu sein, ich war mir nicht sicher, ob sie wirklich auftauchen würde. Und falls doch, waren wir dann wieder Freundinnen?

Ich sagte: »Dann fange ich am besten mal an. Cindy weiß über die Schießerei in Silver Terrace bestens Bescheid.«

»Leg los«, sagte Claire.

Ich schilderte meinen Freundinnen also das ganze Spektakel, fasste an einigen Stellen aber ein wenig zusammen, damit das Susie's nicht schon zumachte, während ich immer noch redete. Yuki hörte so aufmerksam zu, dass es war, als würde sie alles mitschreiben.

»Hat Barkley einen Verteidiger?«, erkundigte sie sich.

»Ich weiß bloß, dass er um einen Rechtsbeistand gebeten hat. Und er hat jede Aussage verweigert.«

»Zu schade«, meinte Claire. »Wie wollt ihr ihm die ganzen Morde denn nachweisen? Keine Zeugen. Keine kriminaltechnischen Indizien. Na?«

»Mithilfe eines gewissen Marty Floyd«, erwiderte ich. »Er ist kein ehemaliger Soldat. Behauptet, er hätte noch nie auf jemanden geschossen, kennt *Moving Targets* aber wie seine Westentasche.«

Ich fuhr fort, dass Randi im Frauengefängnis saß und ebenfalls jede Aussage verweigerte. Aber Marty Floyd hatte acht Stunden am Stück mit Mike Stempien verbracht, der *Moving Targets* jetzt komplett entschlüsselt hatte.

»Wenn Stempien nächste Woche zum FBI zurückkehrt, dann ist er dort der Mann der Stunde, der Woche, vielleicht sogar des Jahres. Wir hoffen, dass wir alle Attentäter erwischen können, sowohl auf der Pazifik- wie auf der Atlantikseite.«

Dann duckte ich mich und flüsterte: »Wir haben Cindy die ganze Geschichte exklusiv gegeben. Da kommt sie.«

123

Mit einem breiten Grinsen im Gesicht, ihrem Funkscanner unter dem Arm und einer Laptoptasche über der Schulter kam Cindy ins Hinterzimmer geschwebt.

Sie ließ sich neben mich auf die Sitzbank gleiten, stellte ihren Scanner auf den Tisch und sagte: »Claire.« Mehr nicht. Nur »Claire.«

»Alles in Ordnung«, erwiderte Claire. »Das ist die Schlagzeile und die Schlussbemerkung, und ich weiß noch nicht, wann ich wieder anfange zu arbeiten. Vielleicht, wenn ich keine Lust mehr habe, mit Edmund und Rosie zusammen zu Hause zu hocken.«

»Jippie!«, erwiderte Cindy. »In Großbuchstaben. Auf der Titelseite.«

Claire grinste.

Natürlich hatte Cindy noch Fragen, aber nachdem wir ihr versichert hatten, dass Claire sich auf einem guten Weg befand, hängte sie sich bei mir ein und sagte: »Verdammt, Lindsay. Das war wirklich sehr nett von dir.«

»Was denn?«

»Dass du mir das Finale der *Kill Shot*-Serie überlassen hast. Großer Gott, was habe ich mich abgemüht, um irgendwie dranzubleiben. Von der ersten Reihe mit freier Sicht auf die Hauptdarsteller habe ich ja nicht mal zu träumen gewagt. Und dann hat dieses Interview mit Brady noch vor der Bekanntgabe durch das FBI mich quasi direkt auf die Bühne katapultiert.«

»Super, Cindy. Ich bin wirklich froh, dass sich das alles so entwickelt hat. Ich schätze mal, dass das FBI *Moving Targets* komplett dichtmachen wird, sobald Stempien wieder dort ist.«

»Das wird nicht einfach werden«, meinte Cindy. »Dass sie Drogendealer ermordet haben, dafür haben sie viel Beifall aus der Bevölkerung bekommen. Jedes Mal wenn einer von diesen Typen ins Gras gebissen hat, war der Jubel groß. Trotzdem, die Guten haben gewonnen. Ach ja, und bevor ich's vergesse: Ich habe eine *Gehaltserhöhung* bekommen.«

»Und das heißt …?«, gab Yuki das Stichwort.

»Der Abend geht auf mich.«

Wir hoben unsere Gläser, bestellten unser Essen, und es war, als würden die Sterne nur für uns vier leuchten, ganz im Ernst. Als dann das Essen serviert wurde, hatte Yuki auch noch etwas zu sagen.

»Ach ja, hier das Neueste aus der Gerüchteküche der Bezirksstaatsanwaltschaft. Lindsay, dort wird über Joe gesprochen.«

»Meinen Joe?«

»Genau den.«

Und dann berichtete Yuki, was sie über Carolee Atkins, examinierte Krankenschwester und Todesengel, gehört hatte.

»Die Staatsanwaltschaft hier in San Francisco wird die Anklage übernehmen. Bislang werden ihr zwei Morde vorgeworfen, aber ich habe das Gefühl, dass da noch mehr Leichen auftauchen werden. Wenn alte Männer mit Herzproblemen ins Krankenhaus kommen und sterben, dann macht das niemanden unruhig. Aber jetzt ist es vorbei mit der Ruhe. Da werden etliche Obduktionen auf uns zukommen. Und man wird nach einem Medikament suchen, das das Herz einfach angehalten hat.«

Claire sagte zu Yuki: »Als wir uns das letzte Mal gesehen haben, hast du einen jungen Autofahrer am Wickel gehabt, der zur falschen Zeit am falschen Ort gewesen ist.«

»Bedauerlicherweise kann ich dir nicht mehr sagen, als dass dieser junge Mann zusammen mit seiner Familie spurlos verschwunden ist, und dass wir eine ganze Menge Drogendealer vor Gericht stellen werden, ohne dass ein einziger Schuss gefallen ist.«

Wir aßen mit den Fingern, tranken ein kleines bisschen zu viel und genossen unsere Freundschaft. Bevor wir Cindys Angebot, die Rechnung zu übernehmen, zurückwiesen, bat sie mich, sie auf die Toilette zu begleiten.

»Du, Linds. Tut mir leid, dass ich so eine Nervensäge war. Ich hätte dich nicht so drängen dürfen. Du hattest ja gar keine andere Wahl.«

»Du hast nur deine Arbeit gemacht, Cindy.«

»Und du deine, Sergeant. Ich kann dir gar nicht sagen, wie sehr ich dich bewundere.«

Ich dachte an die vielen Male, wo Cindy und ihr Presseausweis schon eine entscheidende Rolle bei der Aufklärung von Straftaten gespielt hatten, nur weil sie so ein hartnäckiger und unnachgiebiger Dickschädel ist. Ich dachte daran, dass sie sich vor unserem Haus eine Kugel eingefangen und einen bewaffneten Killer zur Strecke gebracht hatte.

»Genau so geht es mir mit dir auch, Cin, du bist die Beste.«

Nachdem wir an unseren Tisch zurückgekehrt waren, stießen wir mit unseren Kaffeetassen auf den Club der Ermittlerinnen und auf das Glück an, solche Jobs und solche Freundinnen zu haben.

Claire sagte: »Und darauf einen dicken Klecks Sahne.«

Sie kippte eine kräftige Ladung Sahne in ihren Kaffee, und dann taten es ihr alle nach, selbst die, die sich seit Jahren keine Sahne mehr gegönnt hatten.

Ich blickte meine drei Freundinnen der Reihe nach an und dachte, dass wir unser Glück niemals als Selbstverständlichkeit nehmen sollten. Und das taten wir auch nicht.

Wir teilten die Rechnung durch vier und gingen nach Hause zu den Männern und den Kindern, die wir liebten.

Möge es immer so sein.

DANKSAGUNG

Unser herzlicher Dank gilt den beiden Rechtsanwälten der Spitzenklasse, Phil Hoffman und Steven Rabinowitz, Partner bei Pryor Cashman, LLP, in New York, für ihre weisen Ratschläge, sowie dem echten Captain Richard Conklin und dem Technik-Magier Mike Stempien vom Bureau of Criminal Investigations des Police Department Stamford, Connecticut.

Außerdem möchten wir uns bei Dr. Mitchell Terk aus Jacksonville, Florida, für seine wertvollen Hinweise in Bezug auf die Behandlung von Claire Washburn, sowie bei Michael A. Cizmar, ehemaliger Special Agent des FBI und jetzt als privater Militärberater in Afghanistan tätig, bedanken.

Unsere Bewunderung gilt Mary Jordan, die mit zahllosen Bällen jongliert, ohne je einen zu Boden fallen zu lassen, unserer begnadeten Rechercheurin Ingrid Taylar, Westküste, USA sowie dem Team Patterson in Little Brown. Ihr seid die Nummer eins!